《中国名人大传》
ZHONGGUO MINGREN DAZHUAN

吕不韦传

王恩远◎著

北京联合出版公司
Beijing United Publishing Co.,Ltd.

图书在版编目(CIP)数据

吕不韦传/王恩远编著．—北京：北京联合出版公司，2013.11(2022.1重印)
(中国名人大传/马道宗主编)
ISBN 978—7—5502—2161—1

Ⅰ.①吕…　Ⅱ.①王…　Ⅲ.①吕不韦(？～前235)—传记
Ⅳ.①B229.2

中国版本图书馆CIP数据核字(2013)第253215号

吕不韦传

编　　著：王恩远
版式设计：东方视点

北京联合出版公司出版
(北京市西城区德外大街83号楼9层　100088)
北京一鑫印务有限责任公司印刷　新华书店经销
字数230千字　710毫米×1000毫米　1/16　15印张
2013年11月第1版　2022年1月第3次印刷
ISBN 978—7—5502—2161—1
定价：49.80元

前言

吕不韦，生年没有确切记载，死于公元前235年，濮阳（今河南濮阳县）人，战国末秦相。早年曾到韩国经商，是腰缠万贯的阳翟巨贾。

秦昭王末年（公元前251年），昭王立次子安国君为太子，安国君宠幸华阳夫人，立其为正夫人。公子子楚为安国君之中子，因子楚母夏姬不喜欢他，将其作为人质扣于赵国，子楚在赵国没有受到礼遇，有些郁郁不得志。不韦贾于邯郸而见子楚，以为“奇货可居”，于是劝说子楚去结交华阳夫人，华阳夫人无子，如果借助于她，便可以成为安国君的继承人。不韦资助子楚千金，使其归秦，又以五百金购珍奇异宝献与华阳夫人。后来华阳夫人果然劝安国君立子楚为嫡嗣。昭王驾崩后，安国君被立为孝文王。第二年，孝文王卒，子楚立，是为庄襄王。庄襄王让吕不韦做丞相，封文信侯，食河南洛阳十万户。

庄襄王三年（公元前247年）卒，太子政立为秦王，即后来的秦始皇；尊吕不韦为相国，并尊其为“仲父”。吕不韦从庄襄王元年（公元前249年）起，到秦王政十年（公元前237年）止，担任丞相近13年。秦王政继承王位时，只不过十三岁，所以很多重大的政治、军事活动都是由吕不韦替他完成的。

因此，在此时他已有了篡夺天下的打算。这时秦王年少，“委国事于大臣”。他便招致宾客游士，伺机阴谋夺权。不韦常与太后私通，后又物色到一个叫嫪毐的人，把他假扮成宦者献给太后，毐甚得太后宠信，权势如日中天。秦王政九年（前238年），已成年的秦王对吕、嫪专断国政极为不满，所以先杀了嫪毐，并将其门客党羽逐一清除。次年，吕不韦以“坐嫪毐免”。过一年后，秦王仍担心不韦东山再起，下令将不韦及其家属迁至蜀地，用毒酒将他毒死。在出土的战国铜兵器中，有吕不韦所作的铜戈十件左右，上有“三年”、“四年”、“五年”、“八年”的纪年，都应是秦王政时期，戈上都有“相邦吕不韦”的刻文。相邦即相国，汉人避刘邦之讳，故《史记》中将相邦都改成相国。

吕不韦最大的成就，就是他“招致天下游士”，使其门客每人著其所闻，写成了八览、六论、十二纪，共二十万言，书名《吕氏春秋》。

《吕氏春秋》把诸子的学说统一起来，采纳各家之长，将各家学说，拼凑调和而成。《吕氏春秋》兼容儒道，又较倚重于道家，其中记载了许多古代逸闻轶事，有较高的史料价值，特别是有不少关于农业技术的记载，为我国农业发展提供了宝贵的资料。

吕不韦是一个极具政治、军事才能的丞相，但他野心太重，试图阴谋篡夺天下，结果反招致杀身之祸，饮鸩而死。但他给后人留下的宝贵遗产——《吕氏春秋》，至今仍是我们学习和研究的重要史料。

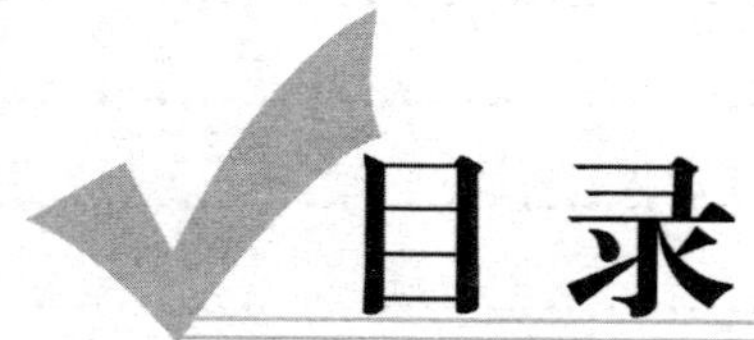

目录

Contents

第一章　出身商贾

一、战乱身世

1. 陶卫之乡

历史上的“春秋时代”是从公元前770年开始的。当时存在了数个世纪之久的西周王朝已日渐衰败，“礼崩乐坏”。许多个大小不等的诸侯国使统一的天下变得四分五裂。周天子成了名义上的“天下共主”，事实上各地诸侯多对周王的号令置之不理。各诸侯国的君主又经常以“尊王攘夷”为幌子，借名为维护周天子“共主”地位而相互残杀，你打我攻，最终企图是要扩大本国的地盘。到后来“尊王”的招牌也舍弃了，公开厮杀。这场争当霸主的乱糟糟的战争一打就是三百多年。到公元前400年前后，战争愈演愈烈，局面也逐渐扩大，于是后人就把此后的二百余年，即直至公元前221年秦统一中国以前的这段历史，称为“战国时代”。吕不韦生活的那个时代，历史已进入战国末期。长期的吞并战争，使中国这片土地上出现了七个大国割据。其一是楚国，占据长江流域的中部，拥有从今四川省东端起，包括今湖北省全部和今湖南省东北部，今江西、安徽省北部，今河南、陕西、江苏的一部分的广大地区。今湖北省江陵县西北的纪南城是其国都郢，楚国是七国中疆域最大的一国。其二是秦国，疆域仅次于楚国。秦国原本国土不大，最初仅占据今甘肃东南部一小块地区，但到吕不韦生活的战国末期，昔日的“西戎小国”已成长为拥有函谷关即今陕西灵宝附近以西的大国。秦国国都在咸阳，也就是今陕西省咸阳市东北。今陕西、甘肃是其主要领地，另还有小部分土地延伸到今河南省境内。赵国是楚、秦以外的大国，主要范围在今河北东南部及山西、山东、陕西的一部分，国都在邯郸，即今河北省邯郸市。在今山东省偏北，兼有河北省东北部的齐国，国都在临淄，也就是今山东省淄博市西。燕国拥有今河北省北部及今山西、辽宁一部分，国都是蓟，即今北京市西南。魏国在今陕西、山西、河南交界处，其大部国土在今河南中部，今河南省开封市是其国都大梁。今山西东南部及湖南省中部是韩国，国都在今河南省新郑县。历史上的“战国七雄”就是上述的这楚、秦、赵、齐、燕、魏、韩七个大国。当然与其并存的还有一些小国，如宋、郑、鲁、卫、周、莒、杞、郯、蔡，等等。

卫国起先是个大国。西周王朝建立之初即公元前十一世纪，周武王把其弟康叔封为卫君，在今河南淇县建都为朝歌。春秋时代的卫国，统治腐朽，社会黑暗。公元前 660 年，卫国与翟打了败仗，后来在齐国的援助下将国都迁到楚丘即今河南滑县，从此衰落成毫无势力的小国。前 629 年又迁往今河南濮阳西南的帝丘，濮阳就是战国时的帝丘。

在春秋战国的五百余年中，卫国的国君一个个都是昏庸无能之辈。到卫成侯十六年，即公元前 356 年，卫国国君的地位已由“公”降为“侯”。二十余年后，即卫嗣君五年（公元前 335 年）卫侯又降低为卫君。国土日益变小，卫国国势一落千丈。到战国中期，卫国已经沦落为任人摆布的小国。有识之士都对卫国失去信心，连卫国本国的一些王公贵族和政治家都争先恐后地投奔到其他诸侯国。其中生于卫国的左氏，即今山东曹县北的吴起（？—前 381 年）就是一个优秀的人才，但他在卫国得不到重用，很早就背井离乡，先在鲁，后到魏国为将，都立下赫赫战功。最后，楚悼王任用他实行变法改革，为使楚国强大立下了不朽功勋。卫国的公子王孙卫鞅也是足智多谋的政治家。他同样也远离卫国，而先到魏国，后被秦国收留。自公元前361年至前338年，卫鞅协助秦孝公在秦国进行变法，使秦国由落后的小国一跃成为不可一世的强国，为统一中国奠定了基础。可见，卫国并非没有人才，只是由于国内政治腐败，不懂得惜才，人才外流才成为一个历史趋势。结果，人才愈外流国势愈弱，形成了国势愈弱人才愈留不住的恶性循环。

这时，经过商鞅变法日益强大的秦国，正蚕食鲸吞地向关东扩张领地，而关东各国也正忙于相互攻伐。在各大国攻伐中，又形成了“合纵”、“连横”之势。所谓“合纵”即“合众弱以攻一强”，就是许多弱国联手抵抗一个强国。这种活动主要是在关东的赵、魏、韩、齐、燕、楚之间展开，对付秦军的东进是他们的目的；所谓“连横”，就是“事一强以攻众弱”，即由一强国拉拢一些弱国来对付另外的弱国。这些外交策略主要是秦国所使用的，目的是要兼并土地、统一天下。而处于各国“合纵”、“连横”的夹缝之中小小的卫国，常常受到其他国家的凌辱，面临被兼并蚕食的危险。大约在吕不韦一二岁时，卫国的国君卫怀君为了讨好魏国而去朝拜魏昭王。不幸魏国反而把卫怀君囚禁起来，随即杀掉。然后，魏国竟自作主张立元君为卫国国君。因为元君乃是魏昭王的女婿。在强大的秦国进攻面前魏国虽溃不成兵，而在弱小的卫国面前却称王称霸，这正是战国时代各国之间的恶劣形势。此时魏国把卫国变成了他的附庸，而卫国的国土事实上仅残余下濮阳一地了。

卫国的濮阳虽比临淄、咸阳、邯郸等城市小，但也相当繁华，与当时陶邑的水平差不多，人们常常以“陶卫”并称。这里优越的地理位置给经商的人们带来了发财的机会：濮阳恰在黄河的弯曲处，两岸的庄稼、村庄以至老百姓们虽然常被汹涌的河水冲得一干二净，厚厚的黄沙一遍又一遍地淹盖大水后的中原大地。但是，当黄河不泛滥的时候，她又像一个温顺的少妇，稳重而和缓地从这里流过。在平和的日子里，她又为人们提供舟楫之利。地处黄河岸边的濮阳则成为交通繁忙的地带，从这里溯河而上，很快可达到周代的国都洛阳。进入战国后，全国的政治中心，虽已不是洛阳了，可洛阳仍是全国屈指可数的几个繁华都会之一。从濮阳顺黄河而下，可到齐鲁文明、富庶之乡，这里盛产鱼盐粟豆麦等；由濮阳向南，黄河水系又与淮河平原水道和鸿沟水系形成交通网络；向北过黄河则可直抵北方的大都会邯郸。四通八达的优越地势为濮阳人经商致富准备了天然条件。濮阳也就成为当时中国境内的一个商业都会。

在这一地区，因为商业发达，风气更加开放，男女之间的往来似乎没有中国其他地方保守。早在战国时代以前，一些文化“先进”的地方，比如鲁国和齐国境内，如果异姓之间接触将被视为有伤风化。尤其是春秋时代，由于孔子学风提倡，为了显示“礼仪之邦”的高度“文明”，恨不得连在街上走也要男女分开。尽管在这些地区不少王公贵族私下也很风流：有的奸继母，有的淫儿媳，有的霸占弟媳，有的与嫂通奸，干尽了不知廉耻的事，而表面上还将“男女授受不亲”奉为准则。正当“礼教”把男女之间的关系弄得不成体统的时候，在吕不韦的家乡濮阳却呈现出另外的一些场面：不论是在风和日丽的白天，或是明月高照的夜晚，在濮水岸边总可以见到一些青年男女双双前来幽会。如所描写的那样，他（她）们卿卿我我地嬉戏于桑林之内．或用情歌表达思慕之苦。他们流传下来许多优美、动听的歌词表达了热恋中的男女自由、大胆的胸襟，他们唱道：

心上的人儿，等着我啊，
等我在桑中。
咱俩悠闲地漫步，走啊走啊，
不觉地走到上宫。
平日去淇水的路那么遥远，
今天怎么这样快，
你就送完了这一段路程！

从这些深情的歌词可以看出当时这里的社会风气多么开放。可是，那些“礼仪之邦”的“正人君子”却把这种开放的风气斥为“淫邪”。尽管外地的贵族老爷们看不惯濮阳的风俗，濮阳在内的郑、卫地区的流行音乐被他们称之为“郑卫之音”，以鄙夷的态度视之，可他们背地却又偷偷地模仿起这种“淫邪”的郑卫之音。到后来，郑、卫的轻歌曼舞也公然出现在保守得出名的秦国宫廷内了。可见，濮阳地区的音乐、歌舞肯定是相当动人的。这里也是其他方面开风气之先的地区，包括商人在内，郑、卫之地的居民文化和意识，都是相当前卫时髦的。

这一带的商人走南闯北，见多识广，又受开放的文化氛围的熏陶，因此，政治上极其敏感。许多商人参与当时的政治、军事斗争，呈现出令人钦佩的胆识。

2. 名门望族

大约公元前 330 年至公元前 288 年，吕不韦诞生于濮阳一个家富千金的大商人家庭里。

吕不韦的家族历来是有声望的，他的祖先可以追溯到传说中的炎帝时代。据说，炎帝的后代，伯夷之后因有功而被封于吕，即今河南南阳西，子孙繁衍就以吕为姓，这就是吕不韦远祖的来历。

公元前十一世纪，吕氏门中出了一个使吕氏族谱耀然生辉的大人物。

那是殷朝晚期，在渭水上流的磻溪河畔，今陕西省宝鸡县城北磻溪河，有一位老者在江边垂钓。只见这老翁手持钓竿端坐岸边，两眼凝视滔滔东去的河水，纹丝不动，像一座石雕。三天三夜过去，而老翁连一条鱼也没有钓到。原来，这老翁用的是根本没有钓钩的渔竿，他当然是钓不到鱼的。此人就是历史上有名的姜太公。姜太公字子牙，原名吕尚，是吕氏祖先中第一个显赫人物。他之所以无钩而垂钓，是醉翁之意不在酒。当时，正是殷朝末年，殷王纣暴虐无道，人民无法生存。有一个周族在殷人统治区域的西方，即今陕西岐山、凤翔一带，趁殷朝统治腐败之际日益强大。这一支以农业经济为主的部族，国力日益强盛，并不断向东扩展，企图推翻殷朝的统治。但开始时，新兴的周族毕竟不是拥有数百年统治经验的殷人的对手，屡屡失败。率领周人发奋向东扩展的周文王尚未行动，殷王就把他囚禁起来。据说周文王被囚在羑里，在今河南省汤阴县，曾潜心钻研古代流传下来的八卦，写出《周易》。后来，被放出囚地的文王回到周地后，就决心积蓄力量要把殷商推下历史的舞台。为了达到目的，他招贤纳良。在渭水边他遇到姜子牙，交谈之后两人相见恨晚，文王拜姜子牙为师，共同筹划伐殷大业。不久，文王去世，其子武王继位，姜太公被尊称为"师尚父"，辅佐武王，终于率领周人及其各族人将殷商王朝推翻，在公元前十一世纪建立了西周王朝。姜子牙，即吕尚，不仅能在乱世之时分析形势，顺从潮流从而立下了不朽功业，而且他本人确实也是一个能运筹帷幄、决胜负于千里之外的谋士。他有一部《太公兵法》，是一部流传千古的兵书，就是记载吕尚用兵之术的军事专著。

机遇加才智，时势造英雄，是吕尚成功的两大因素。八百年后，吕氏门中出现的吕不韦也具备这些条件。

人世间的某些规律不断重现于历史发展的长河中，似乎有意向人们预示着什么。

西周建立之后，吕尚被封于齐，称姜姓，人们逐渐淡忘了他的吕姓。而原来吕氏集中的吕国，也无声无息消失了。从此，吕姓后裔辗转流徙四方，分散在中原各地。

二、邯郸奇遇

1. 初见异人

生活在那个时代的吕不韦，耳闻目睹自己国家的衰败，深刻体会到弱肉强食。卫国的处境也逼迫吕不韦到卫国以外去谋求出路。魏国一直是秦国的攻击对象，所以从公元前275年秦国大举进攻魏开始，魏国都大梁曾三次被围攻。秦国企图灭亡魏国，幸巧燕、赵与魏联合抵抗秦国，才使魏国苟延残喘。但此后的十年，秦和魏、赵的大战连年不断。卫国的濮阳是双方争战的关键之地，秦军早已兵临城下。作为魏国卵翼下的卫国，被秦吞并易如反掌。吕不韦的父亲是个家财万贯的大商贾，吕不韦从小就受商人家庭熏陶。当时的卫国濮阳又是一个拥有特殊文化的地区。面对着即将到来的社会变革，不管是为保住万金的家资，还是为谋求个人出路，远离卫国出外发展是他唯一出路。而商贾的本性不仅是要保持家产，并且随时准备将资本投向利润最大的场所，以求收获更多的财富。邯郸又是当时全国有名的大都会。所以，带着对未来的憧憬，怀着冒险心情，大约在公元前265年，吕不韦便迁移到了繁华的赵国国都邯郸。

吕不韦初次来到邯郸，这里的一切简直使他目不暇接。邯郸远比濮阳繁华得多，这座始建于赵敬侯元年（公元前386年）的赵国国都，已拥有百年的历史。这里不仅是赵国的政治中心，而且是南通郑、卫，北接涿、燕，东连鲁、齐的交通枢纽，是关东各诸侯国中最大的商业中心之一。在政治上和经济上都居于举足轻重的地位。

邯郸城建筑规模宏伟，布局严谨。全城由北、西、东三城组成，呈不规则的品字形。其中，西城高耸而庄严的是宫殿，北城和东城为市区和臣民住宅。全城布局井然有序。那西城的区域中，高高的围墙内，有一幢幢龙楼凤馆的信宫和东宫等，楼亭轩榭错落有致地土矗立着。其间驯养着数不尽的瑶草琼葩、珍禽异兽。这里还有闻名各国的丛台，如处世外。王城长1475米，宽1387米，东廓城长1400米，宽850米，气势宏伟。在当时各国的王宫中，尚没有能与之相媲美的。几条大道连接王城和东、西两城，几辆车可以同时行进。那道路两旁的店铺、驿舍、酒肆琳琅满目，到处车水马龙。就是那一般百姓的住宅，也是很整洁有序的，并非一般小城的茅屋所能比。

吕不韦是濮阳有名的大富之家，单凭那一身装束入时的打扮和随身携带的贵重行李，就引得那些风流浪荡的赵国女子争相讨好了，更何况吕不韦正壮志在胸，眉宇间自然流露出超凡脱俗的神采，整个邯郸城里的年轻美女都被他勾得神不守舍。显然，当吕不韦经过长途跋涉，刚在驿馆里安顿下来，就不断有花枝招展、身着流行服装的时髦女人寻求上门。这位花花公子不仅来者不拒，而且风流倜傥，到处寻花问柳，把他的钱财、身影消耗在莺歌燕舞的场所。不用很长时间，他已经是这个豪华城市的酒楼、妓馆、赌场和艳窟的座上客了。和他相好的俊俏姑娘、媳妇、歌伎、舞伎以至姬、妾等数不胜数。流连于邯郸的歌楼舞榭，怀抱着粉面细腰、如花似玉的美姬艳妓，吕不韦并没有贪图眼前的享乐而忘却他此行的壮志。他是为获取更多的金山银山而来，是要搜索一种能挣大钱的商品。当初离乡远行之时，他就下定决心，不能像自己的爸爸一样细水长流、日攒月积地捞取财富，而要做大买卖。因此，不论是那令人骨酥肉麻的玉体，还是那些勾魂摄魄的秋波，都丝毫不能削减他发大财的野心。他一面随心所欲地做着生意，一面在歌舞场上、宴席之间寻找那种能获巨利的商品。

这期间，秦国正发兵攻打赵国。赵惠王一旦坐上宝殿，左有文官蔺相如等人，右有武将廉颇、公孙乾等人，群臣呼应声能振动山脉，跪拜完了之后，分班次而立于廷前。赵王对廉颇说："前些天秦派遣其上将王龁、王翦亲率大兵二十万侵犯我们的国土，深深感谢将军破敌之力，今特别赐封你为下大夫中将军，以表示我的谢意。"廉颇向赵王进言说："忠诚地侍奉国君，这是臣子的职责，臣子怎么敢奢望奖赏呢？而且临洮之捷，也是依赖陛下洪福，臣子有什么功劳呢？"于是，顿首谢恩后起身。再说营中的卿客，有秦王之孙名异人，他是秦王太子柱的儿子，昭王的孙子。秦王志图在于吞并天下，由于向赵国索要连城之璧，赵王使用蔺相如计，于是完璧归赵，秦王生气璧被夺走，因此二国修好，以异人为质，异人留赵已经三五载了。当时正站在阶下，赵王突然想起昔日夺璧之辱，唤来异人并且大骂他："你在我国为人质，我们不曾怠慢于你，你祖父为何对我们如此不仁义呢？又屡次举兵侵犯我边境！"喝令武士推出去立斩！当时，吓的异人魂不附体，无言可答。恰逢有蔺相如出班进谏说："不可以！今日秦国国富兵强，倘若斩了这个小子，将要造成大祸，秦必定又会加兵来攻，赵国将不得安宁了！不如放了他，永远有人质在这儿，不成仇隙，秦国也不敢加兵，百姓可得安定，赵国太平！"王说："好！"随即听从他的话。放了异人，命公孙乾为监守使，领异人回府。王于是对公孙乾说："卿应当严监此子，不可放纵他回秦国。"

于是，公孙乾领异人走出朝廷，来到街上，前排头踏各执藤棍，后列军卒手举荆条，百姓挤挤嚷嚷观看异人。一眼看见那人丛中站着一位官人，长得白白胖胖，唇红齿白，身长七尺，年纪十八左右，头戴青纱角巾，身穿丝绢圆领衫，腰系丝绦，脚穿绣鞋。此人是濮阳人，姓吕名不韦，看着异人，自言自语说："这个人有天子的仪表，龙凤的姿态，可以作为继承世位的国君，这可是奇货，可以留着他！"于是就问别人："这个被监禁的人是谁？"百姓答对："这人是金枝玉叶，秦朝的龙子龙孙，是秦昭王太子柱的儿子，叫异人，现在赵国当人质。由于前些天秦军又侵犯赵的边境，赵王生气想杀了他，左右人奋力劝解才没有杀，所以要拘禁这小子！"吕不韦又问："监押将军是谁？"百姓又回答："他是赵国大将军公孙乾。"百姓又相互询问："这人是谁呀？"有认识他的说："此人是濮阳大贾吕不韦！其人天资颖悟，智识高明，并能鉴定风水，见那异人有天子之相，认为奇货可居！"

真所谓"踏破铁鞋无觅处，得来全不费功夫"，这种一本万利的货物终于被吕不韦发现了。有一天，吕不韦急忙跑回家来，急不可待地对他的父亲报告说：

"我找到了一宗一本万利的大买卖。"

"什么买卖？"他父亲急切地问道。

"春种秋收凭卖力气耕田能获得几倍的利？"

"大约有十倍吧？"

"贩卖珠玉珍宝又能赚到几倍利呢？"

其父说："其利不可数啊！"不韦又说："放高利贷就劳费心神，种田又费力气，开旅馆收留过路客人又要饱经艰难困苦，但所得的利润都是可以计算得到的。现有一个秦王孙子叫异人的，我看他准是龙凤颜面，必定能坐天子的位子，目前在赵国当人质。我想用千金贿赂赵王的臣子，救他还秦国，立主定国，以谋图富贵，这事如何？"父亲说："可以，这可是一本万利、富贵无穷的事！"

"如今的世道，拼命种田，卖苦力耕作，到头来也只能混个吃饱穿暖。"吕不韦以不容拒绝的口气说出了自己的打算，"若能定国立君，把一个国家的头儿买到手，不仅一生吃穿不愁，而且荣华富贵享受数代不尽。我就想做这笔生意。"

听着吕不韦胸有成竹地一口气说出如此宏伟的设想，老头子瞠目结舌愣了半天，不知如何对答。这个家富万金的大商人一辈子做过的生意数不胜数，可是，买卖国君的交易却从来没想过。见儿子竟有这么大的胆略和气魄，真是长江后浪推前浪，还有什么可说的。大概只有自叹不如了。

2. 异人为"质"

吕不韦看中的异人，是秦昭王时期与赵国作为交换人质的一个秦国贵族。

异人是如何被送到赵国为质的呢？这就要从秦国历史说起。

秦昭王是古代帝王中活得时间最长、在位的时间也很长的一个。从公元前 306 年至公元前 251 年，他统治秦国的时间达五十六年之久。在昭王统治的年代，正是秦国突飞猛进向东方推进国土时期。这时的秦，国力强盛，由于自公元前 359 年至公元前 338 年商鞅变法以后，秦国奖励军功，在战场上杀死一个将领，即可得到一顷地的奖赏，并可受赐封一级的爵位。秦王用这些方法激励士兵为国效力，人人都争先恐后地去当兵，到战场上像猛虎般冲杀敌人，以图立功受赏。所以，秦昭王在位之时，正是秦军战斗力最强的时候。当时齐国的精兵称为"技击"，秦国的军人称为"锐士"，魏国的战士称为"武卒"。魏国训练武卒的方法和装备方面已经是相当先进的了，这些身强力壮的武夫都披戴着全副甲胄，手握的强弓是十二石的，背着五十支箭，还加上戈、剑等。这些武器全部带在身上还不算，另外要备足三天干粮。如此沉重的负担在身，行军一日数百里，可见其多么勇武。齐国的“技击”在战场上一碰上魏之“武卒”当然不堪一击了。但如此强劲的“武卒”在秦国的“锐士”面前竟难得取胜，常常被秦军打得落花流水。秦昭王时代就是凭借这支战无不胜的军队，占据了其他诸侯国许多土地，使秦国的国土急速扩大起来。譬如公元前 300 年，楚国的新城被秦军攻克，楚国名将景缺被杀死。次年竟把楚国的国王——楚怀王骗到秦国，当作人质扣押起来。公元前 298 年秦军攻楚，占领十余城，斩首十五万；公元前 293 年秦国大将白起率兵向韩、魏联军进攻，斩首二十四万，夺五城；昭王十八年即公元前 289 年，秦又取得魏国的六十一城及河东的四百里地；同年，韩国的二百里地又被秦国据为己有；从昭王二十二年（公元前 285 年）起，秦竟将打击的矛头直指东方的齐、赵等国了。

就是在秦昭王统治的年代，“远交近攻”是秦国奉行的策略。然而，秦昭王初登王位时，秦国的对外策略是经常改变的。当时昭王还年幼无知，按惯例由他的母亲宣太后听政。宣太后的两个弟弟，被封为穰侯。同母弟魏冉为相，掌握大权；异母弟芈戎为华阳君，也是朝中重臣。同时，宣太后还封本家族的另外两支为泾阳君、高陵君。实际上，秦国的朝政是受魏冉和华阳君、泾阳君和高陵君这三个家族所控制的。魏冉被任命为相，其权势一人之下，万人之上，就是华阳君、泾阳君和高陵君这“三大家族”也是非同小可的。他们不仅占据大片封地，私家财富远远超过王室，而且在王宫中出入自由，不必通告，也无须像其他的王公大臣一样向国王跪拜、朝请。但就在公元前 300 年，秦国为拉拢齐国，泾阳君还是被送到齐为质。然而，后来因魏冉掌政，逐渐改变了“远交近攻”的策略。公元前 299 年，秦国突然与齐国断交，泾阳君不再在齐国当人质了，秦、齐之间的关系由此开始紧张起来。

魏冉本是个很有才干的人，在他把持秦国大权的四十余年间，最初打了不少胜仗，军事上一帆风顺，国内政治上也比较稳定。但到后来，这个人愈来愈骄横，独断专行，狂妄自大，不可一世，不仅轻视满朝文武官员，甚至对已经长大的秦昭王也不太尊重。他明目张胆地把王室的财富大量搬到自己家族里，把持各种大权的都是本家族的亲属和自己亲信。这样一来，使秦国的政治黑暗无比，军事上也由于忽略了“远交近攻”的策略而不断遭到失败。秦昭王三十九年（公元前 268 年），魏国的范雎由秦使王稽引荐来到秦国。他不是投奔当权的魏冉，而是设法直接晋见秦昭王。

秦昭王临朝，文武官员整齐报到，等候秦王上朝，王稽禀奏王说：“我派使者去魏国，看见有一个人，这人肯定能运筹决胜，现今离开魏国。我把他引荐给君王，将来吞并六国必定万无一失！”秦王下令见范雎，问道：“你有什么奇术，可以吞并六国，统一天下？”范雎回答说：“战国以来大小强弱不等的国家，都是因为天时、地利、人和不全面啊！当今之世，七国争雄，唯秦最强，山川险固得地利，兵用之利得人和，可是仅仅用贤不当，所以不能吞并六国。为什么呢？大王朝内以专权为贵，处事仅用穰侯，有重权在手的臣子大内，使得忠臣们无法在外立功。若按我的计算，齐楚较远之地，就用财物交易，近的三晋邻国，就用军队不时攻打它。君王在朝廷，小人们在外面，不出半年，统一天下就易如反掌了！”昭襄王高兴地说：“雎，你真是高明之士，我和你相见恨晚！”于是封雎为客卿，教以远交近攻之策。

王得到了范雎，如鱼之得水。范雎每日与王谈论天下之事，很对秦王胃口。当时，穰侯魏冉用事，范雎每次都报告昭襄王。不久魏冉就被贬罢职，由范雎代之为宰相，号称应侯，入朝不趋，履剑上殿。

范雎在秦国得仕位，带兵出征，每年都加兵于三晋，名扬六国，威镇四海。

范雎出的主意得到秦昭王的信任，见了实效。昭王四十一年（公元前 266 年），预计时机已到，他又在秦昭王面前挑拨：“臣在山东时，只听说秦国有宣太后和穰侯魏冉以及华阳君、泾阳君、高陵君。未听见人们说有大王陛下。”范雎专门哪壶不开揭哪壶，以刺激昭王。本来昭王早就不满宣太后和魏冉的专权，他已经不是任人摆布的小孩子了。听了范雎的话必然怒发冲冠，但范雎火上浇油，紧接着说：“当国王的就应当有权控制国家，能生杀予夺，而现在的秦国，太后、穰侯和那三家族权力在陛下之上。这种形势国家肯定不得安稳！我听说，凡臣下的权力、名声超过君主的，君主就没有实权。以前齐国的淖齿专权，后来竟将齐湣王吊死在庙里；赵国的李兑专权，赵王主父就被活活饿死。现在秦国太后、穰侯及三大家族专权，我看和淖齿、李兑相差不远，恐怕您的子孙坐不到大王陛下今天的位子了。”

范雎的这番话深深地刺激了昭王，这位不甘受人摆布的国王也早已不满魏冉的专权。他掂量自己目前的势力足以压倒魏冉，由于范雎一提醒，昭王下令免掉魏冉的丞相之职，任命范雎为相。华阳、泾阳、高陵三君从国都被赶出，回到各自的封邑，以防他们干预朝政。

范雎为相后又被封为应侯，成为执掌政治、军事大权的重臣。在外交上坚持远交近攻方针，以图单个吞并小国。在他刚上任的那一年，为了联合各国对抗秦国，许多游说之士，鼓吹合纵。他们聚集在赵国的首都邯郸开会，共谋大计。消息传到咸阳，秦昭王立即紧张起来，急忙召范雎询问对策。

“请大王不必担心。”得知详情后，范雎胸有成竹地说，“瞧我把他们这伙游士拆散！”

“你能用什么办法把他们拆散呢?”秦昭王不解地问道。

“天下的游士、说客与秦国并没有什么恩怨。”范雎回答道，“他们游说各国君主联合起来攻秦，无非是想当官、发财。”

秦昭王不愧是聪明人，一点就破。马上令大臣唐雎携五千金到距邯郸不远的武安，聚集众人，并且扬言：凡是对秦国有功劳的均能得重赏，并且当场兑现。消息一传出，在邯郸开会的游士们纷纷退出策划合纵的会议，力图向秦献谋，到武安来领赏。结果三千金还不曾花完，参加邯郸聚会的游士们就出现了争斗的场面了。

用钱财收买游士，拆散、瓦解敌人方面的联盟，这是秦国惯用的手法，这种办法相当有效。

拆散主张“合纵”的游说之士，只是给各诸侯国的联合一个小小的打击，并不能妨碍各国的“合纵”攻秦。两年前即公元前270年，赵国的名将赵奢大破秦军。使秦国把主要攻击目标对准魏国，暂时不敢攻赵。对赵国只得运用拉拢的技巧。这样，昭王之孙子、公子异人就被秦国派到赵国为质了。

“质”就是人质的意思。春秋以前只有自愿给鬼神当人质的说法。周武王有疾，为祈求武王早日康复，辅佐武王的周公设坛请天，而以自己为质。这是给鬼神当人质。当时人与人之间还没有交换人质的做法。最早的人质制度，是在春秋时代开始的。当时周天子的卿士郑武公，可怜的周天子为向郑武公表示信任，竟然把自己的儿子送到郑国为质，郑武公的儿子也被送到周天子处为质。这次“周郑交质”为春秋战国各诸侯交质开创先例之举，用人质作抵押以示信用。不过，春秋时代各诸侯国尚视信义为至上，所以“交质”或单方面以人为质的事不常发生。见于记载的“交质”，在春秋二百年中只有六次。但到战国时代，各诸侯国相互攻伐，已不知信义为何物，相互之间猜忌加深，用质表示对大国的服从，或用质来巩固联盟国之间的关系的事例也就屡见不鲜了。总计战国二百五十余年间，竟有二十四次见于记载的交质之事。而这二十四次交质中，东部六国之间交质的仅九次，占三分之一，而其余三分之二均与秦有关；各国送人到秦为质者九起，秦人到各国为质者六起。这说明秦国成为众国交换人质的主要对象。国王的太子和孙子或是重要的臣僚，多是为质的对象。多数是为相互联合抗秦，战国时代各诸侯国间派人到对方为质。而秦与六国之间的交质，则不属此类。多数国家把人质派到秦国，有的是为求和，有的是为乞援，而秦派人到各国为质，则目的在于策略之计，拉拢一些诸侯国以联合攻击另外一些诸侯国，这才是真正的“远交近攻”的政策。秦国为实行这一政策，不惜将国王的子孙们派到各国为质。

在战争期间，为了各自利益，各国的国君往往视派出去的人质的生命于不顾，而背信弃义。一旦因国君背信弃义，派出的这个质往日拥有的重要性就不复存在，当时称为“抱空质”。而为人质者处于“抱空质”的境地，本人就成了本国的替罪羊，随时都可能被凌辱、杀戮，其生死前景难以预料。

让异人当倒霉蛋的角色并非空穴来风，他的父亲安国君柱原本不是太子。公元前 267 年，原来立的太子死后，安国君才坐上太子的位子。可是秦昭王是个长寿之人，到安国君柱三十八九岁、快四十岁的时候，秦昭王的精力依然如壮年人般充沛。直到安国君柱已经五十三岁时，秦昭王才撒手人寰。这样，在漫长的岁月里异人的父亲安国君柱，一直在等待王位中度过望不见准确尽头的日子。同古代所有的贵族王子一样，过着行尸走肉的生活。他把精力都浪费在声色犬马的淫逸嬉戏之中。安国君柱的好色在秦国的贵族中是有名的，他究竟有多少姬妾和妃子，现已无法考证。但仅从他有二十几个儿子这一数目，也可想而知他的后宫中定有三宫六院的妻妾。既然安国君有二十几个儿子，异人只是其中一个，而且正巧他又不是受宠的儿子。之所以不受宠，一是因异人并非安国君的长子，二是异人之母夏姬早在安国君面前失宠。一目了然的事实：一个不受宠的姨太太所生的不受宠的儿子，在众多的兄弟中间，无疑是不能获得什么优待了。当质子的命运落在异人的身上，也是理所当然的事了。

大约在公元前 265 年左右，十四岁的异人就被送到赵国为质。

异人在赵国首都邯郸为质的时期，秦、赵两国关系友好，身为秦国王孙的异人自然被奉为上宾。然而好景不长，秦国和赵国的关系愈来愈紧张，来势凶猛的秦军不断向赵地挺进。就在异人来赵国这一年，赵国的三座城就被秦攻击了。两国进入战争状态，为质的异人从此沦为赵国的阶下囚。秦国攻赵，使赵国朝野上下一片恐慌。因为这时北方的燕国浑水摸鱼向赵进攻，而赵国国内惠文王刚刚去世，孝成王登上王位后由赵太后打理朝政。在秦、燕夹击下，赵国惧怕的第一对象是秦国。虽然不久前赵国大将赵奢刚刚把秦军打败了，但此刻赵国国内政治一片混乱，大臣间矛盾重重，军队的战斗力大减，根本不是与秦抗衡的对手。在无计可施的情况下，赵国只得暂时向齐国求援。

因赵国派出长安君为质，齐国守诺出兵援阵，所以秦兵攻赵三城之后，也不敢再继续进攻，对赵的威胁暂时解除。

然而，北方的燕一直是威胁赵国的隐患。

这时北方的燕国派宋人荣蚠领兵攻打赵国。年轻的孝成王毫无主见，掌握实权的平原君赵胜只得向齐国求救，答应割数十个城邑请齐国的安平君田单为将军，率领赵国的士兵抵抗燕军。赵国有名的大将马服君赵奢听到计谋后，找到平原君赵胜，企图劝阻他改变这个错误的决定。

尽管赵奢劝阻，但仍未能使赵王改变主意。后来的结果正如赵奢预料的那样，安平君率兵抗燕，虽暂时缓解了燕的进攻，但赵国并没得任何好处，反而白白浪费掉十八个城邑。

赵国内部如此黑暗，秦国当然也是知情的。从昭王四十二年（公元前265年）以后的一年多，虽然攻打赵国的行动没有继续，秦国却一直垂涎三尺地盯着赵国，一场大规模的战争，随时都可能在秦、赵之间展开。

处在这样的环境下，派到赵国为质的异人日子是很难熬的。

居于中国古代经书之首的《易经》“否”卦《象》说“否终则倾，何可长也”。意思是说物极必反，倒霉的事到了头必然会转化到好的方面，即所谓“否极泰来”。正当异人囚居邯郸，困苦潦倒，归国无望，前景难以测定，心情绝望到极点时，碰到了吕不韦，从此改变了命运。

吕不韦当时正在邯郸一面寻花问柳，一面搜索着得以使其富贵甲天下、泽被后世的一本万利的货物。初到邯郸，吕不韦就听说有一位困居于此地的秦国贵族，一再调查之后，他对异人的身世、家庭关系、目前处境以及此公的爱好、品性等情况了如指掌。后来，他很快就有一个机会见到了异人。当吕不韦见到这位落魄的王孙之时，借着多年闯荡江湖的经验，慧眼识珠：多方寻觅的宝贝就在这里！情不自禁地脱口而留下一句名言："此奇货可居。"他回家对他父亲详说，可赢利"无数"的宝贝，正是异人这个"奇货"。

三、"奇货"可居

吕不韦再返回邯郸时，已经是公元前262年了。

吕不韦拜辞父亲，携带金玉赶往邯郸城。不韦先是来到公孙乾门前，致敬意而后自报家门，被人引入。不韦一进门，在大厅中就向公孙乾下拜，公孙乾也还他半揖之礼。行礼完之后，大家分别坐下喝茶，吕不韦起身说："我是吕不韦，濮阳人。因为长年在外，所以很少能见到您。这次回家乡，路过此地，久仰尊名，特地来拜见将军您。没什么可孝敬的，只有黄金三十两，不成礼仪，还望笑纳！"公孙乾说："初次相见，何必要带如此贵重礼物。我对你又无功劳，不敢受赐禄，请你还是带回去吧。"不韦说："这又不是远方的稀世珍宝，不必客气，收下吧。"公孙乾欢喜地收下了，并设宴款待他，并问不韦："先生今年多大了？"不韦答道："我正好二十。"公孙乾说："你小我五岁，从今以后，我们兄弟相称，不要见外！"于是，不韦拜乾为兄，二人同饮大醉，公孙乾留不韦住到第二天天亮。第二天，是端午佳节，公孙乾在后厅排宴款待不韦。

公孙乾与吕不韦庆赏佳节几天。等到不韦看见皇孙异人在隔居闲坐，明知是秦国皇孙，假装不知道，故问于公孙乾："隔居闲坐那个人是谁？相貌不俗，莫非是将军之公子吗？"乾说："不是我的小孩，这是秦昭王皇孙异人在此为质者，赵王要我把他关押在此地！"不韦曰："原来此人是王子王孙!”马上站起来说:“小弟斗胆,有一事想对哥哥你说,希望不要阻止!”

公孙乾说:“请你吩咐!”不韦说:“我想与异人同桌喝酒,行吗?”乾说:“你要他陪酒,叫他就是了!”于是,把异人叫来。大家见过面,坐下,一杯接一杯地喝。一会儿,乾起身上厕所,不韦趁机低声问异人:“如今秦王老了,太子爱妃华阳夫人又没有儿子,而你的兄弟有二十多人。现在你在这里,不能见到秦王,太子即位,而你不能去争位子了!你在这儿作人质,什么时候才能回国?”异人听后,流泪说:“我也知道,可是没有逃跑的办法,怎么办呢?”不韦说:“能帮你继承王位的,只有华阳夫人!我虽然家里穷,但愿意花千两金子为您去西边一趟,去见太子和华阳夫人。劝她收你为养子,然后再回来救你,你觉得怎样?”异人说:“真像你策划的那样的话,秦国与你共有!”不韦把五百两金子交给异人说:“你把这钱送给赵国当权者和公孙的左右客人,我几天后就往西去!这事只有你我知道,千万不可泄漏。”异人感谢他说:“得到你的搭救,我终生难忘!如果有一天回国,我一定要封你地盘,死后标榜于世,让你世代都能当官,肯定不会忘了你的!”说完,公孙乾回来了,每人又喝了几杯,不韦起身告辞:“我已不胜酒力,要先行告辞了。”公孙乾说:“你再待几天吧!”不韦急着要走,乾也留他不住,只好亲自送别他出门。

不韦回到家,收拾黄金五百两,并买了珍奇古玩,和家人向西去了。

吕不韦给钱让异人花销,其目的是使异人广交朋友,收买人心,改变在赵国贵族眼中的落魄形象,以便为回国夺权打好基础。对此,异人肯定心知肚明。他在邯郸用吕不韦给的钱结交赵国贵族和其他诸侯国来到邯郸的上层人物,又收罗宾客为自己鼓吹以壮大声势,在各国贵族上层中大造舆论。果然,“有钱能使鬼推磨”,不出几年,异人的私家势力就不容忽视了,他在赵国和其他诸侯国贵族眼中的形象也改变了。

异人之所以能在短时间内改善自己的境遇,除了吕不韦的钱外,关键在时机好。这几年秦、赵之间一场大战虽正在酝酿中,但只是处于暴雨欲来风满楼的间歇时刻,双方暂时没有发生正面的冲突,这恰给异人积蓄力量回国夺权提供了大好时机。

秦国自公元前266年任范雎为相后，范雎就推行“远交而近攻”的方针。他认为只有这样才能巩固所取得的土地，所谓寸土必争。根据这个准则，他决定先伐韩，而把齐、赵等国稍稍放下。因为韩国的土地与秦地交错，是秦的战略要地。所以，从公元前265年秦军就大举向韩国进军。当年攻占了韩的少曲（今河南省济源县东北少水弯曲处）、高平，即向（今河南省孟县西）。秦昭王四十三年即公元前264年，秦国命令白起攻韩，占领了汾水旁的井隆城等九座城市，杀死五万条人命。白起是昭王时代一名猛将，此人又名公孙起，眉人（在今陕西眉县境内），脑袋长得小而尖，瞳子黑白分明，超凡脱俗，为人凶狠但善用兵。自秦昭王五十三年（公元前254年）即为左庶长，带领秦兵攻韩、楚、魏等国，战无不胜，被封为武安君。曾在昭王三十四年（公元前273年），与赵、魏联军作战，攻占了魏国的华阳，俘虏十三万人，赵国二万士兵被沉入河中活活淹死。昭王四十三年（公元前264年），白起连打下井隆等九城后，次年又夺下了太行山南的南阳地。至此，秦军对韩国的攻击势不可挡，节节胜利，而秦对赵则还没有过正面交锋。本来赵国可暂时避过风头，避开锐不可当的秦军进攻的矛头，不料赵国国君贪婪因小失大，从而过早地把秦军的战火引到自家门前。

公元前262年，秦军一再向韩国的上党郡开战，占领了野王（今河南省泌阳县）。上党地处今沁水流域以东、山西和顺以南之地，治所在今长治市北壶关。而韩国的疆域则在今山西省东南部和今河南省中部。野王被秦王霸占，就把上党郡与韩国本土分开了。

上党被单独划分在外，韩国惊恐，却又没有办法。韩桓惠王派阳城君入秦，希望将上党之地献给秦国求和，征得了秦国的同意。没想到当韩桓惠王派人宣布这一命令，令上党太守靳黈向秦缴械的时候，却遭到靳黈蛮横的回绝。他对国王派来的人一腔正气地说：

“常言道：‘挈瓶之知，不失守器’，替别人保管一个盛水的罐子，尚且不能轻易丢掉。何况这是国王令我守护的一片国土呢？本人肯定不会轻信你胡言，将上党拱手给秦。臣请求出动全部兵力抗秦，即使抵抗不成，我心足已！”

这震憾人心的语话反映了韩国将士不屈的意志。只是韩国国君的胆早已被秦军吓破了，对于靳黈这样的爱国志士竟无动于衷，当来人将靳黈的话传达给韩王时，韩王却厚着脸皮说：“献上党的事我已经答应秦国的应侯范雎，已经是不能反悔的事了。”被人打得割地求饶，没有一点骨气，还谈什么“失信”不“失信”。这无非是卖国贼、奴才的思想！

韩桓惠王见靳黈不愿降秦，就另派冯亭为太守取代靳黈。冯亭到上党后，坚持三十日，仍不肯把地白白送给秦国。他派人到赵国邯郸，想把上党之地送给赵王。冯亭派去的使者对赵孝成王说：

“韩国已无力留住上党，韩国的国王想把上党让给秦。可是，上党的民众不愿降秦，一心归赵。这里有上党的十七座城，愿献给大王。大王收下吧！”

对于这天上掉下来的馅饼，赵孝成王一时不知所措：接受还是拒绝？于是，赵王向平阳君询问：

“韩国想把守不住的上党拱手让给秦国。可是当地百姓不愿为秦民而愿意作赵民。现在冯亭派人来献地，你的意见如何？”

“我听说圣人对于从天而降的好处是心存芥蒂的。”平阳君赵豹真是比赵王有远见。

“人家崇拜我们赵国的仁义，有什么不可以呢？”赵王自鸣得意地说。

“韩地受到秦的蚕食，因上党与韩国本土隔离，才把这块地献给我们。”赵豹一针见血指出韩国献地出于无奈，“而且韩地献给赵，这是要把秦的战火引向我国，这不是给我们土地，其目的是要把祸患转嫁给赵国。”

赵王见赵豹不赞同自己，又召平原君赵胜和赵禹商量这事。这两个人是见风使舵的主儿，知道赵王贪图小便宜，便顺水推舟地说：

“如此天大的好事为何不干！”

赵王自然心满意足，立刻派赵胜前往上党受地。

赵胜来到上党后，清楚形势对自己不利。他首先采取收买人心的办法，下令："赐给太守封地三万户，赐给县令封地千户，诸吏皆连升三级爵。百姓凡能守城者每家赐六金。"企图用重赏之下必有勇夫的办法，以保住赵国新增加的这块领土。太守自然得到的好处最多，可是在这种情况下受赏，连太守冯亭也无法笑纳。他垂涕道："我有三不义：为国守地而不能誓死保卫它，一不义；违背国君命令将地献给赵，二不义；把韩国土地卖给别人，自己反而坐收渔翁之利，三不义。"一再不肯受封赏，最后终于告辞赵胜回韩国去了。太守冯亭虽无力挽回失败结局，但他的气节也确实让人佩服。

冯亭胜利完成使命，韩王见赵军已占领上党，只好如实向秦国报告。秦王十分生气，立即派白起、王龁率秦兵向上党进发。赵国果然引火烧身了。

赵国得到上党后，就派名将廉颇率兵屯驻，决心与秦军一决高低。

一场空前的血战正在酝酿中。不过，即将爆发的大战，是在百里之外的邯郸以西的上党地区。因此，尽管赵国边境硝烟滚滚，赵国首都却仍然是太平盛世。而且，由于赵国上下都在关注着西边的韩、秦之战，反而没人注意邯郸城内的秦国公子异人。这对他来说是天赐良机。

异人在邯郸行动，除在灯红酒绿中结交赵国和其他诸侯国来赵的将相、宾客以外，当然也受到了当地的学术文化空气的熏陶。

战国时代的邯郸，不仅是政治、经济发达之地，而且也是文化中心。邯郸之所以成为文化中心的原因是多方面的：一方面在地理位置上处于四通八达的交通要地，活跃于各国的知识分子——"士"频繁往来于赵国；另一方面由于赵国贵族盛行"养士"，从而吸引了一大批士人。史书上说：战国时期在齐、楚、魏、赵都有一些贵族注意拉拢知识分子，培养家族的声势。这就在客观上有利于学术的繁荣。如齐国宣王爱好文学，邹衍、淳于髡等七十六人都被赐予了住所，在稷下讲学，稷下学派由此形成，人数多时达数百人；齐国的孟尝君家有数千"食客"；魏国信陵君无忌也养士"多过三千人"；楚国春申君也有三千宾客。与此同时，赵国的平原君赵胜也属此列。平原君有不下数千人的养士。这些养士之家，无疑成为知识分子云集之地，而士之集聚地自然成为学术极兴盛的地方。

赵国的邯郸学术风气不同于秦、楚，也不同于齐、鲁。以稷下学派为主的齐国临淄，由儒家学派或阴阳五行学派占主要地位。而秦国则一贯推崇法家传统，到昭王时代仍然“无儒”。赵国的邯郸却相反。这里的学术特别注重海纳百川，凡战国时代的诸子主要学派的代表人物，没有不光顾赵国的。

众家之首是儒家学派。孔子逝世后，儒家衍生出八派，其中主要是孟轲和荀况。孟轲对诗书造诣颇深，荀况擅长于礼学。而荀况就是赵国人。他曾游学于齐国的稷下，到过燕、楚、秦等国，他在世年代大约在公元前313年至公元前238年。值得一提的是，荀况在赵国时正好是吕不韦和异人在邯郸的那几年。从吕不韦以后表露的思想动向来看，他受到了荀况明显的影响。荀况与孔丘、孟轲的儒学最大的不同之处在于他批判地吸收了儒家以外的一些学术思想，如性恶说和五行学说以及“重法”思想等等，这些特征在吕不韦的一生活动中都有所体现。荀况又是法家集大成者韩非和贯彻法家学说的实践者李斯的老师。这两个法家代表人物曾是荀况的门下第子。另外，据《汉书·艺文志》记载，《处子九篇》是法家代表作。这个处子也是赵人，可见，邯郸也是法家学说的重要发源地。著名的古代逻辑家——名家公孙龙子，字子秉，也是赵人，为平原君赵胜的门客。其他如墨家、道家学派的人物都曾光临过邯郸或在这里长期为客。这就造成了邯郸的学风既不同于稷下，也与关中的咸阳不同，而是以“杂”为其特点。公子异人身带吕不韦的钱，在这里与各路宾客结交，不同等级和门户的人士他都结识，为吕不韦和自己网罗一批羽翼和爪牙，而且潜移默化中接受各家各派思想主张，极少有先秦各学派的门户之见。这就为后来吕不韦在秦养士，和以《吕氏春秋》为代表的“杂家”学派产生创造了条件。

邯郸——是吕不韦和公子异人成长的基地，他俩由此走上了政治舞台。

第二章　说秦立嗣

一、吕不韦入秦

1. 崛起的秦国

赵国的邯郸与秦国首都咸阳相隔数千里之遥。吕不韦带着大批行李跋山涉水，经过韩、魏等大国和一些小国，一路被重重关卡盘问，兵匪骚扰必不可免。辛辛苦苦地行走了几个月，终于进入函谷关，来到秦国本土。

刚一来到秦国境内，吕不韦就觉得这里有与关东地区天壤之别的风土和民情。刚刚从五光十色的邯郸来到这里的吕不韦，愈接近秦国首都咸阳，这种感觉愈强烈。沿途所闻使他对秦国必胜的信念愈来愈坚定，从而对此次政治生意的成功愈来愈信心十足。

其实，对秦国必胜的感觉，并非吕不韦先知先觉，当时的一些有远见的思想家、政治家都能看得出这个历史大潮流，尤其是秦国以外的关东人，凡是到过秦国本土实地考察的，就会得出相同的结论。就在吕不韦入秦的差不多同一时期，著名的思想家、大学者赵人荀况也来过秦国游历。到咸阳后，他会见当时秦国执政的范雎。因为荀况已是名声在外、德高望重的大人物，范雎对他很有礼貌。会面时范雎不免向客人询问所见所想。荀况当即以其思想家的敏锐，概括地说出他对秦的形势分析："秦国所处的地理位置形势十分好，山林川谷极有利，物产十分富足，这是一大优势。”荀况不紧不慢道来，“我到贵国后观察地方风俗，深刻体会到这里的老百姓都很淳朴，不尚浮华，从秦国盛行的服装和音乐中，也强烈地感到，这里的人们不喜欢浮躁和奢侈。”荀况下这样的论断显然是与东方的诸侯国，特别是郑、赵、卫这些国家的风俗对比而言的。这位老先生是严肃的学者，每句话都是有道理的。接着他又评论起秦国的政治：“秦国的老百姓很恐惧官府的势力，都十分听从政府官吏的指挥，遵守法令。而衙门里的官吏，都是依法办事，认真为朝廷办事，不偷懒，不讲私情和关系。这样的官和民真是太有希望了。”在荀况的政治设想中，上古的官民关系就应该如此，其实这仅是他个人的想象。不过，对秦国的吏治，老先生是相当欣赏的：“还有贵国的士大夫，也都守法奉公，常年往来于官府与家中，从不结党营私、拉关系建立私党，每个人都照顾整体利益。再看朝廷，处理政务简洁明快，从不拖泥带水，也未见为繁琐细务纠缠扯皮的情况，真像恬然无治的样子。”“恬然无治”也正是荀况最向往的政治理想。最后，荀况得出这样的结论：难怪秦国不断取得胜利！这不是侥幸，这是理应如此啊！

而当时的秦国确实是在诸国中最具实力的。

秦自商鞅变法以来，国力不断强盛，不断向东扩张势力。公元前325年，秦惠文君自己封自己为王。两年后，秦命令相国张仪和齐、楚大臣在啮桑相会，使大家认同秦国的霸主地位。公元前323年，犀首聚集韩、魏、燕、赵、中山五国称王。此后，许多有势力的侯国都以王号相称了。

秦借着魏与楚、齐的矛盾，挑拨魏与齐、楚的关系。魏惠王在张仪的游说下，一度联合魏、秦、韩去攻打齐、楚。可是，不久公孙衍把张仪排挤出去，做了魏相。公元前318年，公孙衍约合魏、燕、韩、赵、楚五国合纵攻秦，推楚怀王为纵长，以失败告终。

公元前314年，燕王哙让位给相国子之，造成社会混乱。齐宣王趁此良机命匡章率兵攻燕，燕都轻易就攻下了，燕国几乎灭亡。

这时秦国把扩张的方向放在西北和西南。公元前316年，秦灭蜀、巴、苴，占据了“天府之国”，接着又攻占西戎小国义渠 25 城。于是齐、秦形成对峙的局面。此后，秦国又把扩张目标投向楚国，目的是拆散齐、楚联盟。为此，秦派张仪入楚，企图让楚和齐断绝来往。楚怀王因为贪婪受其迷惑，与齐断交往。后来，秦国不守信用，激怒了楚怀王。于是秦楚又连续大战两回。一次在东阳，今河南淅川丹水北岸；一次在兰田，都以楚国惨败而告终。从此，楚国一蹶不振。公元前 301 年，齐联魏、韩，把楚的方城攻下，楚军大败于泚水旁的垂沙，楚将唐蔑被杀，宛、叶以北之地被韩、魏瓜分。从此楚国雄风不能再振。公元前 295 年，魏、韩、齐联军转而伐燕，连连告捷。燕国二将被俘，损失惨重。

公元前 294 年，秦国准备大力向东推进。大将白起大败韩、魏联军于伊阙，杀敌 24 万。

一系列的战争之后，韩、魏、燕、楚都已元气大伤，只剩下齐、秦可以相抗。公元前 288 年，秦昭王自封号为帝，是为西帝；又把齐湣王尊为帝，是为东帝，秦、齐对峙的局面由此形成。

由于苏秦的多方奔走行动，劝说齐湣王去了帝号，并与赵奉阳君共谋合纵。遂于公元前 287 年，齐、魏、韩、赵、燕五国联合伐秦。这次合纵并未有多大的成果，但迫使秦国放弃了帝号，并归还了以前夺得的魏、赵的一些土地。公元前 286 年，在苏秦的怂恿下，齐湣王灭掉宋国，造成了“诸侯恐惧”。公元前 284 年，以秦昭王为主组成秦、韩、燕、魏、赵五国联军。以燕将乐毅为统帅大举伐齐，齐的 70 余座城倾刻被攻陷。后来齐虽复国，但从此不敢与秦抗衡了。

此时，东方六国只有赵国还有一点实力，可与秦国一拼高下。赵自公元前 307 年武灵王推行“胡服骑射”改革之后，战斗力大增。公元前 295 年中山、林胡、楼烦等地也被攻破了。继赵武灵王之后的赵惠文王又聘用乐毅为相，蔺相如为上卿，廉颇、赵奢为将，赵国从此社会安定，人民富足而府库也充实，并不断攻取齐、魏之地。公元前 270 年，秦攻今山西和顺赵地阏与，赵派赵奢前去支援，秦军大败。几年之后，秦把矛头转向韩、魏。公元前262年，秦、赵为了争夺上党郡而进行了历史上有名的长平之战。战争一打三年，难分雌雄。后来，秦用反间计让赵惠文王上当，改用赵括代廉颇为将，赵军才为秦军所破。赵括战死，40多万士兵被坑。从此，秦国又少了一个对手。

秦国进入独强的阶段。

吕不韦深知其中大势，更对自己前途的选择充满信心。

2. 宫闱故事

吕不韦的游说必先从华阳夫人开始。也正在这时，历史给了吕不韦又一个有利条件，就是吕不韦来咸阳之前，秦昭王四十二年（公元前265年），宣太后离开了人世。

宣太后不仅是对秦国有巨大影响的一位皇太后，而且是秦、楚间微妙关系的一个关键人物，对华阳夫人的处境有着微妙影响。

春秋战国时代，秦国在与各诸侯国和周边少数民族戎狄的关系中，唯有和楚国的关系非同一般。这种特殊关系表现为秦与楚之间时而相互伐攻，时而又会盟友好，或是在友好期间也不断相互攻伐。这种打打停停的现象虽在秦与其他诸侯国之间也不例外，然而尤以秦、楚间的关系最为瞩目。这首先表现在联姻的活动上，为了搞好邦交关系，国与国之间王室联姻是一种常见的政治手段，秦与曹、韩、魏、赵等国都有姻亲关系。然而，联婚要数秦、楚间最多。

秦国王室共有十三个女儿出嫁在外。其中嫁给越王、丰王、赵、齐、燕的各一次，嫁给晋的二次，而楚国娶的秦女则多达五个。

可以看出，秦、楚两国的历史上一定有着不同寻常的渊源。

要是追溯起根源来，我们将会发现秦、楚两国的祖先拥有亲密的血缘传统。据伟大的史学家司马迁撰的《史记》记载：秦、楚都是颛顼之后的传人。这只是传说，但也可看出秦、楚之间与秦人和周人、殷人之间相比有更亲的血缘关系。从《史记》记载来看：殷、周人有着与秦、楚人不同的祖先，他们的祖先是玄嚣、蟜极。这种传说说明了秦、楚人和殷、周人来自互不相干的族属。此外，秦人嬴姓，楚人熊姓。古音嬴、熊相通。这又是秦、楚同祖的又一个有力证据。

直到西周王朝建立的公元前十一世纪之初，殷、周和秦、楚渊源的不同，当时的人是知道的。西周王朝的统治阶级，主要是姬、姜两姓氏族形成。周初大封诸侯，封国多半是姬、姜两姓的。贵族通婚也多限在两姓之内。这样就形成“家天下”的局面，天子就是“大宗”。秦、楚两国在中原各大国人们的心中，是属于外族人。而秦、楚这两族之间，则有相当亲密的渊源。抛开以上传说中共同的祖先外，在相当长的时期内，他们自认为与中原各诸侯国不同，称自己为外族人。而这种心理状态，又促成秦、楚两国相互之间的来往和协助，从而在文化心理素质及价值观方面有诸多的共性。在秦、楚早期阶段，两国的友好关系占绝大多数的，而很少有战争的记录。就是在春秋时代秦穆公称霸期间，秦不断向各国开战，也只同楚国发生两次小冲突。其中一次冲突后两国尽弃前嫌、结盟盟誓，要世代互为亲家，永通婚好。这种相互认同的关系确实维持了秦、楚两国间数百年内几乎没有战争，而拥有比其他诸侯国更多的联姻记录。

到了战国年代，秦、楚之间的战争次数增加，其激烈的态势一点也不比其他各国小。然而尽管战争是一样的，但秦、楚之间的战争显然含有极浓烈的情感因素。这是别的国家所不见有的。

秦、楚共同的处境使得两国联姻，而且联姻中嫁娶双方在各国的政治生活中必然发挥很大的作用。

秦昭王时代的宣太后有机会能够长期控制朝政，不仅由于她是昭王的母亲，是太后。更关键的是她来自楚国，是有楚国贵族芈家作背景。而除秦国之外，在当时的各大国中，楚是最有势力的一个诸侯国。战国末年被称为“带甲之士”超过百万者，除秦、楚外无其他。故而，尽管在范雎夺权代替魏冉掌握政权以后，宣太后的权势大幅削弱。然而，楚国是一个与秦国相当的大国，所以宣太后在秦的势力并不是一点没有，芈氏家族仍旧在秦国王室内占有重要地位。吕不韦要游说的华阳夫人，正是宣太后的芈氏族中的重要人物。

一言以蔽之：华阳夫人受宠的原因，一方面因她的美貌与青春；更重要的乃是她与宣太后一家，同是楚国芈氏中的人。这一深层原因在当时和后世人的心里是一目了然的。她有宣太后撑腰，加上风流、漂亮，自然得宠于太子。即使姿色稍差，也是无碍的。若宣太后一死，华阳夫人自然失去靠背山，从而也没有了与楚国联系的纽带，即使其青春永葆、犹存风骚，华阳夫人失势的前景也是明摆的。

吕不韦决定在秦国的宣太后去世之后游说华阳夫人，是经过深思熟虑后做出的行动，还是偶然的巧合？还不得而知，反正历史给了他成功的机遇，使他的计谋一帆风顺。

3. 华阳夫人

从千里之外赶到秦国首都咸阳，吕不韦最终的目的就是要华阳夫人听从他的计划。然而，要面见深居后宫的宠妃好比登天！他只好在咸阳安顿下来，慢慢找寻接近华阳夫人的方法。

商人具有的精明，使吕不韦很快地找到了门路。不用说，其携来的丰厚礼物肯定发挥了作用。

打听到华阳夫人有个姐姐，也嫁到了秦。于是他先买通其家仆，与夫人的姐姐通话：“王孙异人在赵很是思念太子夫人，有些以表孝顺的礼物，托某人转达这些小小仪礼，也是王孙要奉候姨娘的。”于是将金珠一函献上。其姐喜出外望，亲自出堂，在帘内见客，对不韦说：“这虽然是王孙美意，有劳尊客远涉。今王孙在赵，没想到还很想念故土啊？”不韦回答：“我与王孙公馆对居，有心事就与我叙说。我尽知其心事，王孙他日夜思念太子夫人，听说自幼失母，夫人就是他亲母亲，想要回国奉养，以尽孝道。”夫人的姐姐说：“王孙一向还安康吗？”不韦说：“由于秦兵屡次伐赵，赵王每次都想拿王孙来斩，幸亏臣民一再保护，幸存一命，所以很想回国。”夫人姐姐说：“臣民为什么要保护他？”不韦说：“王孙贤孝无比，每逢秦王太子与夫人寿诞以及元旦中秋之辰，他必定要净身斋戒，焚香西望拜祝，赵国人没有不知道的。而且又好学爱护贤才，结交诸侯宾客，所有的人都说他很孝贤，因为这个，臣民多方保奏。”不韦说完，又将金玉宝玩，约值五百金，献给夫人的姐姐说：“王孙不能够回来服侍太子夫人，有份薄礼要表达心意，请求王亲转达！”姐姐命令仆人款待不韦酒食，自己却去报告华阳夫人。夫人看见珍宝，以为“王孙真思念我！”心中甚喜。夫人姊回来答复吕不韦，不韦因此顺势问道：“夫人有几个孩子？”姊说：“没有。”不韦说：“我听说‘以色事人者，色衰而爱弛。’如今夫人侍侯太子倍受宠幸而无子，应该适时选择诸子中贤孝者为子，百岁之后，养子立为王，终不失势。不然，他日一旦色衰爱弛，后悔莫及啊！现在异人贤孝，又自附于夫人，自己清楚一生不得王位，夫人诚拔收为养子，夫人不就世代会受宠于秦啦？”姊把他的话转达于华阳夫人，夫人说：“此言极是！”一天晚上，华阳夫人与安国君对饮正欢，忽然哭起来了，太子很是奇怪便问她。夫人说：“妾幸得充数后宫，不幸没有孩子，你的众多儿子中只有异人最贤，诸侯宾客来往，俱称誉他不绝口，若得此子为嗣，我老了也有依靠。”太子答应了。夫人说：“君今天答应了我，明天听他姬的话，又忘掉了。”太子说：“夫人倘不相信，愿刻符为誓！”于是摘下玉符，刻“适嗣异人”四字，从中间剖开，各留其半，把这当信物。夫人说：“异人在赵国，怎样才能回国呢？”太子说：“应当找空去见大王。”

当时秦昭襄王正在为赵国生气，太子对秦王提起此事，王不听。不韦得知华阳夫人之弟阳泉君现正受宠幸，又带礼物贿赂其门下，求见阳泉君，说：“你已被判死罪了，你知道吗？”阳泉君大惊说：“我有什么罪？”“你们全家没有一个不身居要位，当大官的。府上骏马多得没处放，后院妻妾成群。”吕不韦把早已准备好的话从容地道来，“再看看安国君的儿子，家里的人却没有一个手掌实权的。如果有一天安国君死了，他儿子有了权，足下不就如同坐在火山口上，要你死不就死了吗？”

“敝人有办法可使足下逃脱这场灾难。”像战国时代的游说之士一样，吕不韦也是有一条灵活的舌头，话头一转，“能让府上全家长保富贵，永远与祸患无缘。”

“请赶快告诉我吧!”阳泉君急切地想知道怎样才能躲灾趋福。

不韦说:“大王年老了,而王位又没有合适的人选。现在王孙异人贤孝闻于诸侯,被抛弃在赵国,日夜引领思归。希望你能让王后言于秦王,让异人归国,使太子立为适子,从而异人无国而有国,太子的夫人无子而有子,凡是能使太子与王孙对王后有恩德的人,世世无穷,你的爵位可以永远保住了。”阳泉君说:“谨谢赐教!”当天把不韦之言禀报给王后,王后因此对秦王一一说了一遍。等到把上乘的宝珠递与国君,国君十分欢喜,说:“吾儿真有孝心啊!”夫人又将书信奉上,国君开封读他的信:

> 不肖儿沐浴百拜稽首顿首於双亲安国君既华阳夫人殿下千秋齐年,儿自别膝下,靡时不意於左右,无奈云山飘渺,道路阻长,所憾不能奋飞耳!儿今身在於赵地,心不离乎秦疆,思亲假寐而求欢,莫不涕淋而惆怅。儿每思,生虽夏氏养,幸夫人而得至於今日质此,何由得报也!由斯夙夜怀愁不已。儿感国君夫人生我养我,而不得在于左右,冬温夏扇之奉,是如空然生子也。儿又思,有双亲在宫,而不得披彩衣之乐,报生养之恩,由此未尝不三叹而流涕也。知我如此,不如不生儿矣!无有效意,辄具夜明珠一颗,照颜珠一扇,温凉盏一双,敬令吕不韦传我八拜,前来上寿。伏望双亲休以不孝之儿为念,善保龙体,候登九五之位。励精图治,立致太平之基。万寿无疆,此儿之愿。今因便,贡以尺素,以传八拜,敢效华封之三祝,及通问安之微忱。为此冒干龙威,不任激切屏营之至。

国君看完他的书信,当时流下了眼流,夫人也不停地落泪。国君哭着说:“什么办法能救此子回秦?”皇姨说:“现有一个使者叫吕不韦,此人足智多谋,国君要是与他商量,一定能救回!”夫人说:“可以把他叫来商议。”

于是，召来吕不韦。不韦进宫后，跪倒在地上说：“愿殿下千秋，夫人齐年！”国君要他平身。不韦又说：“小人替代皇孙八拜，今当就此拜还！”于是便拜，拜完之后，国君与夫人双泪交流。国君拭泪对不韦说：“今日想要立异人为嗣子，无奈作质在赵国，无计脱离，敬请益于足下，有什么计谋教给我？”不韦说：“殿下肯立异人为嗣，小人不惜千金贿赂赵国的当权者，一定能救回公子，只怕殿下戏言我！”国君说：“你若不信，就刻玉符约誓为嗣，委托足下去救！”不韦说：“谨领尊命！”于是，不韦拜辞回到店中，至次日又来宫中，国君将玉符交给不韦，不韦接过来说：“我会想办法救皇孙回国。”国君说：“如果你救得吾儿还国，你的大富大贵就不用担心了！”说完！将百两银赏赐给不韦，不韦跪着接受了。

二、以吕易嬴

1. 战乱受阻

不韦从秦国回来，又到了邯郸。他先见父亲叙说了详情，父亲十分高兴。

第二天，就准备厚礼拜见公孙乾，然后见王孙异人。不韦将玉符交给异人并说：“我去西游，见你国君大人，说立你为嗣，让我交此玉符给你，与你为报，你不必怀忧，我自有办法救你还秦！”异人感谢他说：“如果能回秦，必定不忘记你的大恩！”吕不韦又将王后和太子夫人说的一段话，细细说与异人听，将黄金五百镒及衣服献上。异人高兴得不得了，对不韦说：“衣服我留下，黄金请先生收去，要是有用得着处，先生只管花吧，只要能救我归国，感恩不尽！”

此时在遥远的邯郸当人质的异人，竟一下子变成秦王位的继承人。

身份既然变了，当然也不能再当人质。于是秦国就请吕不韦回到赵后，请求赵国放人。但当时秦、赵两国关系正值紧张关头，赵国哪会好心将异人放回。吕不韦又施展出他的多种才华，他对赵王说："异人这个公子，现在已经是秦王的宠子，他自己母亲没有得到宠幸，可现在最得宠的华阳夫人要收他为养子了。贵国若强留异人，对赵国一点好处也没有，如果秦国存心要灭赵，根本不会理会一个在这里抱空质的异人。若贵国能将异人送回秦国，以后异人一旦坐上王位，必定对赵有好处。"巧舌如簧的吕不韦如此一番花言巧语，最后竟说服了赵王，决定将异人遣送回国。吕不韦这一次又走了一步好棋。

正在异人和吕不韦满怀希望地打点行装准备离开赵国时，不料长平之战爆发，使异人无法成行，只好待在邯郸再作打算。

自从被困在秦军包围之中的上党由韩国的冯亭"献"给赵国之后，秦军又把进攻的矛头由韩国转向赵国。贪婪的赵孝成王贪图一片战火中的土地，而使自己陷入战火中，秦、赵两国又一次正面展开了厮杀。

赵孝成王接受了上党之地后，为保住利益，随即派老将廉颇率兵驻守由上党通向赵国邯郸的交通要道长平，以抵御秦军进攻。

廉颇接受命令后，分析一下时局，他认为秦军以得胜之师进攻赵国必胜无疑。但其军队远离本土，兵源、给养都会供应不足，一定急于攻城取胜。而赵国军队依靠后方优势，但战斗力则远不如秦军，不宜急于与秦军展开正面交锋。因此，廉颇决定采取以静制动的战术，决定死守城以消耗秦军实力。他向军中下令：秦军攻城，赵军不许出战，违者以军法处置。于是，无论秦军使用什么花招，赵军皆巍然不动，在城中不出来。由于当时武器装备简单，这种战术竟使秦军毫无办法，只好长期围城，赵军坚持守城，双方在长平拉开近三年之久的持久战，始终不分胜负。

时间过长的对垒，显然对远途出击的秦军不利。经过大本营的谋士们一再考虑，秦国君臣终于明白不能再继续僵持下去。他们又想出了一个破坏赵国军队“以逸待劳”绝不出战的方针，策划了一个挑拨离间的阴谋。

公元前260年，赵国前线阵地和首都邯郸的人们听到一个消息。开始，人们还不敢大胆地议论，但很快就成为公开谈论的话题：

“秦国士兵其实并不怕廉颇……”有人这样说。

“你怎么知道?”

“因为廉颇私下里和秦军勾结呢，别看他表面好像效忠于赵国。你看他总是不主动出击老是守在城里。”

“秦军真正怕的是谁呢?”

“马服君赵奢的儿子赵括是秦军最怕的。”

阵地、军营、街头、巷尾中的这些讨论，原来都是由秦国来的间谍故意编造出来动摇人心的，而这些谣言又迅速传到赵国王宫。不聪明的赵王不仅对自己的臣下一无所知，而且对这种十分明显的离间性质的谣言也不会用自己的脑子想想。当听到秦国并不害怕廉颇而赵括才是克星的谣言后，昏庸的赵孝成王竟决定撤换前线主帅，以赵括代替廉颇为将。成功地与秦军对抗了三年之久的大将廉颇，竟这样轻易地被撤换下来了。

取代廉颇到长平率兵的赵括是如何一号人物呢？原来他是一个只会纸上谈兵的空谈家。

身为将门之子的赵括，他的父亲赵奢乃是赵国名将，赵奢在军事才能和战功方面并不比廉颇差，因而被封为马服君。赵括自幼学习兵法，比兵法时，这个年轻气盛的小将说得处处有理，有时连赵奢也辩不倒他。赵括也认为自己精通兵法天下无双。可惜，自视甚高的赵括只知道空谈军事，一点实战经验也没有，更不懂书本上的理论如何与实际相结合。更有意思的是，恃才傲物的赵括一贯自命不凡，从来不肯听旁人的劝告。而赵孝成王却对敌军的谣言信以为真，任命赵括取代廉颇统兵，这就播下了悲剧的祸种。

其实，悲剧可以避免，对于赵括的致命弱点旁人早就明了。在长平之战很久以前，赵相蔺相如就曾指出赵括只知照搬书本，不会理论与实践相结合运用军事知识，只会把瑟上面的弦用胶粘住，还妄想拨响瑟弦。就是他的亲生父亲赵奢也直截了当地断言：

“赵括若为将，赵国就将毁在他的手里。”

可是，当赵孝成王任命赵括之时，赵奢早已入土。黑白不分、是非颠倒的赵王根本不知道听取赵国国内的其他建议，而是按照秦军的安排召回廉颇，派赵括接管长平前线军事统帅。当得知赵括即将赴任之时，赵括的母亲竟然站出来，坚决上书赵王反对自己的儿子赵括为将。

“赵奢、赵括父子绝不是同等出色的人，请大王一定要改变主意，不能委任赵括为将。”赵母语重心长地又补充强调，态度极其坚定。

“这件事我已决定，不容变更了！”赵王根本不采纳任何意见，他不愿收回已发出的命令，大概觉得那样做会有失体面。许多君主往往把个人尊严看得比国家得失还重，赵王就是其中之一。

“若大王坚持要派赵括为将，请答应妾身的一个要求。”赵母见无法打动赵王，只好绝望地提出最后的请求。

“有何请求，说吧！”赵王随意应付她。

“若小儿赵括在指挥战斗中违犯国法，妾请求不要连累于我。望大王饶恕我免受连坐之罚。”赵母这个令人心酸的要求，分明是换一个方法给赵王敲警钟。谁知最后这一招也打动不了赵王，昏聩的赵王竟一口应承了赵母的“请求”，不改初衷派赵括立即启程，换回廉颇。

赵括率领亲信从邯郸奔赴长平上任，秦国的离间计大获成功。

针对赵国换灯式地调动将领，秦军适时而恰当地改变军事部署。秦昭王四十七年（公元前260年），秦国增派令人闻风丧胆的白起为上将军，以龁为裨将，加强对赵国的攻势，一场血战马上要上演了。

赵括到长平接任廉颇统军后，马上实行自己的战术。他认为原来坚守不出的战略是懦弱的表现，于是下令全线出击。秦军开始假装逃走，暗地却设下埋伏。当赵军追逐秦兵时，秦军返回城内，同时又以一支部队把赵军的后路绝断，赵军开始时尚能与秦军对抗，随后就日渐不行了。另一支秦军部队则袭击赵国后方，将赵军分隔在两处，彻底控制赵军反击的力量。数十万赵军成为瓮中之鳖不敢出战，只得等待救兵。由于弹尽粮绝，自七月至九月，赵军四十六日无粮，因饥饿待毙，以致人相食。原来不知天高地厚的赵括，此时束手无策，最后只好决定孤注一掷，下令所有士兵拼命突击。他鲁莽地亲率部队出战，结果被秦军射死，主帅一倒赵军立即瓦解，四十万人成为秦军俘虏。

秦军取得长平大捷，主要原因是赵国误中反间计，轻易换主帅，以致惨败。而只会纸上谈兵的赵括，则成为后世的反面教材。赵国失败是历史必然，赵军投降后，由于担心不好管理，白起竟下令将四十万降卒全部活埋，只有年幼的二百四十人幸免于难，放回之前又把这些虎口余生者割耳、截肢弄成残废，让他们回去后宣传秦军的虎虎“声威”，利用这一令人发指的惨案以威吓赵人。

长平一战，赵国损失惨重，死掉的士卒达四十五万之多，秦军死亡也超过一半。这是战国期间秦赵间最大的战役之一。

长平大战期间，异人自然被困于邯郸无法返回秦国。而在长平战后，秦军紧接着就向赵国首都邯郸逼进，使得赵王改变主意，严禁异人回国。

异人不能回国，垂头丧气地在邯郸混日子。吕不韦也在邯郸替异人想办法逃出赵国。就在这个期间，吕不韦实施了一个计划。

2. 异人娶妻

一天，不韦回归至家，和老父商量：“我想为强秦谋取天下，无计可施。如今听说邯郸城内，朱家有一女名赵姬，生得绝美，不如我娶来作小妾，等她怀孕，儿与朱氏明说此计，誓不相负，把赵姬献给异人，异人在客中无妻，必然会娶她！倘生子，必是我的儿子，异人死后，必定我儿登基，再改姓号，这难道不是我家的天下了吗?”父说：“这条计谋太妙了!”

不韦娶回邯郸美女赵姬，善于歌舞，知她怀孕两月，于是请异人和公孙乾来家饮酒，席上山珍海味，笙歌两行，好不热闹。酒喝到半酣，不韦开口说话：“我近来刚娶了一小姬，颇能歌舞，让她来劝酒一杯，不要见笑。”随即叫两个青衣丫环，唤赵姬出来。不韦说：“你可要拜见二位贵人。”赵姬轻移莲步，在大家面前叩了两个头。异人与公孙乾慌忙作揖还礼，不韦令赵姬手捧金酒壶，上前为大家祝酒。杯子送给异人，异人抬头看时，果然标致。赵姬敬酒完了，舒开长袖，又在桌前舞一个大垂手小垂手，身似蛇舞，袖如素蜺，宛转似羽毛之从风，轻盈与尘雾相乱，高兴得公孙乾和异人心迷意乱，飘飘欲仙，口中赞叹不已。赵姬跳完舞，不韦要她倒酒大觥奉劝，二人一饮而尽。赵姬劝酒完了，回到里屋去了。宾主复互相酬劝，欢快无比，公孙乾不一会儿大醉，卧倒在座席之上。异人心念赵姬，借着酒意，请求于不韦说：“想到自己孤身在这作质，客馆寂寥，我想向你求得这个女子当作妻，满足平生之愿，不知她身价值多少？我一定全部奉纳。”不韦假装生气说：“我好意相请，让小妾出来献艺，以表敬意，殿下遂欲夺吾所爱，哪有此种道理？”异人不顾一切，立刻下跪说：“我由于在他乡孤苦一人，妄想要先生割爱，这真是醉后狂言，还望不要生气！”不韦慌忙扶起说：“我为殿下谋归，千金家产耗尽都一点不可惜！如今怎会可惜一女子。但此女从小害羞，只怕她会不从，她若情愿，即当奉送，以便为你做些铺床拂席之活。”异人再拜称谢，等到公孙乾酒醒，一起坐车离去。当天夜里，不韦对赵姬说：“秦王孙十分爱你，请求你作她的妻，不知你如何想？”赵姬说：“妾既然已经以身事君，而且有了身孕，为什么要抛弃我，使我去侍候别人呢？”不韦悄悄地告诉她：“你跟我终身，不过一个商人的妻子而已。王孙将来有秦王的位子，你一旦受宠，必为王后。如果侥幸腹中生男，即为太子，我与你就是秦王之父母，从此富贵无穷。你可要记得夫妇之情，听从我计，不可泄漏！”

赵姬声泪俱下地说：“你的谋划太大，妾哪敢不听从！但夫妻恩爱，怎忍心割舍？”不韦安慰她说：“你要是不忘此情，他日得了秦家天下，我们仍是夫妇，永不相离，这不是天下的好事吗？”二人于是对天设誓。当夜同睡，恩情倍增，不必细述。第二天，不韦到公孙乾处，为那晚招待不周而致歉，公孙乾说：“正要与王孙一同造府，拜谢高情，怎敢劳你大驾来此？"不一会儿，异人也到，彼此交谢。不韦说："蒙殿下不嫌弃小妾丑陋，让她侍候你，某与小妾再三解释，已基本听从我意了。今日良辰，我将把她送到你寓所陪伴。"异人说："先生高义，粉身碎骨也不能回报你！"公孙乾说："既有此良姻，我应当为媒。"于是命令左右备下喜筵。不韦告辞离去，至晚以温车载赵姬与异人成亲。髯翁有诗为证：

新欢旧爱一朝移，花烛穷途得意时。
尽道王孙能夺国，谁知暗赠吕家儿。

异人得了赵姬，如鱼似水，恩爱有加。约过一月有余，赵姬对异人报告说："妾获侍殿下，现幸运已有身孕了。"异人不知来历，以为是自己的孩子，愈加欢喜。那赵姬先有了两月身孕，后又与异人结婚，嫁过八个月，就满了十个月，当产之期，腹中毫无动静。因怀着注定天子的真命帝王，所以比常不同，直到十二个月，方才产下一儿，分娩时满屋红光，百鸟飞翔。看那婴儿，长得额头丰满，眉清目秀，方额重瞳，口中还有数齿，背项有龙鳞一搭，哭声洪亮，街市的人都听见了。那天是秦昭襄王四十八年（公元前 259 年）正月朔旦。异人喜出望外："我听说应运之主，必有异征，这孩子骨相非凡，又且生于正月，他日定能当政天下。"于是用赵姬的姓，起名叫赵政。这就是后来兼并六国的秦王，也就是秦始皇。当时吕不韦听到赵姬生男，暗暗自喜。

3. 决计出逃

异人在邯郸娶姬生子，忘乎所以，似乎不记得回国之事。哪曾想到，风云变幻，这期间战争又改变了势态，给已淡忘了回国之心的异人归秦创造了时机。

战争是政治的手段之一，而政治的变幻正如难以预测的天气一样。秦军要是趁热打铁进攻邯郸，以白起率领之精良之师不停顿地攻击，赵国的覆灭就在眼前。然而正当满怀必胜信心的白起在上党等待秦王下达向邯郸进攻的命令之时，却杳无音讯。一直拖了两个月之久，一天，突然接到秦王的命令：停止进攻，让士卒休息，准备与韩、赵和好。这可是白起万万想不到的。秦军失掉了一次占领邯郸的绝好机会！但被困在城中的异人却因而逃过了一场厄运。

为何会产生如此大的反复呢？这都是秦国内部矛盾引起的。

范雎在秦国取代魏冉为相之后，秦国的政治和军事确实是重振旗鼓。不过，此人乃是一个小肚鸡肠难以容人的小人。他见白起率兵在外屡战屡胜，一方面庆幸自己当政以来不断取得胜利，一方面又害怕战功累累的白起势力会超过自己。长平之战后，范雎见白起取得偌大战功，胸中妒火中烧。这时，韩、赵派来使者向范雎游说："武安君白起率兵在外有很大的战功，眼看就要灭掉赵国。如果白起占领赵国首都邯郸，'三公'必为白起，若白起为'三公'，君能为之下乎？虽欲无为之下，固不得矣。那时您不想居白起之下也身不由己了！"这些挑拨的话恰点到范雎的要害，真如火上加油。于是，以他如簧之舌花言巧语，将昭王骗倒，令白起停止进攻，兵罢求和。理由一大堆，无非是秦兵在外日久，耗费太多之类。

白起在上党得到罢兵讲和命令后，尽管心中什么都明白，知道这都是范雎在与自己作对，但也无计可施。只好眼看着灭赵的计划化为乌有，率领士兵从前线撤回。从此对范雎怀恨在心，两人的矛盾愈加尖锐。

白起和范雎的矛盾，逐渐发展到你死我活、不共戴天的斗争。

范雎劝说秦昭王退兵与韩、赵结为盟友，原来提出的条件是韩国割垣雍，赵国以六城为代价。但当白起退兵后，只有韩国遵守了诺言献出了垣雍，而秦国没有得到赵六城。更有甚者，赵王还派虞卿去齐国，企图与齐成为盟友一起攻秦。

秦昭王见赵国不守信用，异常愤怒，命令白起又一次率兵攻赵。一度班师回朝的白起却对秦王的决定发表异议："臣下不能如大王命令，再次出兵攻赵是不对的。"白起明确向秦昭王表明自己的态度："长平大战，秦王已经打了胜仗，赵军彻底失败。赵军丧胆，秦人士气大振，当大王错发命令时，已失去机会。秦军凯旋大家被胜利冲昏了头脑，国家对战死者以厚葬，负伤者得到厚养，有功劳者领到奖赏，不惜钱财庆祝胜利。而赵国失败后无力收葬战死者，对战争中负伤者也无法顾及生死。财力窘迫，全国一片惨兮兮。俗话说‘哀兵必胜’，在这种形势下，赵国军民必然同仇敌忾，同心协力，发奋图强，努力生产，增强国力。现在，大王要发兵攻赵，兵力再猛再多，恐怕也难取得前次那样的胜利。因为，赵国防守的力量、士气、民心可比以前强十倍了。”

“赵自长平之战失败后，君臣都有危机感，一心要提高国力，改善内政，注重与外国搞好关系，不惜以财帛、美女，与燕、魏联姻，与齐、楚联盟。全国上下一心，誓死与秦对抗到底。经过这一段努力，赵国的基础和兵力得到了巩固，对外关系也取得成就。现在要攻击赵国真不是时候！”

白起一而再、再而三地强调现在赵不可攻，可是秦昭王主意已定，根本不听劝告。固执的秦昭王又改命五大夫王陵统兵伐赵。

秦昭王四十九年（公元前258年）正月，五大夫王陵率秦兵攻邯郸。果然如白起所设想，秦军刚开始进攻，就受到赵国军民的顽强抵抗，将卒伤亡惨重，战线无法推进。

当前方战场失败的消息传回到秦国国都的时候，秦昭王又想任用白起。他派人召白起入宫，准备再次重用他代替王陵率兵。没想到白起竟以年老身体有病为由，不肯接令。

昭王气极败坏。但是王陵军在邯郸附近八九个月之久，战场不见任何令人如意之处，反而士兵死伤一大片，消耗惨重。

就在走投无路的情况下，秦昭王迫不得已又求助于白起。这一次昭王一改往日傲慢、高高在上的姿态，放下架子，亲自到白起府邸，好声好气地求他挂帅出征。但固执得简直有点不识时务的白起，仍以自己年事已高、不中用为借口不肯答应，双方僵持不下。

“你虽然有病，寡人也要你带兵出征不可。”昭王见说服不了白起，只好再退一步说，“你就躺在病床上为军队指挥总可以吧！”

“既然大王态度如此诚恳，臣下也不能隐瞒自己的观点了。”白起不得不把自己对战争形势的把握与昭王的分歧一五一十地讲述明白。“请大王考虑臣下的意见，目前去攻打赵国是不恰当的，当务之急是放松对赵国的压力，赢得赵国百姓的好感，等待赵国内部发生变化。尽量令仇恨和恐惧秦军的赵国人忘记伤痕，最好能让赵国君臣骄慢、轻敌。等待时机成熟，秦国举兵伐无道，号令诸侯，天下非你莫属。此刻不必操之过急。”白起简直是天生的军事家，他不仅善于指挥打仗，也懂得利用民心。他的这番话在当时来说是千真万确的。可是秦昭王无动于衷，以为他故意捣乱，再加上范雎趁机煽风点火，秦昭王大发雷霆，下令撤销白起的爵位，贬为“士伍”，即无爵的平民，更惨的是白起被发配到阴密流放。

接到被流放的命令时，可怜的白起病得爬都爬不起，不能马上起行。一直拖了三个月，前线又有秦军失利的消息传来。赵国联合几个诸侯国的军队，由防守转为进攻，秦军反而连打败仗。秦昭王无法扭转前线的局面，却迁怒于白起，命他立即离开咸阳，一刻也不容他。秦昭王五十年(公元前 257 年)，白起只得带病起程，带着悔恨离开咸阳。

“白起对大王有意见。”就在白起刚走的第一天，范雎又一次向秦昭王说白起的坏话，“对给他的处罚不服，他还满腹牢骚。”

秦昭王闻言更是怒不可遏，也不管是真是假，下令派人追赶白起。此时白起刚刚走到距咸阳十里的杜邮，秦王派来的颁令者就来了，传达王命，要白起自己解决自己的性命。可怜一代名将白起，走投无路，只得接过使者送来的剑，仰天长叹：“我究竟犯了什么大罪，以至落到这样的下场?”对这样的问题，自然是叫天天也不能应了。

“我的确该杀!”停了一会儿，白起找到了问题的答案：“长平之战，赵国有四十多万投降的士兵，都被我杀了，就这一桩血债也足够给我今天的报应了!”说罢，遂拔剑自杀。

白起自杀的这一年，吕不韦和异人的生活也发生了翻天覆地的变化。

当秦军进攻邯郸之时，赵国就对异人严加看管。到秦昭王五十年，赵虽不断使秦军受挫，但还是不能使秦撤兵。在秦军进攻之下，赵孝成王差点要把异人杀死。幸亏赵国内部矛盾又起，使赵孝成王杀异人之念又烟消云散了。异人利用吕不韦资助的钱在赵结交宾客，在赵王又一次企图杀死异人之前，消息就传到异人和吕不韦耳中，他们知道邯郸已不是久留之地，决定寻找机会逃走。吕不韦在千钧一发时刻出谋并秘密活动。

吕不韦从家中拿出黄金共六百斤，用三百斤把南门守城将军都给贿赂了，借口是："某举家从濮阳来，在这里经商。不幸秦寇生发，围城日久，一心想回故里。今将所存资本，全部都拿出来了，只要做个方便人情，放我一家出城，回濮阳去，感恩不浅！"守将于是放了他们。不韦又拿了百斤献给公孙乾，表明自己想回濮阳之意，请求公孙乾与南门守将说个方便。守将和军卒都得到贿赂，落得做个顺水人情。不韦预先教异人将赵氏母子，悄悄地寄于母家。当天，不韦摆酒席宴请公孙乾，说："我将要在三日内出城，特备一杯薄酒话别。"席间，不韦把公孙乾灌得烂醉，左右军卒也都是大吃大喝，酒足饭饱后，各自醉饱安眠。到了半夜三更，异人更换了衣服混在仆人之中，跟随不韦父子行至南门，守将私自开锁，放他出城而去。要去王龁大本营必须通过西门，因为南门是走濮阳的大路，不韦原说还乡，故只能从南门走。三个人连夜奔走，绕道以便投奔秦军。至天明，三个人被秦国游兵截获。不韦指着异人对他们说："他是秦国王孙，在赵国为质，现在逃出邯郸来奔本国，你们还不快点领路！"游兵让出马匹给他们三人骑坐，一起来到王龁大营。王龁问明来历，又请他们入内屋，让异人更换了衣冠，并设宴款待他们。王龁说："大王亲自在此督战，行宫距离这儿只有十里。"于是准备车马，将异人转送到了行宫。秦昭襄王见了异人，不知有多高兴，说："太子日夜想念你，今天我的孙子终于逃脱虎口了。你可先回咸阳，以安慰父母的思念之苦。"异人告辞了秦王，与不韦父子登车，一起到了咸阳。

公孙乾直至天亮才醒酒，左右报告说："秦王孙一家不知去向！"派人去问吕不韦，回来人说："不韦也不在了。"公孙乾大惊失色："不韦只说三日内起身，为何要半夜就动身走呢？”公孙乾于是匆匆赶到南门责问守将，守将回答：“不韦家属出城已经好久了，我们只是奉大夫之命。”公孙乾说：“可有看见王孙异人？”守将说：“只见吕氏父子和几个仆人，并无王孙在内。”公孙乾急得跺脚说：“仆从之内，肯定是王孙，我已中了贾人之计！”公孙乾于是上表赵王说：“我监视不严，以致质子异人逃去，我罪该万死！”于是拔剑自杀。

三、昭王攻赵

秦王自从王孙逃回秦国，加大攻赵力度，赵王再次派使者去求魏进兵。客将军新垣衍出主意说：“秦所以急围赵是有原因的。以前与齐滑王争强为帝，历来就不以帝相称，如今滑王已死，齐更加弱，只有秦国最强，可是没有帝号，他不甘心，今日用兵侵伐不休，只是想要获得帝号。如果让赵国把秦尊为帝，秦必定喜而罢兵，给他一个虚名就可以免实祸。”魏王本来害怕救赵，深信他的计谋，马上遣新垣衍随使者至邯郸，把这些话告诉赵王，赵王与群臣议。众议纷纷不能决定，平原君方寸已乱，也没有主意。当时有齐人鲁仲连，年十二岁，曾与田巴有过争辩，时人号为“千里驹”。田巴说：“这是飞兔，哪里仅仅千里驹而已！”等他成年后，对仕途当官没有兴趣，专好远游，为人排难解纷。当时恰好在赵国围城之中，听说魏使请尊秦为帝，觉得很不开心，于是求见平原君：“路人说你将要称秦为帝，真的吗？”平原君答：“胜乃惊弓之鸟，魂都吓没了，还能说什么，这是魏王使将军新垣衍来赵所说的！”鲁仲连说：“你可是天下贤公子。”

新垣衍离开后，平原君又派人到邺下求救于晋鄙，鄙以王命为推辞。

平原君写信对信陵君无忌说："胜所以自附为婚姻者，因为公子高义，能急人之困！今邯郸旦暮降秦，而魏救兵不到，这怎么是胜平生所以相托之意？让你的姐姐担心城破，日夜悲泣，公子即使不念胜，难道也不念姊？"信陵君得书，数请魏王求敕晋鄙进兵。魏王说："赵自己不肯让秦称帝，还倚仗他人力抗秦？"最后没答应。信陵君又让宾客辩士百般巧说，魏王只是不听从。信陵君说："我一定不可以负平原君，吾宁独赴赵，与他们一起死！"车骑百余乘，遍约宾客，想要亲自打秦军，以徇平原君之难，宾客愿意跟从的有千余人。路过夷门，与侯生辞别，侯生说："公子好自为之吧！臣年老不能从行，不要见怪！"信陵君几次看侯生，侯生并没有别的话，信陵君怏怏而去。约行十余里，心中暗想："我对待侯生，自谓尽礼，如今我往奔秦军，马上要死了，而侯生无一言半辞给我计谋，又不阻我出行，真是很奇怪！"于是叫住宾客，独自驾车回来见侯生。宾客皆说："他是个半死人，明知无用，公子何必去见他！"信陵君不听。

侯生站在门外，看见信陵君车骑，笑着说："嬴估计公子必定会回来。"信陵君问："为什么？"侯生说："公子遇嬴厚，公子去不测之地而臣不相送，你一定会恨我，所以我知道公子必返。"信陵君于是向他下拜说："开始无忌还以为自己有地方对不起先生，导致你不理我，所以回来问缘由。"侯生说："公子养客数十年，不让食客想一个奇计，而只身去与强秦对抗，这好比拿肉投饿虎，有什么好处呢？"信陵君说："无忌也知无益，但与平原君交情深，义不独生，先生有何妙策？"侯生说："公子暂且入坐，让老臣慢慢说。"于是屏退从人，私下里说："听说如姬幸于王，可信吗？"信陵君说："是。"侯生说："嬴又听说如姬之父，早些年为人所杀，如姬告诉王，想为父报仇，三年也找不到人，公子派人斩其仇人头，献给如姬，此事如何？"信陵君说："果有此事。"侯生说："如姬感激公子，将会愿为公子死。今晋鄙之兵符在王卧室内，唯如姬力能偷到。公子如果一开口，请于如姬，如姬一定听话。公子得此符，夺晋鄙军，去救赵与秦对抗，这是五霸之功。"信陵君如梦初醒，道过谢后。让宾客先待于郊外，而只身一人回家，让家人去宫内，用窃符之事暗中求于如姬。如姬说："公子有命，即使赴汤蹈火，也不会推辞。"当天晚上，魏王喝酒醉了，如姬把虎符偷了出来，转致信陵君之手。信陵君既得符，又去向侯生告辞，侯生说："'将在外，君命有所不受。'公子虽有符，而晋鄙不相信，又向魏王请示，大事就不好了。我的朋友朱亥，他是个天下力士，公子可与他一起走，晋鄙如果听从更好，若不听，即令朱亥击杀他。"信陵君不觉泣下。侯生说："公子害怕吗?"信陵君说："晋鄙老将无罪，如果反抗，便当击杀，我只是觉得可惜，没别的。"于是与侯生同到朱亥家，说明原因，朱亥笑着说："我是井市小人，幸亏公子多次下顾，之所以不自报申请，以为小礼没什么用。今公子有急事，正亥效命之日。"侯生说："我原本要同行，以年老不能远涉，请让我的灵魂送公子!"当场自到于车前。信陵君十分悲伤，于是给了许多钱，好让他们埋葬他，自己不敢滞留，遂同朱亥登车往北而去。

信陵君无忌来到邺下，对晋鄙说："大王因为将军长期劳累在外，派我特来更换你。"就让朱亥捧虎符与晋鄙检验。晋鄙接符在手，心里猜测，想道："魏王把十万之众交给我，我虽无功，但也没有过失，今魏王无尺寸之书，而公子空手捧符，前来代将，这让我如何相信?"于是对信陵君说："公子暂请等待几日，等我把军伍造成册籍，明日交付何如?"信陵君说："邯郸势在垂危，应当日夜兼程赴救，哪能复停时刻?"晋鄙说："实不相瞒，此军机大事，我还要再行奏请，方敢交军。"没等说完，朱亥厉声喝道："元帅不奉王命，便是反叛了!"晋鄙只问得一句："你是谁?"只见朱亥袖中出铁锤，重四十斤，向晋鄙当头便打，脑浆迸裂，登时气绝。信陵君握符对各将领说："魏王有命，要我取代晋鄙将军救赵，晋鄙不奉命，现已被杀。三军安心听令，不得妄动!"营中肃然。等到卫庆追至邺下，信陵君已杀晋鄙，大军在手了。卫庆料信陵君救赵决心已定，就想离开，信陵君道："你已来到这里，看我破秦之后，可以回去报告我王了。"卫庆只得先打密报，自己却留在军中。信陵君大犒三军，然后下命令：

"父子都在军中的，父亲回去；兄弟都在军中，兄长回去；只有一个孩子没有兄弟的，回家休养；有疾病者，留就医药。"当时告归的人约十分之二，得精兵八万人，整顿兵营。信陵君率宾客，自己为士卒先，攻打秦营。王龁没料到魏兵会来，仓促应战，魏兵勇猛向前，平原君也开城接应，大战一场。王龁损失一半兵力，奔汾水大营，秦王下令撤兵。郑安平以二万人别营于东门，被魏兵截住，不能归，叹息说："我原是魏人！"于是投降于魏。春申君闻秦师已解，也撤兵了，韩王乘机复取上党。这是秦昭襄王五十年，周赧王五十八年的事。

赵王亲携牛酒劳军，向信陵君再拜说："赵国亡而复存，多亏公子出力，自古贤人，还没有像公子这样的人。"平原君负弩矢，为信陵君开道，信陵君颇有自功之色。朱亥进言说："人有德于公子，公子不可忘，公子有德于人，公子不可不忘。公子假借王命，夺晋鄙军以救赵，对赵虽有功，而对魏也有罪，公子于是自以为功?"信陵君惭愧地说："无忌谨受教！"等到回邯郸城，赵王亲自扫除宫室以迎信陵君，对他非常有礼，作揖等候信陵君在西阶，信陵君谦让一番，踽踽然碎步从东阶走上去。赵王献酒，表扬公子救赵功劳，信陵君客气地说："无忌有罪于魏，无功于赵。"饭后回家，赵王对平原君说："寡人要用五城封赏魏公子，见公子谨让，寡人自是愧疚，可是说不出口，就封公子汤沐之邑，请你转告。"平原君转达赵王之命，信陵君再三推辞，方才敢受。信陵君自以得罪魏王，不敢回国，将兵符交给将军卫庆，领兵回魏，而自己留赵国。那些留在魏国的食客，也都弃魏奔赵，依傍信陵君。赵王又想封给鲁仲连大邑，仲连不肯接受，赠以千金，亦不受，说："与其富贵而被人辱骂，宁可要贫贱而得自由。"信陵君与平原君都收了礼物，仲连不听从，飘然而去，真是一个高贵的人啊！史臣有称赞的话说："真伟大，鲁仲连，品高千载！不为强秦效力，宁去东海。排难辞荣，逍遥自在，与那些秦国人相比，相差十倍不止！"

第三章　立主定国

一、漫长期待

1. 子楚归秦

吕不韦与异人一道历尽千辛万苦、日夜害怕被人抓起来，终于如漏网之鱼回到咸阳。回来后他们做的第一件事就是见华阳夫人。这时，异人已经多年不见自己的生母夏太后，而且她也在宫内，可是她却一直住在冷宫中。吕不韦和异人也顾不上那么多，对她只是先放在一边，首先要巴结有权有势的华阳夫人。

在入宫晋见华阳夫人之前，吕不韦为异人特意做好了准备，教导他如何赢得华阳夫人欢心，还特意让异人身穿楚国衣物。战国时代楚地的服装是别有一番风味的。因楚地适于种麻植桑，纺织技艺很先进，所以楚地丝织品质地相当优良，服装的手工精细更是其他地方不可比的。薄袍、长裙为楚服典型款式。丝绸轻薄而凉爽，长袍子不但宽大而且舒服。女子的拖地长裙和男人的广袖阔带，均为楚人爱穿的服装样式。楚人把祝融奉为先祖，祝融是火神，火崇尚红色，所以红色为楚地流行色，楚王所穿就是“绛衣”。楚人还喜欢风鸟，其衣料上刺绣图案多以风鸟为主，另外还有别的复杂花纹，形状怪诞的图案，色泽艳丽的楚服是人见人爱的。异人穿上如此一身楚服精神倍增，比起在邯郸时好比变了一个人。

吕不韦让异人穿这样的衣服，除了让异人给王室中的人印象深刻之外，主要目的则是要讨华阳夫人的欢心。原来华阳夫人是楚人，而且她对楚国一直恋恋不忘。

异人这一身装束可以给华阳夫人眼熟，勾起她美好的回忆。不出所料，这一精心设计确实达到了预期效果。

“好极了！”华阳夫人一见异人就情不自禁喊了出来，“我是楚人，你这么有心我真开心，不愧是我的儿子，赐你叫子楚吧！”异人当然忙不迭地遵命谢恩。从此，他改名叫子楚。

有华阳夫人宠着，子楚坐上太子的地位当然也更有希望。原先令华阳夫人竞争的子傒，继承王位的希望也愈来愈小了。在赵国充当人质的可怜公子异人，终于在吕不韦的帮助下回到咸阳的宫中。

又过了一些日子，子楚在安国君面前做了一次讨得人心的表演。

“父亲曾去过赵国，赵国贵族了解您的人很多。”子楚装出一副关心国家大事又十分关心安国君的样子，“如今您回到秦国，从此没有与赵国的贵族来往。我担心他们会怀恨在心，图谋危害秦国和父亲。请下令边境城门严加看守，以防奸细或杀手混入。”

这个不算什么的建议当然不算什么“高见”，但出自庸碌的异人之口却是难能可贵了。听到这样的话，安国君竟十分高兴，认为子楚想到了“奇计”。华阳夫人在旁趁机说点好话，使安国君最后下定决心：下令子楚代替子傒的地位，当上太子。

秦昭襄王败仗回国，太子安国君带领王孙子楚到郊外迎接，齐奏吕不韦之贤，秦王封他为客卿，拥有食邑千户。

从此，异人便高枕无忧地在宫中等待。他只有等到年老的秦昭王死后，把王位传给父亲安国君。然后再等安国君死后，自己才能当皇帝。虽说这个目标遥遥无期，但异人信心十足。因为当时老王位的昭王在位时，而尚未继位的父亲安国君就已四十七岁。不难算清楚，安国君即使登上王位，这个淫逸成性的王储也坐不了几天王位。而异人还很年轻，等待是大有希望的。盼望异人取得秦国王位的还有一个吕不韦。他的风险投资都是靠异人登上王位才能收回。是一本万利还是输个净光，问题在于异人。所以，当异人不得势时，吕不韦一定是左右不离地守着他的“奇货”，风雨同舟共度那焦灼、难耐的时光。

2. 范雎辞相

在吕不韦与异人一起期待继位的这些日子里，秦国国内政治、外交、军事上都取得重大进展，客观上为吕不韦将来的执政准备了基础。

在秦国内部，范雎和白起的矛盾以白起被逼自杀而告终，范雎依旧当权。秦昭王只得让范雎打理朝政，因为他已经越来越老无力过问太多的事务了。

范雎命令同党郑安平为将军，与王龁共同率兵攻打已围困数月之久的邯郸。赵国的形势急剧恶化，因为秦军的威胁始终不能解除，邯郸一直处于危险之中。

赵国原来政治极黑暗，君臣之间、大臣之间、官民之间，相互不信任、排挤，矛盾重重。但长平战败后一直有敌人围困，这些矛盾逐步降到次要矛盾。多难兴邦，赵国的内部安定多了。

秦昭王五十年（公元前 257 年），秦军在邯郸城外与楚、魏、赵联军展开恶战。赵军里应外合，军民同仇敌忾，接应城外的魏、楚军拼命向外冲杀。被长期包围的邯郸，终于在坚持到最后一刻时转危为安，取得了抗秦的胜利。秦昭王五十一年（公元前 256 年），秦又继续向韩国开战，取阳城。这时秦国有王稽在河东防守。范雎入秦时，曾依赖王稽进见昭王，为报答王稽提拔之恩，范雎当权后就任命王稽为河东守。但王稽既无统帅才能，而且是个软骨头，在河东与外国勾结，做了卖国贼。秦军在邯郸战败不久后，又在河东遇到魏、楚联军的打击，从此河东和太原郡都丢了。

秦国在邯郸和河东的失败，主要原因是用人不当。郑安平和王稽都是范雎引荐任命的。按照秦国法令：“任人而所任不善者，各以其罪罪之。”就是说：推荐、任命的人对被推荐、任命的人有责任，万一被推荐、任命的人在工作中有过失，那么推荐、任命他的官吏，也要受到同样的处罚。根据这条法律，范雎无论如何也脱不了干系的。

秦昭王五十二年（公元前255年）。一天，秦王在早朝上叹气，范雎开始说话："我听说'主忧则臣辱，主辱则臣死'。今天大王如此叹气，由于我等职务的原因，不能为大王分忧，请处罚我吧！"秦王说："如果物品不充分，不可以应卒。如今武安君被判死罪，而郑安平背叛我，外多强敌，国内又没有良将，所以我忧心。"范雎又惭愧又害怕，不敢答对。

当时有个燕人蔡泽知识渊博、善于言辞、自命不凡，乘车到处游说诸侯，无所不往。至大梁，蔡泽身穿布衣脚穿草鞋去见范雎。雎傲慢地自己坐着，蔡泽作长揖不下跪。范雎也不叫他落坐，大声骂他："外边传言，是你想要取代我做丞相吗？"蔡泽笔直站立于一边说："正是！"范雎说："你有什么本事可以夺走我的位子？"蔡泽说："你的见识太过时了。成功者退，将来者进，你现在可以引退了！"范雎说："我自己不退，谁能辞退我？"蔡泽说："人一生百体坚强，手足便利，聪明而且智慧高，对天下广施仁义道德，难道非要世人把你当圣人吗？"范雎回答："对。"蔡泽又说："既然已经得志于天下，可以安享晚年了，把荣华富贵传给子孙后代，世世不替，与天地共存，这难道不是吉祥善事者？"范雎说："好！"蔡泽说："就像秦有商君，越有大夫种，楚有吴起，事业成功了而自己却死了，你以为自己也想这样吗？"范雎心中暗想："这个人说话真厉害，渐渐相逼，若说不愿，就中了他的圈套了。"于是假装说："有什么不愿的。公孙鞅事孝公，尽公无私，制定法令治理国家，使秦获地千里；吴起效力楚悼王，废除亲贵的权势养战士，南平吴越，北抗三晋；大夫种效力越王，能转弱为强，兼并强大吴国，为其君报会稽之仇，虽然他们死得很惨，但是大丈夫杀身成仁，视死如归，功在当时，名垂后世，又有什么不可以呢？"此时范雎虽然嘴硬，却也坐不住了，站起身来听讲。蔡泽对答："国君圣明，臣子贤良，国家的福分；父慈子孝，家庭的福气。作为孝子，谁不愿有一个慈父？作为贤臣，谁不想有一个明君？比干因为忠诚而死，申生孝可是国乱，身虽恶死，而无济于君父，为什么呢？君父不贤明也不仁慈。商君、吴起、大夫种也不幸而死，怎能用死来求得后世英名呢？比干被剖杀而微子去，召忽被刺杀而管仲生，微子、管仲之名，为什么会在比干、召忽之下呢？故大丈夫处世，身名俱全者，上等；名可传而身死者，其次；只有名声受辱而身体还在，这才是最下等的。”这段话说得范雎心中爽快，不知不觉离开席位，移步下堂，口中称赞：“讲得好！”蔡泽又说：“君以商君、吴起、大夫种杀身成仁为可愿也，然而谁能相比闳夭之事文王，周公辅佐成王？”范雎说：“商君等不如。”蔡泽说：“可是现在王之信任忠良，惇厚故旧，与秦孝公、楚悼王相比如何？”范雎想了一下说：“不知怎样？”蔡泽说：“君自量功在国家，算无失策，谁能比得上商君、吴起、大夫种？”范雎又说：“我不知道！”蔡泽说：“今王之亲信功臣，既不能超过秦孝公、楚悼王、越王勾践，你的功绩，又不如商君、吴起、大夫种，可是你的俸禄过盛，私家之富倍于三子，如此而不思急流勇退，为自己着想，这三个人都不能躲过祸难，何况是你呢？翠鹄犀象，他的处势本不至于会死，可是却死了，受人诱惑。苏秦、智伯的智慧，不是不足以保护自己，可是却死了，由于贪图大利啊。你自从遇到秦王，身居上相，富贵已到极点了，恩怨德都已回报了。可是还贪恋势利，只进不退，只怕要招来苏秦、智伯他们那样的灾祸。有句话说：‘日中必移，月满必亏。’你为什么不趁此时归相印，选个贤人而引荐他呢？所荐的是贤人，而荐贤的人更加位重，你更有名气，实则卸担。于是寻找山川自然界快乐，享乔松之寿，子孙后世都享有俸禄，谁又会不知轻重，不明就理地来蹚这趟浑水呢？”范雎说：“先生自称雄辩有智，果然如此，雎怎敢不接受！”于是摆酒请上坐，用客礼招待他，把他留在宾馆，设酒食款待。第二天入朝，奏秦王说：“有一客人从山东来，叫蔡泽，这人有王伯之才，通时达变，能够帮助秦国的政治得以巩固和发展。臣所见的人很多，还没有能超过他的，臣万万比不上他。臣不敢埋没人才，把他荐给大王。”秦王召蔡泽见于小殿，向他询问兼并六国大计，蔡泽从容对答，深合秦王之意，即日拜为客卿。范雎以病想告退，归还相印，秦王不批准。雎于是称病笃不起。秦王只好封蔡泽为丞相，取代范雎。秦王赐范雎食物，比平常更多，应侯甚不过意，想劝说秦王灭周称帝，以此来报答秦王。于是派张唐为大将伐韩，欲先取阳城，打通三川之路。雎退隐老于应。

3. 九鼎归秦

楚考烈王听说信陵君大败秦军，春申君黄歇一点功绩也没有，叹惜说："平原'合纵'之谋，不是胡说！寡人后悔没有让信陵君为将，怎能不担心秦人！"春申君有惭色，说："从前'合纵'之议，大王为长。今秦兵受到新的打击，气势大不如以前，大王如果派人约会列国，全力攻秦，假说周王奉以为主，挟持天子以声诛讨，五伯之功，没什么了不起。"楚王十分欢喜，于是派人去周国，以伐秦之谋报告赧王。赧王已听说秦王欲通三川，目的是伐周，今日伐秦，正合着《兵法》"先发制人"的说法，为什么不可以？楚王于是与五国定纵约，选定日子准备进攻。

原来，周天子在春秋以前被各诸侯国奉为共主，可是春秋以来地位逐渐下降。"大国争霸"的局面把周天子所能直接控制的地盘弄得只有一小块。进入战国以后，周天子的权力能达到的范围，只限于现在河南境内洛阳附近的几个县，还不如一个小诸侯。周国经常出内乱，旁边的魏、赵、韩等国就经常骚扰，使周愈来愈弱小。公元前267年，周威公去世，少子公子根和太子公子朝争权，发生内乱，韩、赵两国支援公子根在巩独立。这样，周就一分为二——西周和东周。各国联军从伊阙，企图堵住秦通向阳城的后路。当时，欲发兵攻秦，命令西周公签丁组成军队，只有五六千人，尚不能配足车马之费。于是寻找国中有钱富民，借钱充军费，订下合约，约定班师之日，将所得战利品，加利息偿还。西周公带领众兵，屯于伊阙，等候诸侯兵。当时韩国有战难，自身难保；赵初解围，还有危险；齐与秦和好，不想跟从；只有燕将乐闲、楚将景阳二支兵先到，都驻营观望。秦王听说各国人心不一，没有进取之意，于是增兵援助张唐攻下阳城，另外又派将军嬴樛，耀兵十万来到函谷关之外。燕、楚之兵约屯三个多月，兵力不集中，人心懒散，遂个班师。西周公也带兵引退。赧王出兵一番，一点功劳都没有，富民俱执券索赔，宫门前每天集聚群民，哗声直达内寝。赧王惭愧，无力回应，于是躲在高台上，后人所说的“债台高筑”就是由此而来。

秦王听到燕、楚兵散，立刻命令嬴樛与张唐合兵，取路阳城，去攻打西周。赧王兵粮两缺，无法抵挡，欲奔三晋。西周公进言说：“过去太史说：‘周、秦五百年合并后，有伯王出。’现在是时候了！秦一统天下的势力，三晋不久也要为秦所有，王不可以再辱，不如捧土自归，犹不失宗祀的封地。”赧王无计可施，于是带领群臣子侄，哭于文武之庙，三日把所存舆图，亲手送给秦军投献，愿束身归咸阳。嬴樛接受其献，共三十六城，户三万。西周所属地没有了，只有东周仅存。嬴樛先让张唐护送赧王君臣子孙回秦奏捷，自己领兵进入雒阳城，经略地界。赧王谒见秦王，当面请罪，秦王可怜他，把梁城封给赧王，身份降为周公，相当于附庸。来日西周公降为家臣，东周公贬爵为君，这就是东周君。赧王上了年纪，在周、秦之间来往觉得疲劳得不得了，等到梁城后，不超过一个月病死，秦王下令灭掉他的国家。又命令嬴樛发动雒阳丁壮，捣坏周宗庙，把祭祀礼器搬走，并且要搬运九鼎，安放咸阳去。周民不愿为秦效劳的，都逃奔巩城，依东周君住下，可见人心都不肯忘记周啊！

第二年，秦把象征天子的九鼎从西周迁到秦。

将要迁鼎的前一天，居民有人听到鼎中有哭泣声。等到运向泗水，一鼎忽然从船中飞沉于水底，嬴樛派人下水去捞，不见有鼎，只有一条苍龙，鳞鬣怒张，一会儿波涛大作，舟人恐惧，没人敢碰苍龙。嬴樛当晚梦周武王坐于太庙，呼唤樛前去，责怪他说：“你为什么要迁我重器、毁我宗庙?”命左右人用鞭子抽打他的背三百下。嬴樛梦觉，即患背疽，带病归秦，将八鼎献给秦王，并奏明当时情况。秦王查阅所丢失的鼎，正好豫州之鼎。秦王叹息说：“地皆入秦，鼎却不归附于我?”欲多发卒徒，再去把鼎带回来。嬴樛谏说：“这是神物有灵，不可以强取。”秦王才停止，嬴樛因疽病死了。

相传九鼎是夏禹时所铸，象征九州，夏、商、周时当作传国宝，拥有九鼎者成为天子。成汤时把它们迁到商邑，周武王迁之于洛阳。进入春秋后，周分为东、西两个小国，西周拥有九鼎。因西周王名义上还是天子，公元前 255 年，九鼎被秦取走，也就表明秦王将为天下共主，即可明目张胆地讨伐各诸侯国而统一中国了。这对于即将主持秦国朝政的吕不韦来说，也是一个极好的时机。

关于九鼎，因为其中有一鼎掉进泗水，实际秦国只得到八个，但习惯上仍称九鼎。后来在汉武帝时，还一度派人在泗水打捞，也未捞到。

因九鼎入于秦，昭王五十三年（公元前 254 年），各诸侯国都让使者来咸阳向秦祝功。韩国的国君孝成王也亲自到秦国入朝。可是魏国却总是不来。

魏国为什么不来向秦祝贺呢?

原来，趁秦在邯郸城外开战失利之后，魏国就向秦地进攻。昭王五十三年魏国一下子夺取了秦在东方的属地陶郡，而且向卫国开战，将吕不韦的家乡，也就是魏国附庸的卫国彻底吞并。卫的灭亡在吕不韦的年代也算是一件不小的事，虽然这个小国早已只剩下空名头，但它毕竟是吕不韦的家乡。魏消灭卫，对吕不韦来说必定有灭家之仇。所以，吕不韦日后在秦国掌握实权时，又重新立了一个卫郡，作为秦的附庸而存在。这只不过是当权的吕不韦借以思乡念家之情而已。

魏国攻打陶、吞并卫，无非趁秦忙得不可开交之时趁火打劫而已。其实秦军实力此时魏是比不上的。伐陶、卫的行动及不来朝贺，深深激怒了秦王。于是，秦昭王命令大将嬴摎攻打魏，夺取吴城，魏国见状害怕的不得了，紧急派人来到咸阳，表示“魏国听令”。

二、庄襄王登基

1. 连丧二王

自秦灭西周后，东方各诸侯国都没有了反攻的实力，想要扭转秦兼并各国的大潮流根本不可能。于是，就有游说之士来到秦国替东方六国开脱罪行，企图改变被覆亡的命运。

“土地广大并不一定代表国内太平，人口多也不一定就很强大。”游说之士向秦王提出这样的忠告，表明秦国能否取得最后胜利还要走着瞧。这种带有恐吓性的话是战国时代的说客常用的把戏：“如果地广人众就可胜利，那么桀、纣之后岂不是今天仍在，以前赵氏不是也曾强盛过吗?”

“你说这些是什么图谋?”年老的昭王不明白来客的用意。

“赵国原是大国，那时齐、魏成为赵的手下败将，千乘之国的宋也听命于赵，卫国的国土也被赵国夺走一大块。”说客先说赵国曾经强大的过去，接着话锋一转，才说出主题，“当时，天下之士相互与谋，都说：‘难道我们就甘心向赵投降吗?’于是，大家决心联合起来，在魏国率领下共同对付赵国。结果，赵国的势力被压下去了。从此赵王不再跋扈称雄。”

“魏国打败赵国之后，也当起英雄来。”说客见昭王不作分辩，进一步又说，“魏要称天子。齐国接着又率诸侯兵攻打魏。结果，魏被齐打败，魏国国王只好用人质加礼物请求和好。”如此这般说了一大套，中心只有一个：强者不足恃，强国易招天下所忌妒而怀恨，而令众国联合起来攻打它，故有被攻击的灾难。其实，这种老掉牙的话早已不适合当时的局势：秦的强大能够抵抗东方各国的联合进攻。横扫六国的阵势已摆好，费尽口舌的说客自然无力改变现实。所以，昭王面对这种说辞根本不加理会。

不过，昭王毕竟年纪大了。昭王五十四年（公元前 253 年），大概他已预感到将不久于人世，就返回雍郊祠上帝。第二年，这个统治秦国达五十六年之久的昭王就撒手人世了。

继昭王之位的是太子安国君柱，是为孝文王。他把赵女立为王后，子楚立为太子。这位五十三岁的太子，经过了几十年的苦等，终于成为最大的一个诸侯国的国王，自然是兴奋无比。

登基大典以后，孝文王接二连三发布笼络臣民的政令：赦免罪人，不修园林。把正在服刑的罪犯赦免出狱，打开王家园林大门，令民众出入采摘果物。这本是秦昭王一直反对的、徇情枉法的做法。但孝文王不像他父亲的作风，迫不及待地公布了这几项伪善措施。此外，孝文王又犒赏先王功臣，王室亲族都一一得到赏赐，这些做法无非希望在臣民面前塑造贤明君主临朝的形象。

韩王听说秦王去世，首先穿着丧服来凭吊观察，像个臣子一般，诸侯也都派将相大臣来会葬。孝文王办了三天丧事，大宴群臣，席散回宫就死了。国人都怀疑是客卿吕不韦想要子楚快速成为王，于是重金贿赂左右人，把毒药放在酒中，孝文王中毒而死，然而大家都害怕不韦，没有一个人敢说出来。

全朝百官亦为孝文王举哀，丧事办完后，吕不韦说："天下不能一天没有国君，如今孝文王已死，太子可以坐君位了，从而镇住诸侯万民。"太子楚说："今孝文王虽死了，但是尸骨未寒，怎么就能坐王位呢？我想以孝治天下，怎能自己先不孝呢？我愿意守服三年，再登大位。"群臣听了他的决定，都不敢发话。不韦又说："今天下诸侯纷纭，都在觊觎强秦的心思，如果不早日登大宝，分兵阻隘，恐怕秦地更为他人，况且乘王子服丧之时，以日易月，从古就有这样的例子，殿下为什么不明白？"

孝文王去世的殡葬礼仪在规模等级上也应与昭王相同，不过隆重场面就远远不及国君了。这位刚坐上王位仅三天的国王还没有时间给自己建陵墓就一命归天，而他死后的王位是由庄襄王来继承，不用怀疑是由相国吕不韦主政，修建陵墓的也是吕不韦。孝文王早点儿死，是公子异人和吕不韦求之不得的事，哪里还会用心思给他大肆建造陵墓。孝文王的葬礼在吕不韦主持下马马虎虎地就完成了，陵墓也是很简陋、狭小，在灞河东岸的一块平地一埋就是了。至今，埋有孝文王的寿陵，既没有一丁点儿陵冢的遗迹，而且任何贵物也不能找到。吕不韦一登上秦国的政治舞台，就展现出他个人的风度。

丧礼之后是吉礼，殡葬的哀乐刚停不久又奏起登基典礼的丹墀大乐。公元前250年的九月，秦国大事连连，昭襄王、孝文王连续去世，紧接着就是公子异人不费吹灰之力地登上了秦国王位。

吕不韦的苦心策划已是初见“功绩”。

芷阳宫内金壁辉煌，九宫人意盎然，上朝的文武大臣安安静静地排列在殿下，等待着即将进行的登基大典。突然，钟鼓之声大作，笙罄管弦共奏出丹墀大乐。随着庄严、肃穆的乐曲，三十二岁的异人坐到秦王的御座上，正式成为王，是为庄襄王。把华阳夫人封为太后，赵姬被立为王后，子赵政封为太子，除掉赵字单名政。蔡泽明白庄襄王对吕不韦有感情会让吕不韦当丞相，于是托病把相印让出来了。

2. 兑现承诺

庄襄王登极后的第一道召令就是为吕不韦起草的：“以吕不韦为丞相，封为文信侯，以今陕西兰田县西兰田十二个县作为食邑。”这道命令刚一发布下来时，秦国的文武大臣目瞪口呆。当朝的百官中还没有一人能有如此大的荣誉，在秦国的历史上把官、爵、食邑最高等级都一个人占有，也是少有的。在秦国的历史上，既封丞相又封侯的只不过二人，那就是范雎和魏冉。秦昭王时期的魏冉被封为穰侯，范雎当了应侯。但应侯范雎是在特殊的社会情况下继魏冉之后为秦相的，这是一个特别的例子，而魏冉既是相国又是穰侯，除了他在秦国掌握朝政数十年外，更重要的是他与宣太后是亲戚。可是，吕不韦既不是秦国宗室贵族，也没有对秦有功，在任相国之前一点官、爵和政绩都没有，却在庄襄王继位之后马上就做了丞相，授以文信侯，赐赏了十万户食邑。新国王刚一即位就把官、爵、封地统统给了吕不韦。满朝文武如何也想不出原因。

吕不韦一心一意谋取秦国权位。从秦昭王四十五年（公元前 262 年）在邯郸控制公子异人开始，十年风霜磨一剑，全家财富，悉数投入到这笔投赏“买卖”之中。他那“富累千金”的家已不留分文，吕不韦在生活上已举步维艰，终于在秦昭王五十六年（公元前 251 年）到了尽头。

吕不韦本人心如明镜：这是十年前在邯郸风险投资回收成本的时候了。那时异人曾亲口答应，有一天能回国当上国王，定与吕不韦一起分享秦国。当了庄襄王之后的异人，开始遵守自己的承诺了。

从此正式步入政坛，发挥出了他积累多年的才华。

三、初显雄才

1. 吞灭东周

吕不韦也没有让庄襄王失望，他竭尽全力以报知遇之恩。

庄襄王元年（公元前 249 年），东周国君听说秦接连死了二王，国中多事，于是派宾客去游说诸国，想再次“合纵”去攻打秦。本来秦昭王五十一年（公元前 256 年），西周的赧王被秦吞并之后，挂名的周“天子”已名存实亡。但在巩地还留下一个东周君。这个东周君也就是周公，虽不称为“天子”，但毕竟是周王室的传人，他的出现无疑是各诸侯国君统一中国的心头阻碍。要无缘无故地把他灭了，在名声上又会受到谴责。恰好，这时机会来了，东周君竟图谋攻秦，正给吕不韦创造了建立功业的机会。丞相吕不韦对庄襄王说：“西周已灭亡，而东周还有一些存余，自以为是文武之子孙，想要鼓动天下，不如尽早灭掉他，以除后患。”秦王于是任命不韦为大将，率兵十万攻打东周，活捉了国君回来，一共收复了巩城等七邑。周始于武王己酉登上王位，终于东周君壬子，历经三十七王，共经历了八百七十三年，而被秦国灭掉。

吕不韦轻轻松松地征服东周，将东周国土收入秦国版图，彻底除掉了统一中国前进途中最后的政治障碍。但在灭东周之后，吕不韦实施了一个特别的措施：把东周君迁移阳人，让他侍奉祭礼，延续着空余名头的周人宗室。吕不韦的这一行动，显示出与过去君王的政治思想不同：消灭东周国，又不把他宗祀灭掉，是按照儒家“兴灭国，继绝世，举逸民”理想的具体实施。秦国百余年来用武力攻打东方各诸侯国，在各诸侯国中留下极其恶劣的印象。“虎狼之国”、“凶残暴虐”、“仁义不施”等不堪入耳的名字，总是与秦国紧密相连的。不少有识之士也因秦国无礼义，而站在反秦立场上不与其为友。吕不韦将东周君迁往阳人，一方面达到彻底铲除东周，扫除统一天下的障碍的目的；同时又为自己树起崇奉礼义，施行“兴灭”“继绝”的好形象，从而赢得世人的赞同，也减少一些姜、姬姓诸侯国的仇恨、反抗情绪，为大批士人投奔秦国和顺利地完成统一作好铺垫。

灭东周这一行动，可称吕不韦不同凡响。

站到秦国最高权力的金字塔尖上，吕不韦雄心壮志，自任丞相以后，筹划东进的军事行动刻不容缓。

除掉东周君的同时，吕不韦又派大将蒙骜率兵抢占韩，攻打了成皋和荥阳，建立三川郡。成皋和荥阳是由关西通向关东各诸侯国的交通要道，一直是个是非决胜之地。秦国取得它们，并设郡管理，军事上和经济上都具有重要意义，为秦东进打开了场面。吕不韦刚开始执政，秦国在军事上和政治上就虎虎生威。这一年，秦国的国界已快要到达魏国的国都大梁，魏国的国都变得一团混乱。

2. 击破合纵

秦庄襄王癸丑二年（公元前 248 年），秦王对群臣说：“我们如今国富兵强，欲攻伐赵国，你们认为怎样？”群臣回答：“陛下主意很好，马上举兵伐赵。”秦王立刻命令武安君到殿，命其领兵去征。武安君说：“邯郸其实不好攻打，而且诸侯救援不久就会来，怨秦也很长时间了！现在秦想打败长平军而秦卒死者过半，国库空亏，行走很远的江河而争人国都，赵与诸侯国里应外合，攻破秦军是肯定的！今臣身染重病，恐负王命，等到秋高马肥，我身体健康了，即行！”秦王见武安君辞病不行，又让王龁为领兵元帅，章邯、王翦为左右将军，领兵二十万，去攻打赵国。

于是，二将领兵分为五队而行，不到一天就来到赵地，赵国郡邑，不敢抵挡，望风归降。于是，不费一兵一卒，取得三十七城。军队来到太原，太原郡守来投降，章邯入城安顿平民，军兵屯于城。赵王升殿，群臣进奏言说：“如今秦遣章邯为将，攻取了赵之邑三十七城，如今军马中定太原！”赵王非常害怕，忙问：“这可怎么办？”蔺相如说：“我有一个办法可保住！”赵王说：“何计可保？”相如说：“为今之计，不如深沟高垒，分兵守住险地，他们一定不能进！然后发使向各诸侯国求救，等到他们粮尽弹绝，然后以奇兵攻打必胜！”赵王分兵守拒险隘，不出来迎战。

第二天，赵王宣平原君赵胜来到要他们出兵相救，合纵于楚、魏，约退秦兵。

秦王在朝上对众人说：“朕兴兵伐赵，多次被魏王引兵相救，真是很气人。现在你们文武之中，谁人与朕出主意，带兵去打他？”蒙骜说：“食君之禄，忠君之事，这是臣子的职责！我虽然没本领，愿带兵去伐魏！”于是，秦王命蒙骜为将，领兵二十万前去魏国，离城三十里下寨。魏王临朝，门下太史官说：“今天秦王命令蒙骜为将，率兵二十万来伐我国，现在军马离城三十里屯扎，希望您马上发兵出战，不然要来攻城！”魏王大惊，马上命令伪公、假公：“你们二人领兵出迎！”于是，二公引兵五万迎敌，蒙骜也领兵来攻城，两军相遇摆开阵势，二公战不十合，无力抵抗，逃回城中，紧闭四门不出。二公走入，向魏王报告：“臣罪该万死！我们不是不想取胜而立功，但是年纪高迈，气势不佳，以致大败，不能取胜。”

蒙骜仍然率兵向东进攻，先后攻占魏国的高都、汲，以及赵国的狼孟、新城、榆次等三十七城。秦军进军一路顺风，咸阳城内捷报频传。就靠着秦国几十年来强国的基础，吕不韦为相立下的功劳当然能加强他在秦国的地位，独揽国家军政大权。

秦国的胜利使魏、赵等国非常害怕。当秦国夺取魏的高都、汲以后，吕不韦正策划向魏国国都进攻，魏王急派人去赵国请信陵君魏无忌帮助。原来，魏公子信陵君无忌在秦昭王五十年（公元前 257 年）为解赵国邯郸之围偷得兵符打败秦军之后，并没有回到魏国。他知道计窃兵符、谋杀大将大罪难免，虽然救赵得胜，回国后也要受到惩罚。故信陵君令部下率魏国军队凯旋，自己则待在赵国。赵国君臣很尊敬他，因而信陵君在赵国一住就是十年。在这十年中，他的智慧和能力均大为增长。刚来赵时，赵孝成王因感谢信陵君窃符救赵的功劳，曾与平原君商定送给信陵君五座城。平原君赵胜乃信陵君的姐丈，当然拥护赵王的动议。

信陵君听说后，却认为自己无功于赵，对魏有罪，使得赵王赠城之事不得实现。信陵君也得以在赵国平平安安地住下，免遭赵国文武大臣的排挤和压迫。魏国国王对信陵君也表示谅解，仍将信陵君领地的贡物送到赵国，让他在赵定居。

吕不韦明白，信陵君在赵的十年很有才干而且名声很大，得知魏王派人去请信陵君时，开始有些忧心忡忡，赶快加派人员打听信陵君的情况。

秦庄襄王三年（公元前 247 年），魏国被秦军打得一败再败时，魏王担心秦兵强盛，不能抵敌，于是叹息说：“如此还有谁能打得过?”二公说：“公子信陵君无忌，固大王不肯以兵救应赵，因此偷去晋鄙之兵，往赵退秦。害怕大王怪罪，不敢回国，现在仍留在赵地，望大王写信请回。小臣二人为使，请公子回国，公子一见王书，肯定会思念故乡。公子一归，马上命令他，求救于诸侯，诸侯必应，大家一起就能攻破秦师!”于是，魏王写诏书，令二公为使者，到赵国去见信陵君，详细说明事情，将书与信陵君。看毕，无忌说：“我已经假借王的命令，夺晋鄙之兵而救诸侯，只怕我一回去，王又生我气，我如今还是不能回去。”

魏安釐王派人来邯郸要招信陵君回国，但信陵君离开魏国已十年，不想再插手魏国事务，避开不接见。他还下令禁止仆从与魏使臣联系，宾客们没有人敢说话。此刻吕不韦得知这个信息，命令秦军加紧攻魏。秦军来势凶猛地向魏国国都推进，魏安釐王不知所措。派到赵国的使臣见不到信陵君，也不敢回国复命。在这紧要关头，毛公、薛公起了决定性作用。这两位信陵君很尊敬的处士，对信陵君动之以情、晓之以理，劝他道：

“公子之所以被众人崇敬，是因为您是魏国贵族。现在魏国危在旦夕公子不救，国都大梁一旦被秦占领，把魏国宗室祖先的宗庙夷为平地，您还能有脸面对天下的诸侯吗？”

话还没说完，信陵君就脸色大变，驾车急忙回魏。

第二天，信陵君见魏王，拜倒在台阶下面，说：“臣罪该万死！幸我王以至亲之情而赦，今臣归国，与诸侯们联合，一定能打败秦师！我王不用担心。”魏王走下座位，持信陵君哭着说：“是我一时糊涂，致使卿不肯归国，今天你千万不要记恨在心！”于是封信陵君为上将军。信陵君谢恩出朝，派使往楚、韩、赵、燕、齐五国求救，五国听说信陵君为将，各自派兵五万，前来援助。

五国军队聚集在信陵君的指挥下向秦军猛烈出击，双方大战于河外。尽管吕不韦多才多智，也没有办法与联军对抗。蒙骜所率曾屡战屡胜的秦军，这次竟遇到联军的沉重打击损失惨重，最后只得撤退回函谷关。信陵君带兵一直追杀到函谷关，见关势险要，一时攻克不下，遂退兵。

五国联军给了秦国军队严重的打击，秦军一时间不敢东出函谷关，这是吕不韦在秦国当政后遇到的第一次挫折。从此，魏公子之名声威振四海，各诸侯国凡是与秦国有仇的，都纷纷向信陵君聚拢。各国的军事理论家，也都把他们写下的兵法拿来送给信陵君。信陵君也乐得可以留芳百世，派人把这些兵书编辑起来，世称《魏公子兵法》，从此名气更大了。

3. 离间之计

五国联合抗秦，把秦军打得落花流水。也给正在意气风发的吕不韦当头一棒，这是吕不韦当政后，秦国遇到的第一次失败。从此，他用兵更加小心、谨慎。

蒙骜与王龁把残兵败将合做一处，来见秦庄襄王，报告说："魏公子无忌'合纵'五国，人多势力大，所以臣等不能取胜。打了败仗，罪该万死！"秦王说："你们已立下许多战功，开疆拓土，今天是敌多我寡打的败仗，不是你们的过错。"刚成君蔡泽进言说："诸国所以'合纵'，都是公子无忌的原因。如今王遣一使与魏修好，并且请无忌至秦面会，等到他一入关，就捉住杀之，永绝后患，这难道不是美事吗？"秦王采用他的计谋，遣使至魏修好，并请信陵君。冯谖说："孟尝、平原皆为秦所羁，幸亏得以逃脱，公子千万不可以复蹈其辙。"信陵君也不愿意前往，言于魏王，使朱亥为使，奉璧一双向秦谢罪。秦王见信陵君没来，计谋行不通，心中大怒，蒙骜秘密告诉秦王："魏使者朱亥就是锤击晋鄙的那个人。他是魏国的勇士，应该收留他为秦用。"秦王欲封朱亥官职，朱亥坚辞不受，秦王更加愤怒，令左右引朱亥投进虎圈中。圈中斑斓大虎，看见有人来就想吃，朱亥大喝一声："畜生何敢无礼！"睁开双睛，如两个血盏，虎视眈眈看着老虎。老虎蹲伏大腿发抖，很久不敢动，左右于是又带他出来。秦王叹气说："乌获、任鄙不是过失啊！要是放他归魏，是与信陵君添翼也。"企图诱降他，亥不从。命拘于驿舍，继绝他的饮食，朱亥说："我受信陵君知遇，当以死报之！"于是用头撞屋柱，柱折而头不破，于是以手自探其喉，绝咽而死，这才是真正的义士！

秦王已经杀了朱亥，又与众臣谋划："朱亥虽死，信陵君用事如故，寡人想要离间他们君臣，你们有什么好办法？"刚成君蔡泽说："过去信陵君窃符救赵，得罪魏王，魏王把他丢弃在赵国，不许相见。后因秦兵围急，不得已才召他回国，虽然纠连四国得成大功，可是信陵君有震主的嫌疑，魏王哪能不怀疑他？信陵君锤杀晋鄙，鄙宗族宾客怀恨必深，大王如果捐金万斤，秘密派密探去魏，访求晋鄙之党，给他许多钱，使之布散流言，说：'诸侯畏信陵君之威，都想让他当魏王，信陵君不日将篡夺王位。’如此，则魏王必定疏远他而害怕夺其权。信陵君不用事，天下诸侯，也就自行解散了，我们趁此用兵就轻而易举了。”秦王说：“你的计划很好！可是魏既败吾军，其太子增还在我国做人质，寡人想把他杀了，以慰我心怎么样？”蔡泽说：“杀一太子，彼复立一太子，对魏有什么损失？不若借太子的使者为反间于魏。”秦王大悟，对太子比以前更好，一面派密探带着万金往魏国行事；一面使其宾客都与太子增往来相善。因而密告太子说：“信陵君在外十年，交结诸侯，诸侯之将都很敬重而且害怕他，现在成了魏大将，诸侯兵都属于他，天下只知道有信陵君，不知有魏王。即使我们秦国，也害怕信陵君之威，欲立为王，与之联合。信陵君若立，必使秦杀太子，以便断绝民望，否则太子也要老死在秦了。有什么办法！”太子增流泪求救，使客说：“秦只是想和魏通和，太子为什么不写一信给魏王，请求他让太子归国？”太子增说：“虽向秦请求又怎会肯放我走？”客说：“秦王之欲奉信陵，非其本意，只是特害怕而已。如果太子愿以国事秦，原本是秦之愿，还用怕不答应你？”太子增于是密书，书中详细说明诸侯归心信陵，秦也想要拥立为王等等，再说自己求归之意，将书交给客，委托密使给魏王。于是秦王写了两封信，一封给魏王报朱亥死丧，托言病死；一封奉贺信陵君，另外还有金币等物。

魏王由于晋鄙宾客布散谣言，已经开始怀疑。等到秦使捧国书来，想要和魏息兵修好，看他们的书信，都是敬慕信陵之语，又接得太子增家信，心中更加疑惑。使者再把书、币送到信陵府中，故意泄漏风声，使魏王听到消息。信陵君听说秦使讲和，对宾客说：“秦非有兵戎之事，为什么要向魏求和？这肯定有阴谋！”语音刚落，阍人报秦使者在门外说：“秦王也有书奉贺。”信陵君说：“我与他没有私交，秦王之书、币无忌不能接受。”使者再三表达秦王之意，信陵君再三推辞。恰好魏王遣使来到，要取秦王书来看，信陵君说：“魏王既然知道有书，如果说我不受，必不肯信。”于是命驾车原封不动，将秦王书、币，送上魏王，并说：“臣已再三辞之，不敢启封。现在大王要看，只得呈上，随你处理了！”魏王说：“书中必有情节，不看不知道。”于是打开书观之，信上说：

“公子威名远扬天下，天下侯王没有不仰慕公子的人。将来当正位南面，为诸侯领袖，但不知魏王让位会在哪一天？希望你早日引领大众！现送上一份薄薄贺礼，希望公子不见怪罪！”

魏王看完，交给信陵君看，信陵君赶紧说：“秦人很狡诈，此书是离间我君臣，我之所以不敢打开看，是担心其中的话会让我中计。”魏王说：“公子既无此心，你可以在寡人面前，作书回复。”即命左右取纸笔，付信陵君作回书。大略说：

“国君对我大恩大德，报答都来不及，让我称帝，是不足以让臣民信服的。这样的事，我万万不能做！”

把信交给秦使，并金、币带回，魏王也派使者去谢秦，并说：“寡君年老，欲请太子增回国。”秦王允许了。太子增回魏后又说信陵君不可以重用，信陵君虽然于心无愧，但一想到与王有猜忌，心中就不愉快。于是假托生病不朝，将相印、兵符俱交还魏王。

信陵君被谗言和谣言中伤，心灰意冷。但他既没有多说什么，也没有想要争取国君的信任。而是自暴自弃，谢病不朝，整天在家中花天酒地，日夜与宾客、姬妾厮混。从此不再过问政治事务。四年以后从魏国传来消息：魏无忌在一次酒后纵欲而暴死。曾经名声大震，曾经联合各国抗魏有功的政治家、军事家魏无忌就这样终其一生。

魏国的信陵君失败，为秦国创造了条件。吕不韦的离间计不仅搞垮了一个有远见的政治家，也拆散了东方各国联合起来组成的军事集团。秦国举国上下，少不了庆贺一番。

第四章　王佐之才

一、仲父专权

公元前247年，秦庄襄王在位第三年，得了重病。丞相吕不韦前往探病，并派内侍以缄秘密写信给王后，叙说过去的誓言，后来因为旧情复燃，开始与不韦私通。不韦以医药进王，王生病一个月就死了。

庄襄王就是以前被吕不韦视为“奇货”、从邯郸千方百计保回来的异人。此人早在十八年前就一心一意要爬上国王宝座，为这一目的他曾委曲求全，甚至把自己当商品交给吕不韦支配。他还视自己生母夏太后于冷宫而不顾，去讨好、谄媚华阳夫人。可是，花尽心思代价的异人，只在秦国做了三年的国王就命归黄泉，死的时候年仅三十五岁。消息传出宫后，人们心中有许多猜测，不论庄襄王是怎么死的，事实上他一死，吕不韦在秦国的地位就得到了巩固。

按规定，庄襄王一死，太子就是国王，而这个继位的太子正是十三年前在邯郸诞生的赵政，此人就是后来历史上赫赫有名的秦始皇。

秦庄襄王三年（公元前247年）五月的一天，秦国首都沉浸在肃穆气氛中，从渭水南的章台宫内，很远处就能听见钟声鼓乐奏出的铿锵雅曲，凤阙龙楼中飘出一阵阵悲凉的清音，御花园中水光木影间却飘荡一股喜庆的瑞气。后宫轻幽的哀乐和前殿九重歌管之乐相呼应，不用说这里举行的又是一次紧接着葬礼后的登基典礼。

这是秦国历史上非同小可的一场典礼，庄襄王的丧礼和秦王政的登基大典前后相连。悲哀与欣喜前后相连，一个站在权势顶端的人悄无声息地离开人世，另一个年幼无知的幼王又被拥上顶端。秦国的宗室大臣怀着既悲恸又欣喜的心情，迎接着新君主的临朝。章台宫内锦衣斑斓，戒备森严，瑞烟袅袅。新王的登基大典，一切均按传统仪式表演：山呼万岁声后，丹墀下的群臣忧心忡忡。秦王的御座上坐定的是个乳臭未干的孩子。人们知道，这就是十三岁的嬴政。在威严的典礼过程中，丞相吕不韦一直陪伴在秦王嬴政左右，指导他做什么。嬴政温顺地遵从吕不韦的指示行礼如仪。庄严的登基典礼顺利地完成。

嬴政登基后，吕不韦除了仍任丞相、文信侯外，又给自己加封了一项特殊荣誉——“仲父”。十三岁的孩子自然想不出这么个封号，肯定是吕不韦一手操纵的。

吕不韦为什么费尽心思给自己加个“仲父”的称号呢？

“仲父”这个称号既不是官、爵名，也不表示亲属关系。对它可以做多种解释，从字面上看“仲父”就是叔父。吕不韦目的是表明自己是嬴政的亲生父亲，或是告诉自己与嬴政之父庄襄王有特殊的关系，在嬴政面前自称“仲父”是完全可以的。但是，除此之外尚有更深的一种暗示：“仲父”曾是春秋时代齐国管仲的称号。公元前685年齐桓公任命管仲为相。管仲是历史上的名臣，帮助齐桓公进行变法，发展生产，富国强兵，几年后国家就强大了，称霸中原。齐桓公十分信任管仲，尊重程度极高，将齐国朝政全部交给他，而自己不管不问。吕不韦取名“仲父”就是想以齐的管仲自居。他一方面要嬴政承认自己是他的父亲，一方面向臣民喻示他将要像管仲一样行使权力，无须取得嬴政的同意。要是庄襄王在位时，吕不韦操纵秦国政权肯定通过国王，那么，到秦王政登上王位后，身为“仲父”的吕不韦没有人可以管他发号施令来实行自己的主张了。此时的秦国，实际是吕不韦个人专政揭开遮羞布的时期。商人吕不韦经营的事业，终于得到了一本万利的时候。

不韦父亲去世，四方诸侯宾客前来凭吊者车水马龙，比秦王之丧，愈加众盛。正是“权倾中外，威振诸侯”，不可比拟。

庄襄王的丧礼刚刚结束，在秦王政登基的喜庆声中，吕不韦就已坐上了章台宫大殿秦王御座的右侧，开始打理朝政了。从秦王政即位的公元前246年，到公元前237年是吕不韦在秦国垂帘执政的时代。

吕不韦的权力越大，担子也越重。他不但要翦灭六国，还要教导幼王嬴政。令他伤脑筋的是，嬴政是否能和他父亲那样与自己一条心呢？据说，“秦王为人，蜂准，长目，鸷鸟膺，豺声，少恩而虎狼心，居约易出人下，得志亦轻食人。”这些特征在13岁的时候已经早有所显露了。这不能不在吕不韦的心头有一块心病！可是他还是全心全意，继续为秦国统一事业奔波。

二、顺应时势

长平战后，出现了秦国越来越强而六国日渐衰败的局面。经过一系列战争，到秦昭王晚期，秦的领土十分辽阔。北面占有上郡，东面占有河东、太原、上党以及南阳等地。南面占有巴蜀、黔中、汉中和巫郡。秦昭王末年（公元前251年）又吞并西周，素称经济、文化中心的中原地区大都为秦所有。“韩王入朝，魏听命于秦。”公元前251年，秦昭王死时，“韩王衰绖入吊祠，诸侯也都派将相来吊祠，视丧事。”至此，秦一统天下的形势已成定局。

到庄襄王时，仅仅三年时间，秦诛灭东周，消灭了周王朝的最后一个支系；连年攻城略地，连连胜仗，领土增加了两个郡；五国联军前来挑畔，虽获小胜，但却被围在河外。这些成果，真是令人咋舌。这说明吕不韦对庄襄王、对秦国的事业是十分尽力的。

但要强调的是，吕不韦在这段时期里已经初步展现出他的王佐之才。这种才能不单单是在战争胜利方面，而且表现在战前战后的日常工作上。在战争之前，他采取了四大措施：第一，释放罪犯；第二，表扬前代国王有功之臣；第三，以德治天下；第四，对平民百姓广施恩惠。这些行动无疑给新王朝树立了一个心胸宽广的形象。这种形象当然会赢得各种人——罪人、功臣、骨肉——的好感与拥护。这样，在国内就能呈现一个安定和谐的局面，从此没有了后顾之忧。同时也刺激了他们的积极性，激起人们的爱国热情，从而心甘情愿地参加和支持兼并战争。吕不韦在消灭东周之后，还“以阳人地赐周君，奉其祭祀”。这也是一项明智的行动。通过这一举措，便在六国中树立了一个“王者”形象。这个形象等于向列国人民宣布：秦国对外用兵，并非穷兵黩武、灭人宗祀，而是为民除害、为民谋福。这样，不仅可以安慰已灭国家人民的对抗情绪，而且更能瓦解未灭国家人民的斗志。总而言之，秦国在三年兼并战争中，之所以战无不胜、攻无不克，与这些行动是有很大关系的。

对于秦国本国，吕不韦大赦罪人，奖赏先王功臣以及对百姓施行一些小恩小惠。这无非是历代国王上台后的一套例行程序，不能发挥实际作用。但对吕不韦来说作用非同一般。他并非秦国人，任丞相之前又毫无贡献，在秦国臣民中的影响不大。当政后首先发布的这些收买人心的政令，对于“罪人”、“功臣”和“民”，其用心十分明了，无非是要用以德服人，使秦国各阶层都对新任丞相吕不韦感恩戴德。这一办法不是吕氏“发明”，却也有相当大的用途。从他执政之后，秦国一点儿大动乱都没有就可得到证明。

战国晚期，由于商品经济不断发展和水陆交通的先进，各地区各部族之间的联系十分密切，天下成了“四海之内若一家”的形势。与此同时，天下统一成为人心所向。因此，由分裂走向统一已是大势所趋，成为不可逆转的潮流了。

三、招贤纳士

1. 养士纳才

吕不韦当丞相前，文韬武略虽然也有一些，但英雄无用武之地。可是掌握秦国政权之后，却在国内取得安定团结，在国外赢得了一个个胜利。这些靠的就是人才。

在吕不韦当政前，秦国有一批十分优秀的文臣武将。这些大臣有的足智多谋，有的功绩显赫，前朝国王主要依赖各位臣子。他们自己当然也不可一世，往往看不起靠宠幸继位的幼主及新贵。而吕不韦仅以一个平民发迹，仅因与异人的特殊交情登上相国尊位。历来在这种时候多造成新旧官僚、贵族间相互看不起，甚至导致残害和内乱。“功高震主”及“内轻外重”的现象均使国家动荡不安。但是，吕不韦上台后，不仅这些问题一点不存在，而且前朝元老重臣都甘心为他效命。原因何在呢？吕不韦登上秦国一人之下、万人之上的丞相之位虽晚，但一点不像普通暴发政客具有嫉贤妒能的缺点，对元老重臣更是器重。在吕氏执政时期，统兵作战的名将麃公、蒙骜、王龁等将军都是自昭王时代功绩盖世的数朝元老，而在吕不韦时代，他们仍能驱马赴疆，再立新功，为国捐躯。

然而，仅依赖原有的或秦国本土的一些人才，是远不能满足急剧发展的军事、政治、经济、文化需要的。不分朝代，国力的竞争首先表现为人才的竞争，在突飞猛进的战国时代更是如此。各诸侯国敞开大门“招贤养士”，就是招揽、网罗人才的一种表现。

在吕不韦还没到秦国以前，各诸侯国当权的贵族有先见之明的人，都大力笼络人才。其中历史上有名的“四公子”，即齐国的孟尝君，魏国的信陵君，赵国的平原君，楚国的春申君，他们都喜欢招贤养士，家里常常供养一批“食客”。这些“食客”不仅作为供养者的私家势力，而且帮助主人辅政治国，简直作为这些诸侯国的智囊团和“人才库”而存在，即使“鸡鸣狗盗”之徒在关键的时候也能发挥巨大作用。故秦昭王以来，秦军虽凭借强大军事实力大力东扩，而齐、楚、魏、赵四国却未能马上垮台，且与强秦对抗达数十年之久，其中养士起了不小的作用。

秦国一贯坚持吸收外来人才的优良传统，其态度远比东方各国开明。早在春秋时就有大批秦地以外的有识之士投奔而来，并取得秦国国君信任而且都身居要职。如穆公时期的晋人百里奚、戎人由余，皆在秦国受到重用，且立下了大功。战国时仍有关东六国人士不断入秦，如从卫国来的有改革家商鞅。商鞅以后，秦又制定吸引东方有志之士的“招徕三晋之民”的开放政策，有一大批无地农人来秦开发耕地。就在春秋战国数百年间，秦以外各地、各族人士不断融合，才使秦地国力增强，生产水平不断提高。至战国末年跃居强国之首位。

然而，在长期吸收、融汇外来人口的过程中，秦国接纳外来人才的范围是有限的，欢迎持法家观点的人物，而排斥其他观点的人。所以严格地说秦国算不上有“养士”之风。

战国时代有各种流派的学说，他们有的主张“仁义”，有的宣传“刑名”、“无为”等等，有儒、道、法、墨等各种学派。这些学派各有所长。当时的“士”在社会上已形成一种特殊的势力。他们拥有家学传统，善谈说，不受国家、宗教、经济和政治地位限制，以自己的才能游走于各诸侯国，取得官位、待遇。这些士为追求富贵而奔走于各国，在政治舞台上发挥着重要的作用，所谓在楚国就能使楚国成为强国，离开齐国后，齐国马上变弱，可以使赵国完蛋，也可以背叛使魏国受损。上述“四公子”所养的“宾客”多是这种“士”。

但是秦国一贯推崇法家主张，认为富国强兵第一在于耕战。除农业生产和作战以外，对其他各业均不很重视，对读书之士人甚为轻视，尤其蔑视儒生。法家将读书之士当作社会寄生者，给以打击，所以在吕不韦入秦以前，荀卿在秦国游历时，这里还是没有儒，法家也是一种士，但法家力主愚民政策，不喜欢讲“士”。结果，自孝公时代到昭王去世之前。秦国之士数不出几个，更无人明目张胆地“养士”。

吕不韦是秦国历史上把“士”放到重要地位的人，从而大规模招揽宾客，打开国门大批吸引养士。

早在邯郸同异人策划谋取王位的时候，吕不韦就为此后的养士打下了基础。他送给异人“万金”让他在邯郸结交宾客，已创造网罗人才的条件。当庄襄王一上台，吕不韦初任相国，就在相府内修建了许多的高堂广舍，家里延聘了众多的名厨。首都和边城墙上贴满了告示：欢迎各国和国内士人光临相府做客。吕不韦一改秦国排斥“士”的作风，效仿“四公子”招引各国宾客，大开养士之门户。

吕不韦在秦养士有三个与众不同点：第一，他自己不是秦人，却官至秦相国，这对秦以外追求功名利禄人士，具有极大的诱惑力；第二，吕不韦在秦庄襄王和秦王政八年的权势，比东方养士的“四公子”有势力，实为不称王的秦王，养士之举决不会有任何人加以评论；第三，秦国军事上正值最强盛时期，兼并各诸侯国只是迟早的问题。故吕不韦招揽宾客的告示刚一张贴，有识之士争先恐后奔向这位新上任的丞相。由于以上三个有利条件，吕不韦执政之后不久，他门下的“食客”就聚集了三千人之多，变成各国中养士最多的一家。只见那相府内外，褒衣博带的儒生和紧衣窄袖的武士来来往往，书声朗朗和高谈阔论此伏彼起、热闹非凡。

冲着吕不韦而来的“食客”，其中有一些人是根本没有本领只是混饭吃的，平时则无所事事。但多数还是学有特长的士。在吕不韦招致的宾客中，还有一个极为显著的特点：那就是百花齐放、百家争鸣。

战国时代的思想界，因所持宇宙观、伦理观、政治观不同，由于活动方式、研究对象不同又分化成不同学派。其中儒、法、墨、道四家影响最大，此外尚有阴阳、纵横、农、名各家。他们一味宣扬各自主张，相互争鸣，有时水火不容，难决高下。可是吕不韦的门下，则接收了各种派别的宾客。这些宾客中，不仅有秦国地位最高的法家，而且也有一向遭秦打击的儒家，还有道家、阴阳、墨家、名家等等，凡是秦国时代存在的各个学派，都有投奔到吕不韦门下的。这样，吕不韦在秦国养士虽不如齐、楚、魏、赵的“四公子”早，但其数量和士的整体素质则远远超过他们。

2. 李斯入秦

吕不韦家中食客的名字，绝大多数都随着时间推移而被人忘记，能让人记住名字的只有两人：一个是司空马，一个是李斯。

司空马青年时就从关东来到吕不韦的身边，当了尚书，长期以来无所作为，但到吕不韦最后失败时，却跟随吕不韦出走，这是后话。

李斯是吕不韦招揽的士，他开始与其他的“食客”没什么区别，可是不久就成为秦国一位杰出的政治家。

李斯的功绩主要是在秦统一中国之后表现出来的。然而他本人在秦统一前投奔到秦来了，正是冲着吕不韦的招贤政策而来的。他原本不是秦国人，而是出生于楚国的上蔡。年轻时的李斯，曾做过掌乡文书的小吏。他身居社会下层，体会了人间的艰辛和苦难，对爬上社会上层有着极其强烈的愿望。有一次，他看到厕所中的老鼠，吃的是脏东西，见到人和狗，吓得慌忙逃窜；可是仓库中的老鼠，长得很壮很肥，能吃到好粮食，住在宽敞的房里，不会有人和狗前来惊扰。此情此景，李斯感慨万千地叹道：

“人的运气不同，跟这老鼠没什么区别。所谓‘贤’或是‘不肖’，就看各人有什么样的机遇了！”

战国时代自由讲学的风气和诸侯国战争，给“士”的活动创造了便利空间，也为身为社会下层的“士”进入各国上流社会提供了可能。为了有朝一日爬到上层社会去，李斯从小曾向著名的思想家荀卿学习“帝王之术”，同时拜荀卿为师的还有韩非，他后来成为著名的法家代表人物。但韩非和李斯的观点和其老师荀卿不尽相同，韩非舍弃荀卿以仁义为本的儒家主张，而系统地扩充了其性“恶”说，创造一套严格的法家理论。李斯的学术水平不高，但对帝王面南之术研究很深，形成阴谋诡计的权术论。学成后，李斯从功利出发，审视当时各国的情势，觉得在自己的家乡楚国的国王不会有大发展，而其他各国也很弱小，无胜利的可能，唯一有希望的国家就是秦国。于是，决定投奔秦国。临行前，李斯向老师荀卿告辞：

“弟子要去秦国了，今天特地与先生辞行。”

“你为什么这么着急呢？”荀卿这位老先生不了解李斯那种急功近利的心情。

“俗话说‘得时无怠’，机不可失，失不再来。当今各国争雄之时，充当智囊、发挥重要作用的都是‘士’，这正是我们大显身手的时候。”对老师，李斯毫不隐瞒。

“那你为何非去秦国不可呢？”可能因为荀卿曾经到过秦国，虽然对那里的吏治非常赞赏，然而对其“无儒”很不欣赏。李斯要入秦，老先生大概不太乐意。

“局势已经很明显：现在秦王有吞并天下的意图，称帝的条件已具备。这正是布衣之士各显神通的时候，弟子当然要西人秦以求建功立业啦。”李斯越说越激动，一下子把积压在胸中多年的酸楚和积愤全都倾诉出来：“地位极卑微而不设法改变自身状况的人，就连野兽都不如！所以说，最大的耻辱莫过于地位卑微，最大的悲哀莫过于贫穷。要是甘心处于卑贱的地位，一生过着清贫的日子，而不思进取，还标榜什么‘无为’，不谋‘利’。这绝不是士所心甘情愿的事情，是虚伪骗人的！因此，弟子李斯立志西去向秦王游说啦！”

于是，李斯就来到秦国。

李斯来到秦国之初，正当庄襄王去世，吕不韦大权在握。具有政治敏感的李斯不加思索地投到吕不韦的门下，在吕不韦家中充当一名极为平凡的宾客——“舍人”。不久，慧眼识珠的吕不韦发现李斯是个人才，把他选任为郎。这是一个伴随主人左右出谋献计、帮助主人处理各种事务的职位，既可以混饭吃，碌碌无为，也可以认真做事，发挥才智。李斯一心要获得名利，肯定是后者。他在吕不韦门下，利用一切机会以表现自己的才能，引起别人注意。有一次，李斯趁晋见秦王之际，说出对眼前局势的分析，他说：

"要成大业，必须等待好时机，该进取时进取，该忍耐时忍耐。以前秦国在穆公时代，虽国力强盛，独霸西戎，但终未统一关东六国。这究竟原因何在呢？因为当时诸侯国势力都很强，周天子作为天下共主，尚没有到彻底垮台的时候。所以，各诸侯国争霸只能以周天子为名头，在'尊王攘夷'的幌子下进行，当时秦穆公也只能如此。而自秦孝公以后，周天子这个招牌逐渐失去了作用，诸侯国公开相互攻战，秦国则乘势发展起来。到现在，秦国已经六代不断取胜了，东方各诸侯国被秦打得俯首称臣。多么好的一个机会，若不趁热打铁消灭东方各国，早日统一天下，将来这些国家联手对抗秦国，恐怕就难办了！"

李斯的话表面上是说给秦王听的，但众所周知，庄襄王死后，刚即位的秦王政年纪还小，所以他实际是对吕不韦说的。而李斯的这一番话，正确地分析了当时的形势，说明他对秦国内外局势了如指掌，这就越发引起当权的吕不韦对他的关注。为此，吕不韦把李斯任命为长史，成为一名有实权的秦国官吏。

李斯的建议，促使吕不韦加快了对东方各诸侯国的吞并行动，除了不时派兵向东方扰乱之外，这个期间，秦国还派出了大批的说客兼刺客在东方各诸侯国秘密活动。这些人遵从吕不韦的指示，携带大量的财物和随身武器，分散于东方各诸侯国，结交各国可以左右政治的贵族和大臣名士。能以财物打动的，就用金钱、财物奉上，使他们替秦国效力；若不肯接受贿赂的，则用随身的利剑将他们谋杀。此外，还运用一些挑拨离间的计谋，使各诸侯国内部分离不和，在内耗中丧失战斗力……这一切都是李斯出的主意。不久之后，这些阴谋活动有了成效，秦国的军队在正面战场上不断得胜，就是证明。

像后来的蒙骜、甘罗、李斯这些武将、谋士都忠心耿耿地为秦国和吕不韦奔走效劳。这些现象与东方各国内部君臣之间矛盾重重、文臣武将相互猜忌、外来宾客与国内元老互不相容等现象对比，就明显地看出秦国的优势。君臣一心，有识之士也都集中到这里来了，人才的优势发挥得充分，从而秦国胜利有了极其重要的保障，这正是吕不韦成功的奥秘之处。

四、富国兴利

财富为吕不韦创造了投机的时机，财富又为他在秦国获得成就奠定了物质基础。

简单明了，吕不韦在秦国掌权十余年间的成就，是在以前良好的基础和秦国原有的政治、经济、军事和文化成就之上取得的。

吕不韦所能达到的成果，没有秦国原有的经济、文化的坚实基础是根本不可能的。

早在吕不韦没到秦国以前，秦国就是一个经济实力最强、国土面积最大的诸侯国。在吕不韦当权前的半个世纪，谋士苏秦去楚国，联合楚与东方各国与秦对抗，他说：如今楚国是南方的一个大国，“地方五千里，带甲百万，车千乘，骑万匹，粟支十年”。比起齐、魏、燕、赵、韩等国来，已是谁也打不败的强国了。可是另外一个谋士张仪后来告诫楚国国王说：“秦地占天下的一半，车千乘，骑万匹，虎贲之士百余万，粮食多得像丘山。各诸侯国没有是秦的对手的。”

不说别的，仅以“粟”——粮食，这一条，楚国的“粟支十年”多得不得了。但秦国却能“粟如丘山”，堆积如山的粮食表明秦国的富有。不用说，张仪的鼓吹存在一些不合乎实际的情况。但秦国的国力强盛，却是可以从中略见一斑的。

秦国的国力是建立在物质条件不断发达的基础之上的。到吕不韦当政的时候，秦本土是全国财富中心之地。这时的秦国人口不足全国的3/10，却占有全国1/3土地，而拥有全国60%的财富，俨然已是个“超级大国”了。

财富的源泉是生产，而古代的生产主要是农业。

1. 发展农业

秦国的农业生产有非常好的自然条件。秦国本土关中，黄土地肥沃，八百里秦川给人们创造了栖息、生产的绝佳条件。这里自古就是农作物生长的理想之地，北依靠黄土高原，南有巍峨葱郁的秦岭，中间是渭河流域的冲积平原。它的主要部分由渭河一、二级阶梯组成，地势平缓，地下水丰富，土壤肥沃，有一系列黄土台塬分布其间：马额原、乐游原、翠峰原、横岭原、神禾原、白鹿原等。原面全都是平坦阶状地形。泾河、渭水、浐河、灞河、皂河、黑河、沣河、石川河、涝河、陇水、戏河、并水，纵横蜿蜒，形成错综复杂的水道网。这个自然条件是农业生产有利的环境。自商鞅变法之后，秦国又实行赐爵、免除徭役的方式刺激人们勤劳从事农业生产，凡生产搞得好的，可获得与在前线杀敌立功一样的待遇和荣誉。这种奖励耕、战的政策，刺激秦国的物质条件迅速发展起来。吕不韦时代郑国渠的修建，使关中大片土地变为良田，这为秦国的战争走向胜利提供了保障。

秦惠文王时代秦国占有了巴、蜀地区。这也是一块自然条件优越，农业生产水平很高的秦国粮食主要供应地。

所以，当吕不韦执政时，秦国南有泾、渭之沃野，占有巴、汉之饶土。占有农业生产的优势，粮食多得如山丘就不足为怪了。

秦国的富庶不仅表现在占有优越的地理位置，还表现在生产工具的先进方面。

用牛耕地是人类从事农业生产中的一大发明。在中国，春秋末年才开始出现用牛耕地，但没有推广开来。战国末期，也只有少数先进地区才采用牛耕，秦国就是这少数先进地区的代表。有一次，赵国国王准备攻打秦国，赵国大臣赵豹劝说赵王不要与秦开战，其中原因之一就是“秦以牛田”，即用牛耕田，这在当时是一种先进的生产方式。由于牛在生产上成为生产工具，不像它的祖先那样，只有用来当牺牲祭品，被送上祭台，所以它在人们生活中的地位就大不一样。秦国法律规定：每年正月、四月、七月、十月由政府安排视察耕牛喂养情况。考察结果如果把牛养好，则给予奖励，养不好牛的啬夫、牛长则有罚，说明耕牛在秦国受到的重视。

和牛耕紧密相关使用的是铁农具。中国先前最早使用的生产工具是石、木质的。石、木以后改进的金属工具开始时是青铜质地的，殷商、西周时代广泛运用这种青铜工具，虽然我国古代的青铜冶铸业就其水平而言是世界罕见的，但若在农业生产中普遍使用青铜农具，肯定是相当困难的。因此，春秋时期使用了铁质工具。铁工具的发明，是人类生产发展史上的一大进步。因为铁矿较铜矿多，开采又较容易。冶、炼、铸技术达到相当水平后，其铁质工具的坚韧程度也比青铜器高。我国最早的一批铁工具发现于春秋时代。在秦国，春秋时代的秦公大墓中，就随葬有铁工具。可见，春秋时代秦国已运用铁工具进行生产。到战国时期，秦国已广泛使用铁工具了。牛耕发展以后，犁变成了主要耕具。秦国在吕不韦执政时候，耕种早已普遍运用铁犁了。考古工作者在今陕西原秦本土境内已找到了许多铁犁铧。铁犁配合牛耕促使农业生产技术得到了极大的发展。除铁犁外，铁质工具还有斧、斤、锛、凿、镰、刀、锸、铲、锄、锉、削、耙、锤、锥、针、钻等等。这些工具这些年来在秦故地陕西都有出土，表明战国时代铁工具在秦地已相当广泛地使用。

2. 兴修水利

秦国的农业生产发展还与水利建设有紧密联系。秦国统治者和百姓都认为应该注意水利建设，修渠、引水灌田技术在秦国本土相当成熟。世界著名的水利工程都江堰就是秦昭王时在蜀地修建的。

秦惠文王时代被秦国吞并的蜀地，水陆交通发达，物产丰富，山阜相连，含豀怀谷。尤其是成都平原总面积2700余平方公里，土地平坦，气候温和，青山绿水、地杰人灵，自然条件得天独厚。但是，由于早年对河流开发利用不合理，常年不断闹旱灾和涝灾，其主要祸根是岷江。

岷江，这条凶猛的大河，从高山环抱的四川盆地边缘沿着陡峭的山脉，穿过万山丛中，水流汹涌澎湃，奔腾咆哮、一泻千里地投进成都平原的怀抱。到今灌县一带，因地势变得平缓，水流降速，一路挟来的泥沙沉积下来，结果造成河道淤塞，水流不畅。当雨季来时，岷江及其支流水量猛增，溢出河道的水像脱缰的野马，放肆地在大平原上泛滥，淹没了大片肥沃的土地。而雨量不足时，又造成方圆千里的旱灾。在这种环境下，有效地治理岷江，就成为发展生产的关键。秦昭王时代的蜀守李冰，负责治理岷江，他与儿子二郎一道，领导了修建都江堰治理岷江的水利工程。

李冰父子选择在岷江中游从山溪急转入平原河槽的灌县一带，修筑一道江堰。工程主要分为三个部分：分鱼嘴、飞沙堰、宝瓶口。分鱼嘴的作用是将岷江水流分成两支：东边一支为内江，西边一支为外江。内江流到飞沙堰，开了一个宝瓶口，即一个人工出水孔，使江水顺畅地流出，并由此修建一个分支灌溉渠道。在分鱼嘴和宝瓶口之间的飞沙堰，是人工修建的洪道。洪水暴发时，分鱼嘴失去分水作用，过多的内江水，翻过飞沙堰流入外江。这时堰坝发挥着第二道分鱼嘴的作用。枯水期时，大部分水由此流入内江，从而灌溉用水得到保障。这一个水利设施系统建成之后，使岷江由害变利，发挥了多种作用，防洪、灌溉又平添了成都平原的壮丽景观。都江堰的建成，使成都平原三百万亩土地得到灌溉，饱受水、旱之灾的原野也由此成为肥沃的良田。到了这个时候，蜀地被称为“天府之国”。

秦国的另一个宏伟水利工程，就是秦王政元年（公元前 246 年）由郑国主持修筑的郑国渠。当时，郑国渠正在建造之中，它所发挥的作用不小于都江堰，并且这次水利工程的完成是在吕不韦执政时。郑国渠、秦国的都江堰两大水利系统在当时各国是独一无二的。在水利史上至今仍发挥着重要作用。凭借如此先进的水利灌溉系统，秦国的农业生产水平无疑是突飞猛进了。

3. 提倡科技

秦国的农业生产技术也发展到一个新的水平。从吕不韦时代秦国编著的农业生产技术书籍中可以了解，秦国人们已积累了从播种到收获一整套生产技术。对于土地利用、农具使用、排水施肥以及选择节气、预防害虫等与农业生产相关的知识，都有全面的、科学的认识。比如对于地利、天时和农作物的关系，提出：没有天时、地利，农作物就不可能“生”、“养”。对于土地的性质和利用，也有较科学的认识和做法：太松太软的土地要使它变坚硬，坚硬的土地要使它变松软。田地要适当地休耕，合理地种植。没有休耕的土地不能连续种植，土地贫瘠应该施肥，但也要控制施肥量，土地过湿需使之干燥，过燥者必须加湿。精耕细作也总结出一套系统的方法：“上田弃亩，下田弃甽，五耕五耨，必审以尽。”意思是：高旱的土地，要把庄稼尽量种在低洼之处；地势低且湿的田，要把庄稼种在高出的地方；在种植之前，要耕五次，下种以后，要耨（锄）五次，耕耨一定要仔细精作。此外，还有播种、覆土、定苗等办法，以及其他的有关农业生产知识。在吕不韦当政的年代，秦国就拥有这种全面概括农业生产经验的书，当然，这些生产技术在当时是相当先进的。这都反映了秦国的农业生产水平居于全国的前列，而这种优势既给吕不韦政治军事上的成就提供了物质基础，也说明吕不韦是很重视农业生产的。

农业是立国之本，基础雄厚那么国内就富足。秦国在吕不韦当权时期有丰厚的粮食供给军队、王室、官吏及百姓食用，此外还储备了大量粟米。秦国的粮食散布于全境，单单是栎阳仓就“二万石一积”，而首都咸阳仓内收有粮达“十万石”。这些仓里堆放的粮食，分黄、青、白三种禾和糯等各种稻。这时的秦国“富天下十倍”，大概一点也不吹牛。

4. 推动工业

在农业发展的同时，秦国的手工业也具有很高的生产水平。采铁和冶铁业在战国末年发展极为普遍。秦国则是首屈一指的采铁、冶铁主要地点。《管子·地数》篇提到产铁之山有3690处。在这些铁山中，现能确认产地的有15处，而这15处中，在秦国就占了6处。巴、蜀地区有矿产很丰富的“铁山”。所以，冶铁业在秦国发展很迅速。在秦国首都咸阳就有不少私营的和官办的手工作坊，有的作坊水平很高。近年来，在陕西咸阳原秦国宫殿区附近，找到了秦国的铸铁作坊遗址，保存至今仍有大量的铁块、红烧土、炉渣、草灰等等。可以想象当年冶铁在秦国的情况。

铁器已经进入百姓之家成为常见之物，当然对采铁、冶铁的兴盛有直接影响。秦国官府内特别设有监管生产和使用铁器的官吏，有“右采铁”、“左采铁”等等。

在战国时代，炼铁的技术已经达到很高的水平，而水平最高的地区是宛，有“宛钜铁惨如逢虿”之称，表明宛地铁器制作技术十分考究。吕不韦当政时期，宛地也由楚国被并入到秦国版图之内。这无疑推动了秦国冶铁工业的极大发展。

秦国还拥有先进的青铜制造业。秦国政府直接掌握一批规模很大的冶铜作坊，仅咸阳宫殿区附近的一处冶铜作坊就相当大。秦国和战国时代其他诸侯国使用的兵器，还有一部分青铜制造。秦国生产的青铜兵器，其制作工艺十分精湛。近年来在秦始皇陵遗址附近发掘出的秦剑，出土时锋满刃利，色青光洁，寒光森冷。从铸造技术上看，可以看出经过锉磨、抛光等制作程序；出土的三棱镞，截面的等边三角形，三面或平或鼓，误差仅在0.8％～2.6％之间，充分说明了秦国青铜铸造业的生产水准极高。

吕不韦上台后，对秦国的武器铸造业的发展，有十分重要的作用。

首先，吕不韦当权的几年中，秦国拥有三个制造兵器的地方：雍、栎阳、咸阳。三地都为秦国中央直接控制的兵器制造基地，这是其他诸侯国不能相比的。

其次，为进一步加强对兵器制造的监管，吕不韦改革了秦国政府对兵器制造的管理机构。在他上台以前，秦国朝廷负责兵器制造的部门和官吏为内史下辖的栎阳工师、雍工师、咸阳工师。吕不韦当政后，主管制造兵器的部门和官吏又加设了少府工室和寺工，另外还有属邦辖下的属邦工（室）和诏吏等。

值得一提的是，吕不韦当政期间强化了对兵器的监造，扩大兵器生产，把兵器的制造权控制在中央。根据新近发表的考古资料，现发现有秦国兵器三十余件。在这些兵器中，明确标识吕不韦造的就有九件，如“三年吕不韦”。而其余的兵器，标明相邦义造的一件，商鞅造的有两件，相邦冉造的二件，丞相斯造的一件，丞相角造的一件。余下的则标以“少府”、“寺工”、“属邦”之类造。值得一提的是，“相邦冉”即秦昭王时的魏冉，此人在秦掌权二十余年，且一家世代权贵，终昭王之世差不多有五十余年，都有极高的地位。而由其署名制造的兵器也只有两件。“丞相斯”也就是李斯，由他署名制造的武器也只有一件；而先后于吕不韦在秦为相的蔡泽、范雎、王绾、去疾、隗状等，在已发现的兵器中没有一件铸有他们的名字。但由吕不韦监造的兵器居然就有九件之多。这件事情说明：吕不韦在秦为相的时间尽管只有十年，但其所掌握的权力，发挥的作用都大大超过以往的以及后来的相国。同时也表明吕不韦本人对武器制造的重视程度，是历代相国及君主都无法比拟的。

秦国的陶器制造业也是十分先进的。陶器是日常生活品，陶器制造业的状况说明了人民和上层贵族的一般生活状况。从现在已发现的秦国陶器遗物来看，日常生活用品的陶器种类繁多，除罐、盆、缶以外，还有瓦水管等建筑用品。这些实用器皿制作得都十分坚固、精良、实用、美观。如板瓦制作的前端比后端宽厚。简瓦的筒径尾端大于唇端，唇端向里稍收，做成一个瓦榫部分。这对于修筑房屋时装置有用。瓦当绝大多数饰以植物纹、云纹和动物纹，变成了极佳的艺术品。陶管则用来做地下水道管，按实际情况做成圆筒形及曲管形等各种形状，都一头大一头小，可以连串套装。很明显，这都是在有计划、统一规划下制造出来的。

另外，秦国的漆器生产、纺织、皮革和煮盐等也都有很高的水平，在当时全国经济中占有举足轻重的地位。

5. 繁荣城市

由于农业、手工业的高度发达，秦国的商业、货币和城市经济在吕不韦当权的时代也发展到前所未有的繁荣程度。

秦国历来的传统是重农轻商，但这在吕不韦入秦后就有所改变。在秦国的历史上，只有在他掌权时，才在《月令》中提出了有关商业活动的言论：即在“仲秋之月”易关市，来商旅，入货贿。这在先前视商贾为“末业”的时代，是难以出现的现象。除此之外，吕不韦还鼓吹商业活动的重要意义，认为只有商业活动发达才能使物资流通，经济发展。“四方来杂，远远皆至，则财物不匮，上无乏用，百事乃遂。”恰恰是由于吕不韦在秦当权，秦国的商品生产在战国末年发展惊人。这时，关中地区的竹、木、粟、帛都当作商品与其他地区的其他商品走进了市场。“商”在那时发展成为不可或缺的行业。有的商品价格已相对稳定，例如猪羊之类的小畜约值二百五十钱左右，禾粟一石值三十钱，大麻十八斤值六十钱等等。在渭河沿岸种一千亩竹，或种千树栗，一年就能收入二十万钱，财富一点不少于一般食邑千户的封君。由此，在秦国也出现了专门进行商品生产的园林，也出现了财富超过封君的大商人。巴地有个寡妇名清，就是个大财主。秦始皇时曾封其为“贞妇”，为她筑怀清台，实际上只不过她很富，多得足以与万乘相比。而巴寡妇清发财的原因，则是她的祖先专门贩卖朱砂等矿产品，几代下来积聚了大量钱财。仔细推算起来，巴寡妇清的祖先正是在秦庄襄王上台、吕不韦当权开始后发家致富的。在以前，不是秦国贵族宗室，普通的商人百姓是难以如此显赫的。

商品经济的发达促进了对货币的需求和流通。身为商品等价物的货币，虽很早就出现，据考证在殷商时期就出现了当作货币之用的“贝”，到春秋时代开始使用“钱”、“布”、“刀”以及黄金等。但是，货币是商品经济的产物，只有商品经济有相当的发展，才会出现更多的货币需求。秦国固定形式的货币出现于公元前336年“初行钱”，从此秦国开始使用圆形中间有圆孔的、文为半两的铜铸钱币。然而，那时货币的应用面积不够大、不能普及。到战国末年，在吕不韦掌权前后，秦国用货币进行交易已相当普遍，甚至犯罪判罚都以钱来表示。秦律规定：平民盗窃一百一十钱，是为隶臣；盗窃六百六十钱的，就处于城旦之黥刑；甲盗不盈一钱，乙而不捕的赀一盾，盗采桑叶不盈一钱的，赀徭三旬等等。这里把所犯的罪都以钱来折算，表明了货币已被广泛使用、相当普及。在秦国法律中另外有“赎刑”，即犯罪后可使用钱来“赎”。假设货币没有得到推广，这种法律是不可能存在的。

由于货币具有这么大的效用，秦国在战国末年就出现私铸钱的行为。秦国政府制定了严厉的法律，禁止私人铸钱。货币的作用进一步发展，必然表现为金钱的借贷关系，秦国的法律中也有关于集团个人之间及官府与个人之间借贷关系的种种约束法令。这些现象都反映当时社会商品货币关系的状况，表明了秦国经济的繁荣。

经济的发展和繁荣必定推动文化的进步。秦国文化在战国末年有相当繁荣程度，其间与吕不韦为相有很大关系。因为吕不韦本人生长于文化相当开放的中原卫国，又往来于风气开明的邯郸道上，来到秦国执政，肯定会带来或多或少东南的风气和影响。其次，吕不韦入秦后招贤纳良，东方各国游学之士纷纷入秦，形形色色的文化因素也必然会被带到秦国来。更关键的是经济的繁荣。商品经济的不断发展，秦国一贯闭关自守、拒绝外来文化的外部条件已经不复存在。东方各国所产的珠宝美玉、纤离之马、太阿之剑、灵鼍之鼓、翠凤之旗等珍贵物品源源不断传进秦国宫内，王室贵族轻易就能享用。而那关东的“郑卫之音”、轻歌曼舞，另外还有秦以外的刻石绘画，也当然一概照收。所以，在秦王的宫中，以前那种粗野的“呜呜”歌声和敲盆击缶的秦国音乐，也逐渐被声调悠扬、舞姿优雅的东方传来的歌舞所取替。此外，美术作品也从国外传来。

秦国经济、文化的长足发展，给吕不韦当权时期施展其才能奠定了有利基础。而吕不韦在秦国当政时期的军事、政治成就又大大加速了秦国经济、文化发展和社会的进步。同时他自己的权势和富贵也达到不可攀登的高度。“多财善贾”，经济实力是从商的后盾，亦是治国的根本。吕不韦体会极深刻，并因此而取得了成功。

吕不韦从庄襄王上台以后开始执政，到秦王政九年（公元前 238 年）

之前当政，这十余年间是他一生中最辉煌的阶段。秦国在这个时期内，政治、军事、经济都取得巨大成果，这十余年也是统一中国进程中前后转折的关键时期。吕不韦只凭着一个卫国商人的出身进入秦国宫廷，并控制了整个朝政，国内没有发生过任何反叛、内乱；在外，他也取得了一系列军事上和外交上的胜利。从而为他死后秦始皇统一中国打下了基础。

吕不韦在秦国取得的成绩，不仅证实当年在邯郸时背水一战地向异人冒险投资的成功，也证明了他从商人到政客进而发展成为政治家的轨迹中，拥有足够管理秦国、指挥统一战争的谋略和才能。这其中不乏吕不韦在以后的生活中，不断通过各种方式获取知识、提高自己的结果。但广招宾客、礼贤下士，应该是使吕不韦收获最多的一种方法。

五、骊山建陵

从咸阳向东，路过柳树葱郁的灞河，眼前就呈现一幅恬静而广阔的田园画卷。这里，耸立于北面的骊山，像一匹黑色的骏马，停留于秦国首都的阙右。登高远望，漫山遍野郁郁葱葱，青松挺拔，到处鸟语花香。那山脚下的温泉，千百年来川流不息地冒着热气，从地下涌出，又从容不迫地向远方流去。

鸟瞰着三秦大地的骊山，她的风采曾使得无数人神往！而在她葱郁的中心腹地，却留下一连串苍凉伤痕。早在公元前八世纪的周代晚年，昏庸暴虐的周幽王，为了能见到他心爱的宠妃褒姒欢颜一笑，竟在安宁的日子里点燃了骊山顶上警报来敌的烽火。一时狼烟滚滚，遮天盖地，各地领兵诸侯一眼看见烽火点起，以为爆发战争，急忙领兵前来救援。当各路大军从四面八方汇集至骊山脚下的时候，心急火燎的诸侯们才发现：原来幽王是在开他们的玩笑。而那位平时不苟言笑的冷美人褒姒，见诸侯们急忙赶来的狼狈相，居然开心地大笑起来。幽王博得了宠妃的欢心，然而却失掉了他对所有诸侯的威信。后来，西方的犬戎真的向周朝首都镐京开战，危难中幽王又燃起骊山的烽火。但是幽王在诸侯面前一点威信也没有了，诸侯们都不理睬。结果，犬戎攻进西周首都，周王只得逃奔到关东。历经二百多年的西周王朝就这样不复存在。

幽王的闹剧落幕五百余年后，骊山顶上的烽火早被山下的袅袅炊烟代替。这时是秦王政刚坐上王位的公元前 246 年。有一天朝会散后，文武官员纷纷退出王宫。吕不韦特意召令负责管理秦国宫室、陵墓工程的左、右司空二位大臣来见王。

“新王登上宝座，建陵之事你们安排得怎样?”吕不韦在上发问。依照传统惯例：每个国王当政后都要亲自策划修建陵墓，秦王政才十三岁，这事理所当然由丞相负责了。“启奏相国，陵址还需要进一步商量。”左司空先提示了一个需要解决的问题。

“你们的意见怎么样?”吕不韦知道左、右司空早已心中有底，因此故意问他们。

“秦国先公先王，自孝公以前都埋在故都雍地，此所谓‘西陵’。孝公葬于栎阳。悼武王‘永陵’、惠文王‘公陵’则在咸陵西侧北原。昭襄王与唐太后合葬‘芷陵’。庄襄王‘阳陵’、孝文王‘寿陵’都在骊山西麓芷阳、咸阳东地带，这就是‘东陵’。”左、右司空一口气历数秦国先公、先王陵墓地址，供吕不韦参考，“依臣等参照祖宗旧制，多次考虑按阴阳风水测量，新王陵址如果选定在‘东陵’之东、骊山北麓，那就既与礼制相吻合，又占了地脉优势。”

“妙！那就确选东陵东端，骊山北麓！挑个良辰吉日就破土动工吧!”吕不韦说，“但是，秦国自先王惠文、武、昭、庄襄各王所建陵墓，丘陵都很高大，多随殉葬宝藏。此说你们不应照办。”

“是!”左、右司空从《吕氏春秋》中就猜测吕不韦主张薄葬，对秦国厚葬之风不很赞同，急忙点头。

“世人埋葬死者时，把坟墓修建极高，墓上栽的树多得像森林，还在陵墓旁建造寝殿、宫室甚至城邑，大兴土木，我看用这种方法摆阔是可以的，以此送死则纯属浪费。”

吕不韦慷慨激昂，口若悬河，滔滔不绝地发表一通“节丧”的主张。见左、右司空点头赞同，更加自信地接着说：“人活在世上没有不死的，死后与生前的短暂光阴相比，即使活一万年也像是弹指一挥间的工夫。可是寿长者不过百岁，一般的不过活六十岁。以百八十年活的工夫为遥遥无期的死后之事打算，怎么能想得尽善尽美呢?”吕不韦谈到“生”“死”的问题突然上升到哲学的高度。这些是写入《吕氏春秋》中《安死》和《节丧》篇的话，不知是记史者根据吕不韦的谈话整理的，还是吕不韦从书上学来的，总之是合情合理。反映了古人对生、死和丧葬有一系列观点。他又接着说：

“凡生于天地间的生物，都难逃一死!”

这个观点显然与秦王嬴政不同。秦王嬴政后来统一天下的目的达到，接着就乞求长生不死。在这一点上确实没有吕不韦高明：“父子之情这是天性，若人死后就抛弃荒野，也是人情所不忍，故有葬死之举，所谓‘葬’就是‘藏’，把尸体藏起来，不要被抛尸荒野就行了。作为活着的人，无论儿子埋葬老人，或是老子埋葬夭折的后代，最重要的目的是一定要把尸体藏好，不要被从土里发掘出来，不要被人或者动物乱拉乱动。这就叫作‘重闭’。”

“臣下明白!”左、右司空口头回答着，至于心里有何打算，只有他们自己清楚。

“古人把死人埋葬于广野深山就觉得放心了!”吕不韦听到左、右司空同意他的观点更加有话，又拿出“古人”来攻击，其实他说的“古人”也许就指秦国的先公、先王。因为这些王、公都喜欢厚葬。“葬在高陵上，埋在深山里，躲开狐狸骚扰，免得水泉潮湿。这就足够了。可是，何必要把墓修得那样壮观?棺椁内又何须放那么多珍宝?如此做法只能是生者为炫耀富贵，而不是替死者打算。他们就没考虑到把那么多财宝埋在墓里会引来盗贼吗？他们就没想到这样奢侈办丧事死者一无所知，反而给尸体造成灾难吗？”

吕不韦对厚葬的批评，使得他滔滔不绝，大概在胸中积郁已久的观点，非要一吐为快：

“利、财这些东西对百姓来说极具诱惑力。为财、利，有的人宁可冒流血、杀头危险，甚至那些没有教养的野人，为夺取利更抛弃亲戚、兄弟的情义。如今有机会让他们发大财，吃好的、穿好的还能给子孙留下取之不尽的财富，而又没有任何危险，谁还不干呢？那些把财宝埋在墓里，把陵墓修得像宫殿一样的人，实际上是招引盗贼来盗墓。尽管法令严禁掘坟盗墓，然而既有那么多的财宝诱惑，哪能阻止这种无本万利的做法呢？并且死者埋在地下愈久，就是活人的关系也日渐疏远，对死尸也就很少关注。结果，埋在墓中的金银财宝，羽旄旗，珍玉玩好，黼黻文章，还不知落到谁的手里呢？所以，我以为这些好东西被生者享用是可以的，送给死者有百害无一益。”

吕不韦的观点实际是墨家的主张，不过他的分析比《墨子》中的议论具体，具体事情具体分析，大约他批判的对象是秦国的王公贵族，但作为外来人而身居丞相职位，又不便直斥秦国先辈，所以故意空泛而谈。这样，他的话就不免海阔天空，周而复始：“现在如果有人在墓上立一石碑，碑上刻写：‘此墓中埋有财宝甚多，不可不掘。掘出来的人一定大富，世世代代享用不尽。’人们肯定笑这个立碑的是个没脑子的大傻瓜。然而，世界上厚葬的人没一个不是这样的笨蛋，从古至今，根本不存在不亡之国。同样，亡国之贵族、王室的大墓没有不被盗开的。正是那些被打败国家的墓地被敌国霸占过的国家，诸如齐、燕、楚、宋、魏、中山、韩、赵等都有如此下场，此前还有许多的国家或亡或败，而这些国家的大墓也都被一一掘开过。每个人都明白这些事理，却还争着建造豪华陵墓，真是悲哀。”吕不韦提到一些诸侯国战败后国君或贵族陵墓被掘的事例，目的是引起秦国贵族和国君注意，不要明知故犯。不料，这些简单的道理秦王却不加理会无法认同。不知坐在吕不韦身旁的嬴政当时有何想法，但后来的历史表明他对吕不韦的这套论证不以为然，更不屑于接受其所提出的教导。见到秦王嬴政无动于衷，吕不韦费尽心思继续说：

“浪费财物修建陵墓，只能给死者带来灾害。故孝子、忠臣都提倡丧事节俭，古代名君尧葬于谷林，只栽了一棵树作为标记而已；舜葬于纪市，也不随意移动原来的市肆，禹葬于会稽，更不打扰当地百姓的安居乐业。他们如此节俭丧葬并非吝啬，而是节省财力，实实在在为后人谋富啊！”直接列举尧、舜、禹这几位古代国君为例，差不多是对着秦王嬴政耳提面命。吕不韦唠叨半天，还觉不够，最后又强调地说：“死去的先王如果有知，肯定会以坟墓被掘为最大耻辱。而要保证先王陵墓不被掘发，则只有俭、同、合。俭是说俭朴，同、合就是因地制宜，葬在平地就按平地形势埋葬，葬在山林就借山林地势，不必大动土木。做到珍惜民力，只有爱惜民力的人，才能被人保护。不知爱惜民力，劳民伤财兴建豪华陵墓的往往不会有好下场，请注意宋未亡而宋文公的冢就被人盗掘了，齐未亡而齐庄公的坟也被掘开的情形。这还是在国未亡之时盗掘的，何况百年之后国家不复存在呢？”

吕不韦最后几句话是对秦国的警示。可是嬴政既没有重视《吕氏春秋》中有关俭丧、节葬的议论，对吕不韦的苦口婆心也没产生过任何感想。

“相国分析得极对，臣下必照办无误。”左、右司空领旨回衙，立即着手修陵事宜，不日就破土动工。

按照吕不韦的标准，秦王政的陵墓应当简朴无华，至少不能高于其父王及先祖昭王、孝文王的陵丘。实际上，吕不韦执政的期间，秦王陵的修建刚开始也是遵照这个意思以低标准的规格进行的。这时，朝廷使用不多的劳动力，在骊山北侧整理出一片不大的陵园，选择风水最佳处开始动手挖几个简单的墓坑。按吕不韦的设计意图，建造的秦王陵其高大、豪华状况绝不会超过秦东陵的任何一陵。

可是，今天人们所见到的秦始皇陵的规模，和吕不韦最初的意图大相径庭！其高大、豪华程度，不仅远远超过秦东陵的任何一陵，而且为秦国历史上所有先公、先王的陵墓所不能比拟。在中国历代帝王陵中也是独一无二的。从而发生了一些震惊世界的奇迹。

现在，让我们暂时把目光从两千年前放到今天，投向陕西省临潼东约五公里的地方。一眼望见的是骊山与渭河之间的广阔田野，在一片茫茫的麦田中可看见郁郁葱葱的矮树和长满树丛的土丘。如果仔细察看，在田垅、草丛中四处可以找到秦代的残砖碎瓦，这里就是秦始皇的陵园区。

秦始皇陵园区的规模，包括三个主要部分：陵墓、陪葬及城垣。这三个部分都包含让人浮想联翩的内容，以及无法说明白的被时间长河湮灭了的动人故事。

陵墓包括地上和地下两部分。地面以上有高达 76 米的封土，像一座小山与南面的骊山遥相呼应。如此大的坟丘，在中国历史上是举世无双的。本来，人的死亡无非是物质从一种形态转化到另一种形态，对死人的处置完全取决于生人的想法。原始社会初期，当人死后就随便下土完事，没有任何神秘和烦琐的仪式。埋死人的“墓”字在古文字中，与“没”字是相同的意思，埋在地下就灰飞烟灭了。后来，人们有了灵魂观念，认为人死之后灵魂到另一个世界去，于是对死人的埋葬才开始复杂起来。为祭奠死者，需要在墓地竖立标志，最初的方法是种树，后来就除种树外又垒上土成为“坟”。中国古代夏、商的帝王坟上还不见封土的痕迹。大概自周代左右，在君主和贵族的墓上才开始有封土坟头。它的形成方法是在墓坑上面，用黄土层层夯筑，做成上小下大的方锥体。由于它的顶部做成方形平顶，好像被割去头部，因此又叫“方上”。自有封土坟头的做法以后，其“方上”的大小都按官爵地位高低修筑。春秋战国时代，各诸侯国国君竞相称霸，坟头也因而越做越大，有的大得好像一座山。秦国君王的陵墓从春秋到战国初年还不见封土，到秦献公以后墓上才出现封土，而秦始皇陵的“方上”却是历史上国君、帝王坟中最大的一个。原封土的底部东西宽 485 米，南北长 515 米，总面积 249 775 平方米。经两千年风吹雨打，现仍存封土东西长 24 米，高 76 米，南北宽 10.4 米。站在始皇陵封土堆上登高远眺，东面是一片广阔的平原，右依骊山，左靠渭水，东边原野一览无余。设想当年秦王在关中注视关东，挥师东进，如驱猛虎而入羊群，那场面和气势是多么的壮观啊！从封土堆向下走，一路缓坡，“方上”变得高大起来，站在远处向南瞭望，墓上雄伟耸立的封土竟与远方的骊山一争高下，其气势令人赞叹不已，真不愧以“山陵”的“陵”字称这里为“秦始皇陵”。回想当年在平地上用一担担土堆成的这个山陵，不知多少人为此贡献了他们的血肉之躯！

不过，最“精彩”的部分还在地下。

秦始皇陵的地下部分，由于目前还没有经过考古发掘，所以仍然是个谜。根据勘探资料和有关记载可知，在封土的正下方掩埋着一座富丽堂皇的地下宫殿。地宫的宫墙如咸阳城内的宫墙一样坚实，宫墙东西宽 392 米，南北长 460 米，墙体厚和高各 4 米，其顶部与地表相距深约 2.4～7 米，面积有 180 320 平方米。西门都有斜坡形状通道，东面有通道五个，其他三面各有一个，金碧辉煌的地下宫殿也是按照咸阳城内的宫殿布局建成，其中埋藏着无数的财宝，以及供君主享用之物。又用水银模仿百川、江河、大海在地宫中流动，又依照天象制成日、月、星、辰在地宫里转动。在墓道和棺椁周围又设置了弩矢机关，墓主嬴政就放置在特制的铜棺中。地宫内还常年点烧不灭的人鱼膏烛，永远不灭，把地宫照得像白天。但这一座富丽堂皇的地下宫殿究竟怎么样，具体情况至今仍停留在人们的想象之中，甚至墓道的走向、地宫的朝向等基本问题也只能凭想象。这座神秘的地宫使得后人联想翩翩，也反映出当年吕不韦和秦王嬴政之间的分歧。

秦始皇大肆修建陵墓是在公元前 221 年秦统一天下之后。当时征发的徭役，不单单是修建陵园，尚有戍五岭、修长城、修驰道、建阿房宫等等。这些徭役繁重得几乎使百姓喘不过气，人们不堪苦役，十分痛苦，悲愤地喊出：“生男慎勿举，生女哺同脯，不见长城下，尸骸相支柱。”残酷的劳役把他们吓得连儿女都不敢养，宁可饿死自己的儿女，也不想让他们长大后给秦始皇服劳役。在这些名目众多的劳役中，修始皇陵是其中不可缺少的任务。史书说仅这一项就动用民工七十万人。由此又一次印证了秦始皇陵所留下来的“奇迹”都是数十万人血肉之躯积累起来的。

我们要是用吕不韦薄葬、俭丧的倡导与秦始皇陵铺张、豪华的奇迹对比，就可看出两者有巨大的差距。公元前 247 年，当吕不韦负责建秦王陵时，确是遵照他的薄葬主张动工的。但是，这种薄葬的指导思想在建陵过程中，延续到嬴政十年就由于吕不韦罢相而中断。此后，建陵就按嬴政的意图实施。秦王嬴政对生死、鬼神和丧葬的观点，全不与吕不韦相同。贪大务多、好大喜功、铺张奢侈是嬴政的风格，这种风格也表现到陵墓修建上面。特别是公元前221年秦统一中国之后，秦王嬴政成了秦始皇，这样的风气更是进一步得到发扬。不惜动用人力、物力、财力修筑始皇陵。就在公元前221年之后，全国的劳动人民任由他征发来关中修陵。在已挖掘始皇陵旁陪葬坑中，已经出土了一大批的从关东地区征发来的刑徒遗骨。元代张养浩有一首小曲《山坡羊》，体现了为秦服劳役的艰辛："峰峦如聚，波涛如怒，山河表里潼关路。望西都，意踟蹰。伤心秦汉经行处，宫阙万间都做了土。兴，百姓苦；亡，百姓苦。"始皇陵大幅度修建，从公元前221年一直持续到秦始皇死时的公元前210年仍然没有完成。在秦始皇死后，其陵墓又由二世和子婴继续修建。直到公元前206年，反秦大起义的人们在刘邦和项羽指挥下，攻入关中，秦始皇陵的修建才不得不停止。如此长时间的大规模修陵，秦始皇陵怎么能不成为奇迹！

但秦陵这一奇迹的境遇，却被吕不韦早就猜中。就在嬴政死后不到三年的时间，当秦陵还没有最后竣工时，反秦大起义的队伍就杀进咸阳。公元前206年，秦王子婴向刘邦投降，秦朝灭亡。然后项羽率兵入关，到咸阳后，一把大火烧光了秦国的宫殿，三十天的大火也烧尽了始皇陵上的建筑。他又挖开地下的地宫，将能带走的财物抢掠而去，不能搬走的放火烧掉。项羽走后，又有牧童因寻找丢失的羊，手持火把进入秦陵地宫，地宫又遭了一次大火，大火在陵中烧了三个月都没灭掉。结果，正像吕不韦预言的那样，浪费财力、历经数十年修建陵墓，还没完成就化为灰烬。只留下的遗迹变成后人伤感、凭吊、发思古之幽情的场所。

第五章　开疆拓土

一、伐韩攻魏

秦王当权之初，首要任务依然是取得对东方各国的胜利。军事斗争成为时代的主题。韩、魏两国仍是秦国兼并战争的首要对象。

秦王政元年（公元前 246 年），吕不韦得知信陵君被废除退位后，才开始商议用兵，派大将蒙骜同张唐改打赵国，攻下晋阳。三年，再次派蒙骜同王齕攻韩，韩国派公孙婴抵挡。王齕说："我一败于赵，再败于魏，然后秦王赦免不杀我，这次我要以死相报!"于是率领他的私属千人，直犯韩营，齕战死。韩兵大乱，蒙骜乘机攻入，大败韩师，杀公孙婴，攻取韩十二城。自信陵君被废权，而赵、魏绝交，赵孝成王派廉颇讨伐魏。围繁阳，没有攻克，而孝成王死了。太子偃继位，就是悼襄王。当时廉颇已经攻克繁阳，乘胜进取，而大夫郭开素一向因喜献谄而被廉颇所嫉，常常当众人面责骂他。郭开素怀怨在心，对悼襄王说起坏话："廉颇已经老了，不能承担重任了，伐魏很久都没有功劳。"悼襄王于是派武襄君乐乘往取代廉颇。廉颇愤怒地说："我从惠文王为将，至今四十余年，没有失败过，为什么要派人来代我?"于是命令士兵攻乘，乘害怕逃走回国。廉颇于是投奔到魏，魏王虽尊为客将，疑而不用，廉颇于是一直住在大梁。

秦王政四年（公元前 243 年）十月，蔽天蝗虫从东方飞来，庄稼没有收成，而且民间疾病四处流行。吕不韦与宾客商议要百姓纳粟千石，拜爵一级。后世纳粟之例，由此开始。当年，魏信陵君由于贪图酒色，得疾而亡，冯谖伤心过度也死，宾客自杀陪死的达百余人，足见信陵君多么能得人心！第二年，魏安釐王也死了，太子增嗣位，是为景湣王。秦得知魏近来国君死了，又信陵君已死，想起报败绩之仇，派遣大将蒙骜攻魏，攻拔酸枣等二十城，设置东郡。

秦王政五年（公元前 242 年），秦攻下魏的朝歌。在这里，秦扫荡了卫国故地，并把一个卫君角迁到野王。关于卫君在这里出现，历史记载也很不清楚。在数年前，卫国就被魏打败，这个附庸小国早已不复存在。但秦王政六年却又有“拔卫”、“其君角”、“徙居野王”的记载。这种矛盾的现象背后，正表现出吕不韦情感和理智的矛盾。卫毕竟是他的祖国，在魏国灭卫之后，秦在吕不韦的控制下又重新立了一个角为卫君，作为秦的附庸。在秦王政六年扫荡卫地以后，吕不韦还是不忍心灭卫宗祠，将卫君角迁至野王，继续保持其有名无实的国君地位。吕不韦这样做，不仅像他对待东周国君一样，表示“兴灭”、“继绝”，而且说明了他有一种怀恋之情。

二、再溃五国

在吕不韦直接掌权的几年中，秦军向东挺进的步伐一天天加快，已逐渐由蚕食变为鲸吞，国家面积急速增大。自建立东郡以后，秦国疆域就从三面将魏、韩两国包围起来，并与东方的齐国接壤。这种局面对东方的各个诸侯国都造成极大的威胁。

魏景湣王叹惜地说：“假设信陵君还健在，应当不会让秦兵纵横至此！”于是派使者去与赵通好。赵悼襄王重新伐秦无果，正想派人联合列国，重新恢复信陵、平原二君“合纵”之约。

公元前241年，楚、赵、韩、燕、魏五国又一次聚集起来，推楚王为纵长，以赵国名将庞涓为统帅向秦国进军。

赵任命公孙乾为将，引五万兵前来；韩命令陈惮为将，引五万兵前来；燕任命傅补为将，引五万兵前来；楚王为纵长，命令春申君为军师出谋策划，也带领十万兵前来，都至秦寿陵城下下寨。到第二天，五国之兵攻城，城被攻下，守将王龁率领百骑杀出东门回到秦。五国首将，领兵入寿陵城，安顿平民，赏赐军队。第二天，率兵前往函谷关下屯驻。

秦王升早朝，群臣朝拜完毕，王龁失败回来，急忙入朝上奏：“今楚、魏、韩、赵、燕，五国兴兵来攻打秦国！现在军至函谷关下下寨，我势单力薄，以致失寿陵而回，奏知陛下，还望陛下宽恕我！”秦王说：“胜负乃兵家常事，这不是你的过失！”于是询问群臣说：“谁可以击退五国之兵！”话音刚落，王翦出班奏说：“给我三十万兵，足够攻破五国之兵！”王说：“就封卿为大将军，领兵三十万前去函谷关，攻破五国联军！”于是，王翦出朝，遂即领兵三十万前去函谷关东一百二十里下寨屯驻。第二天王翦命令蒙骜：“将军带领精兵十万，分作二队，埋伏在函谷关百里内之东西，等待五国之兵上关过半拦截住，可以取胜！”又令章邯：“可以引兵十万，伏于函谷关之左右，等到五国之兵过，你可先搬山石，把关卡绝断，等我杀来，两下夹攻，可以斩掉五国之将！”于是，二将带兵埋伏去了。王翦又遣使往关上叫守关将蒙武下关与战，假装失败，弃城逃走。

蒙武收到信得知计划，马上带兵挑战。春申君当先出马，与蒙武交战十多个来回，武假装逃走，五国之兵都抢过关。章邯伏兵见敌军过了，把关垒绝断，将兵分二队，屯列关之两旁。春申君引五国将兵，一直追了一百里，忽然听前面金鼓齐鸣，前头一员大将，引兵阻住去路，大声说：“来兵何处军马？哪路诸侯？”春申君出马言说：“我是楚大将春申君！因为你们秦王无道，我合纵五国之兵，来伐秦。你是什么人？愿闻姓名！”王翦曰：“我可是秦国大将王翦！”说完，抡枪杀来！春申君持刀去迎，春申君大败，王翦领兵后追，五国之兵无人能抵挡住。

五国之兵败走，蒙骜引二队伏兵齐杀出来，合兵同赶，五国军马败至函谷关，绝断关卡要道。军人报春申君曰：“函谷关垒断，无路可出，又有伏兵拦路，怎么办呢?”春申君急传令说：“五国之兵可尽力杀退章邯兵，然后都脱下衣甲，堆成山岭，可以过关!”春申君同李牧、无忌二将一马当先，说：“挡我者死！避我者生!”杀退章邯、王翦，往山谷方向逃走。三军脱弃衣甲为路道，一会儿就走过关。王翦与蒙骜、章邯、蒙武四将合兵杀来，一直追了三百余里，才收军回秦。四国诸侯，收拾残兵各自回本国去了。

春申君回到楚国，楚王责骂他说：“你还敢回来，你为军师，军过山谷却不知道防伏兵!”春申君知罪退出。于是楚王更加疏远春申君。王翦收军回朝，秦王特别欢喜，大摆宴席赏赐诸将。

联军攻秦的失败也使得楚国内部矛盾不断激化。

考烈王是当时的楚王，而实际掌权者却是春申君黄歇。黄歇在楚当丞相已二十二年，位高权重，这肯定会遭到考烈王的猜忌。五国联军虽然任庞涓为帅，楚国却被指为纵长。出兵时声势浩大，气势嚣张，刚一到函谷关就被打败了。这对身为纵长的楚考烈王来说，确实是奇耻大辱。气愤的楚考烈王难免不把所有的不愉快撒在春申君黄歇身上。

在此之前，秦国与楚国从来没有爆发过大的战争。这次五国联军楚为纵长，使得秦国仇恨楚国。结果秦把攻击目标投向楚国。楚王之所以怨恨春申君，这当然是原因之一。春申君当时也深感内疚，后悔当时自己出的主意不好。殊不知秦、楚间的关系紧张，是战国时代军事斗争发展的必然趋势，楚国是否担任联军纵长并不是根本原因。有一天，春申君的宾客朱英向他分析当前的局势：

“如今有人说您把一个好端端的楚国弄得不得安宁。这个说法是不恰当的。”朱英一开始就提出问题的关键，表明自己的看法。

“说来听听。”春申君一听这样论断就喜欢。

"先君时秦国二十年没有攻打楚，什么原因呢?"朱英又说，"那时秦、楚之间隔着两周、魏、韩。他们不可能跳过这些地方向楚进攻。现在情况不同以前了，韩、魏的大片土地已属秦国所有，两周已亡。秦兵可以来到距离楚国首都陈六十里远的地方。就我判断来看，秦、楚之间的大战是在所难免的了。"

朱英的分析确实说到了问题的要害，指出秦、楚冲突其实是战争发展的必然结果。春申君听到后稍稍减少了自责、内疚之情，并通过各种方式向楚考烈王反复申明形势的危险性。使楚考烈王终于意识到秦兵大军压境，楚国已处于非常危险的境地。为躲开秦军锋芒，就在五国联军攻秦失败的当年，楚国把国都赶紧从陈迁到寿春，但仍然称郢。

三、故伎重演

楚考烈王虽然妃嫔众多，却一直没有儿子。攻秦失败后，春申君为了博取楚王的信任及宠幸，就多方贡献美妇人供楚王淫乐。但是，肥臀细腰、明眸皓齿、莲脸朱唇的楚地美女佳丽，虽被春申君送入楚宫数不胜数，但就是没有一点儿后宫产子的消息。心急的春申君不知所措。

有一天，门下人说，有个叫李园的客人要见他。以"招贤"闻名的春申君当然热情接见，并依惯例以"舍人"的礼遇收留在府中。原来，李园来自吕不韦曾投机成功的邯郸，从赵国来到楚国得到热情招待。

李园妹李嫣是个美女，想进献给楚王，又担心以后由于无子失宠，心下犯难："必须将妹先献春申君，等她怀孕，然后再进献给楚王。如果生子，他日得以立为楚王，那就是我的外甥了。"又想："我要是自献其妹，不见贵重，还须施一小计，要春申君自己来求我。"于是请求五日假回家，故意过期，等到了十天才回来。

等他回到楚国后，春申君不免要盘问他迟回的原因。

“臣之所以未能如期返回楚国，都是因为齐国国王派人向我的妹妹求婚。”李园将早已计划好的谎言说出。

“你妹嫁给齐王了吗？”春申君关心地问道。

“没有答应。”

“我能见一见她吗？”春申君听到齐王都要向她求婚的女子，不免有些心动。

“当然可以！”这正是李园所等待的。

春申君一看见李园漂亮的妹妹，就将她占为己有。于是，李园的妹妹就成了春申君成群姬妾中的一员。不久，她就怀上了春申君的孩子。

一天，李园妹趁春申君心情很好对他说：“你在楚国做了二十多年的丞相。楚王对您的信赖胜过兄弟。但楚王无子，等他死后，楚另立新君，您还能确保像如今这样呼风唤雨吗？”李园妹提出的问题正好一下就指到了春申君的心病上，这正是专制制度下世代为官制中官僚们普遍担忧的问题。春申君当然清楚自己所处的恶劣形势，也极希望听听这位宠姬有什么见解。“不仅您不能保证长期受宠于国君，”这位美人接着甜蜜蜜地说：“而且您当权这么多年，怎么会没有不得罪楚王众兄弟的地方呢？假如他的众兄弟继位为王，您恐怕连封给您的土地都没有了！”

春申君大概没想到会有如此险恶的后果，一时不知如何答对。只是急切地想知道面前这位很有心眼的美人会提出什么良方。

“如今我已经怀孕，只有您知我知。若以您的身份将妾献给楚王，一定能得到王的宠幸。将来妾要是生下一子，而且能够继承王位，您不就是未来楚王的真正父亲吗？那时楚国就属于您的啦！”李园妹提出的这个计谋，正好在吕不韦将怀孕的邯郸姬献给公子异人的十余年后，不知是从吕不韦那里得到真传，还是心心相通。

尽管春申君对这位美若仙女的美妇人宠爱有加，在锦帐绣帷中也有过海誓山盟。可是，对于他们来说，女人和爱情只不过是交易中的筹码。没有什么可珍贵的。春申君听罢李园妹献计就心领神会，不久就找机会将她献给楚王。楚王一见如此美貌又善解人意的妇人，哪能有不爱之理，果然接受下来，并且朝夜着迷，不久即生一男。长期无子的楚王突然有后，高兴得不得了，即立为太子。这样，在不到一年之内，李园之妹就变成楚国的王后，李园因其妹为后，在楚王面前的宠幸立刻在春申君之上。

李园与春申君合谋而在楚取得权势后，唯一的心病就是知其底细的春申君。因此得势后李园就暗地收买杀手，准备找机会除掉春申君灭口。春申君及朝臣中许多人亲眼看见李园的权力蒸蒸日上，也估计李园迟早必置春申君于死地。双方剑拔弩张，冲突日渐加剧，随时有可能爆发。春申君是承担楚国政局的重臣，一旦陷入上层的阴谋圈中，根本没有力量抵挡外部强秦的进攻。所以，自五国联军失败后，楚国对秦的战争一直节节退败，以致无可挽回。

孙子兵法说，“上兵伐谋”，“善用兵者”，“必以全力争于天下，故兵不顿而利可全”。大意就是说：没有花费一兵一卒而将敌国打败才是上策。五国联军之败，就种下了秦军使楚不攻自破的苗头。又过了几年，公元前238年，楚考烈王快要去世的时候，上层内部矛盾已白热化。李园急不可耐地要杀死春申君，春申君已料到李园有害己之心，但一直就不把这个政治小丑放在心上。但他门下的宾客却非常着急、担心。一天，宾客朱英对春申君说：“世上有无法预测的福，也有无法估计的祸。如今你正处不可估计的时刻，又侍奉无法预测的主，难道能侥幸躲过飞来的横祸吗?”用恐吓性的话题引起听话人的注意，这正是战国时代游说之士的惯用技巧。朱英也用同样的方式对春申君献策。

“什么叫料不到的福?”春申君问。

“君在楚为相二十余年，名义上已经是相国，事实上你已经拥有楚王的权力。现在楚王病重，性命朝夕不保。若少主登基，您一定会像伊尹、周公一样辅政。少主成年之后，您也能随意操纵楚国大政，这难道不是料不到之大福吗？”

“那什么又叫不料之大祸呢？”

“李园有实权但一直没有官位，他正是与你势不两立的仇人。此人不居领兵的职位却私养一批杀手。假如楚王有一天死了，李园肯定会先入宫夺权，先杀了你来灭口，这就是您料不到的横祸。”

“谁又是料不到的人？”

“您如果将臣派进宫内为郎中。楚王一旦身亡，李园要先入。那时我就可以马上杀李园以保君。我就是您未料到的人。”这个计谋虽不是万全之策，但也不失为防身之策。岂料春申君并不重视，他说：“足下还是省点心吧！李园是个微不足道的角色，我又待他不错，怎么会像你说的那么严重呢？”朱英见春申君不接受他的建议，恐有后祸，急忙逃走。

十七天后，楚考烈王去世，李园果然先下手，把一些杀手布置在寿春棘门之内。春申君入棘门时大模大样，毫无防备。最后被刺客刺死，把他的头扔在棘门之外。李园从此直接操纵楚国政权，并将春申君满门抄斩，而那个李园之妹所生、名义上是楚考烈王之子、实为春申君之儿则坐上了王位，是为楚幽王。这尽管已是楚率五国攻秦失败后的三年，却清楚地看出春申君失去权势以至最后的被害，与秦军的打击有直接关系，而李园的阴谋得逞则与吕不韦的投机成功不谋而合。这种现象的真实原因究竟是什么，究竟李园是不是吕不韦有意派到楚国的奸细，也变成了吕不韦生命中的难解之谜。

四、谋取赵国

1. 甘罗使赵

秦王政四年（公元前 243 年），吕不韦计划攻赵，以扩大秦国已侵占的河间之地。为联合燕从南北两个方面同时攻打赵国，吕不韦把刚成君蔡泽派到燕国去，燕王喜又将自己的儿子太子丹送到秦国作为人质。公元前239年，吕不韦加紧实施攻赵的计划。

当时秦王政已成年，生得八尺五寸身长，英伟非常，而且天性聪明，气度超凡，每事自能主张，不依靠太后、吕不韦。已经平定长安君之乱，于是谋划报蒙骜之仇，聚集群臣议伐赵。刚成君蔡泽进言说："赵国与燕国世代有仇，燕国附属于赵国，并不是他们的本意。我请求派使者到燕，使燕王俯首称臣，以便孤立赵之势，然后与燕共伐赵，我趁此推广河间之地，这可是很大的好处。"秦王以为他说得对，马上派蔡泽往燕。泽游说燕王说："燕、赵都是泱泱大国，打第一仗而栗腹死，打第二仗而剧辛亡，大王忘记了两次败仗之仇，而与赵共事，共同对付西边强秦，胜利则好处都归于赵，不胜就坏处都属于燕，是为燕计划的过失。"燕王说："我并不是甘心于赵，只是无奈打不过他们。"蔡泽说："如今秦王想要重提五国'合纵'之怨，我私下认为燕与赵世仇，跟从用兵，实属迫不得以，大王若遣太子为质于秦，以便相信我的话，更请秦之大臣一人，以为燕相，那么燕、秦之交固于胶漆，合两国之力，要报赵国之耻就不难了。"燕王听从他的话，于是派太子丹为质于秦，因请大臣一人，以为燕相。吕不韦想派张唐，让太史官占卜问卦，大吉，张唐托病不肯行。不韦驾车亲自往请，张唐推辞说："臣屡次伐赵，赵国对我忌恨很深！现在去燕国，必须路过赵国，臣不可以去。"不韦再三勉强他去，张唐坚执不从，使吕不韦心中十分不愉快，但对于张唐不接受命令也无可奈何，心中闷闷不乐。

此时，吕不韦的家臣、才十二岁的少庶子甘罗发现吕不韦似乎遇到难题，就主动上前询问："君侯有什么心事不高兴啊？""唉！烦死人啦！"吕不韦并没有因甘罗是小孩子而不把他放在眼里，有什么说什么地回答："我命令刚成君蔡泽去燕国，蔡泽过去已经三年了，燕国的太子丹也被送到秦国为质。如今，我们要拓宽河间地，想叫张唐去燕国，可这个张唐就是不听从，我真是没办法啦！”

“让我来劝解张唐吧！”甘罗自告奋勇要帮助吕不韦劝说张唐。

“你一个小孩能有什么用！”吕不韦生气地说，“就是我都没能把他劝动，你个小孩子怎么能叫他接受任务！”

“请你先沉住气！”甘罗不甘示弱，开始劝说吕不韦，“项橐七岁就可以当孔子的老师，我现在十二岁了，为什么不能让我去试试呢！为什么要骂我呢？”这个项橐七岁为孔子师的事，纯属传闻，不存在一点儿根据。不过经甘罗理直气壮一再强调，吕不韦也没什么话可说了，知道不能小看了眼前这个颇为自信的小甘罗。于是就听凭他去行动。

知道张唐胆小如鼠，甘罗想好了说服的方案后，就去找张唐谈话：

“拿你与武安君白起比，谁的功劳大呢？”甘罗一见张唐先不提上门来的目的，而突然跟他讲起了早已入土作古的白起来，这令张唐感到很奇怪。

“武安君白起率兵打仗，战胜敌军，占领土地无法计算，我当然是比不上他了！”张唐倒也诚实，知道自己比不上白起的功劳大。

“你知道自己的功劳没有武安君大呀！”甘罗又重复了一次。

“当然知道！”张唐直言不讳。

“应侯范雎当年为相之时的权力与现在吕不韦为相比较，谁的权力大呢？”甘罗开始接近正题。

“理所当然是当今的文信侯吕不韦！”张唐如实回答。这也正好说明了吕不韦当时在秦专权的情况。事实上秦王的权力还没有吕不韦的大，这一点谁都明白。

“你也明白文信侯吕不韦的权大呀！”甘罗又故意反复问他。

“当然知道！”张唐依然深表赞同。

“既然你什么都知道，为何现在这样无知！”甘罗对他指出，“想当初应侯范雎要攻赵，武安君白起不赞同，不肯带兵出战。结果怎么样？最后被处死，尸首就扔在咸阳西边！现在文信侯请你去燕国，你推辞不去，我看将来你的尸体不知道要上哪儿去找呢！”

甘罗用历史的事实和当前吕不韦专权的局势分析给张唐听，使这个胆小鬼想通了，他似乎看到了自己抗命不从被杀的悲惨场景，连忙答应："我去！我去！请你帮我向文信侯转告一声，我立刻就动身启程！"

吕不韦得知张唐的态度转变后，当然心花怒放，下令备车马礼品，挑了个好天气打发张唐出发。

张唐离开秦后，有一天甘罗又遇见吕不韦，要吕不韦给他车五乘，去赵国帮助张唐完成使命。吕不韦毫不犹豫，当即答应。

甘罗乘车马不停蹄地来到赵国，闻秦国甘罗来临，赵悼襄王出城迎接。年轻的甘罗摆出一副大国使臣的风度，以居高临下的姿态，用让赵王难以猜测的口吻劈头问道：

"知道燕太子丹入秦为质了吗？"

"是！听说了。"赵王回答。

"知道张唐去燕为相的事了吗？"

"是！知道了。"赵王一个劲地点头。

"尽管你都已经知道了，我还是要提醒你：燕太子丹入秦，表明燕国不再欺骗秦国；张唐相燕，说明秦国也不欺负燕国。"甘罗向赵王采用攻心战，"秦、燕互不相欺，目的是对付赵国来的，陛下的赵国灾难不久就要来了！"

"……"赵王吓得瞠目结舌，一句话也说不出来。

"燕、秦两国之间结成联盟，理由只有一个，就是要占领河间的领土。"甘罗不加掩饰地向赵王开口索要土地，"如今大王假使愿意割五座城给秦，以满足扩大河间土地的目标，秦就马上命令燕太子丹回国，秦可和赵联合起来攻燕。"

甘罗的威胁利诱真是立竿见影。秦王高兴地说："河间那块地方，对于我们来说太宽广了！你的聪明才智果真过人。"于是阻止把张唐派遣出去，张唐十分感激。赵听到张唐不出行了，知道了秦国不会帮助燕，于是命令庞煖、李牧合兵伐燕，攻取上谷三十城，赵国得到了十九城，却把其中的十一个城给了秦国。秦王封甘罗为上卿，又把过去所封甘茂田宅封给他，现今传说甘罗十二为丞相，说的就是这个。

吕不韦用人面面俱到，最有名的是小甘罗十二岁就授给他出使的重任这件事，成为中国历史上的佳话。

2. 弱赵之计

秦军在关东长驱直入无所阻挡。秦国取得一连串胜利，除军事力量上占了很大的优势以外，关键的原因还在于吕不韦有效采取政治和外交的策略，削弱敌对诸侯国的势力。

自秦王政当政以来，秦赵两国始终保持亲密关系，继续相互交换质子，互相信任。有时吕不韦也要一点政治花招。赵国太子春平侯在秦国作人质，秦国也把宗室公子送到赵国当人质。公元前 244 年，秦国公子自赵返国，按规矩秦国也应放赵国的春平侯回国。开始吕不韦计划将春平侯扣留在秦，不准他回赵国。依秦国当时的情况，这样做赵国也没有办法。但是，秦国大臣世钧却站出来劝阻，他劝阻吕不韦说："春平侯是赵王所信赖的公子。其他的近侍郎中与他也是有仇恨的。"世钧所说的确是事实，据悉春平侯与刚刚上台的赵悼王王后关系特殊，宗室人极为关注他们的暧昧关系，赵悼王当然毫不知情。吕不韦听世钧的话后表示同意。

"赵国宫室族人早就到处流传这样的谣言，'春平侯入秦，秦必留之'。"世钧接着说，"所以相国若扣留春平侯，那就刚好中了赵国的一些人奸计，等于替赵国当权的一派人平息一场内乱。"吕不韦听世钧的分析合情合理，表示赞同。

"我看干脆把春平侯放回。"世钧最后指出分化赵国内部的计划，"可以扣押赵国的另一个公子平都侯。赵王与春平侯有特殊关系，赵王对他唯命是从。春平侯回国后一定会说服赵王割地送给秦国，而赎平都侯。

世钧的计谋一方面收买了赵国的春平侯，使他变成亲秦派，另一方面打击了赵国内部的另外一派，使双方矛盾又重新开始，从而达到削弱赵国势力的目的。这正是秦国所希望的。吕不韦对此心知肚明，连连点头称好，并把春平侯放回国。不出所料，赵国内部的两派矛盾愈演愈烈、热闹非凡，直至吕不韦死后仍未终止。最后，赵国终于在内部矛盾中被秦灭亡。

五、韩国疲秦

公元前 240 年，秦军趁打败五国联军余威和各国内部逐渐崩溃的空档，又开始攻占赵国的龙、庆都、孤和魏国的汲。到公元前 238 年，秦将杨端和又攻取了魏的蒲和衍氏、首垣。

秦国步步逼近，这在东方各诸侯国中造成人心惶惶的局面。各国除加速合纵活动、联手抗秦外，都纷纷各自寻求保身之法，以免发生立刻亡国的悲剧。

最紧急的是秦国东边的韩国。韩国屡遭秦军骚扰，国家土地一天天变小。眼看秦国大军逼近，韩国极其危险，君臣急得如热锅上蚂蚁，惶惶不可终日。早在秦昭王的时代，韩国的国君就做过一次愚蠢的事，当时韩王发现秦国日渐强大，而韩却没有力量抵挡，就异想天开地想出了一个“妙计”：把本国美女挑选出来明码高价，对外公开推销，每个美女价高三千金之多。韩王认为美女如此昂贵，当时只有好色而富足的秦国国君才有力购买。若秦君重金购回韩国美女，一旦沉迷于女色，无心攻韩，而韩国由于出卖美女不仅得到秦国财货，又有韩女在秦，肯定能挡住秦军的入侵。如此愚昧的计划竟付诸实施，可以想象韩国君臣是多么的昏庸。后来，韩国美女虽然被卖到秦国，但一点不能动摇秦军对韩的进攻和吞食。结果韩国“赔了夫人又折兵”，被天下人讥笑。

当时，秦国新君即位，吕不韦用心策划，对韩的打击力度远比从前程度深得多，而韩国实力则日渐衰退。怎样才能延缓秦军攻韩速度、推迟自身亡国的灾难，成为摆在韩桓惠王及文武大臣面前的棘手难题。

正当韩桓惠王担惊受怕，唯恐秦军继续攻打之际，有人“适时”为他出谋划策。听到那人一番教导后，韩桓惠王心中的忧虑立即消散，吩咐照计而行。

几天后，有一个人出现在秦国首都咸阳王宫前，请求见秦王。在允许后该人被引入前殿。来者向殿上的秦王及国王右侧的相国说明意图：自称名郑国，受韩国桓惠王委托，自愿来秦国帮助兴修水利。秦国有重农耕的传统，关中地区虽土地肥沃，又有河道纵横，但河水网络渠道不合理，大片土地得不到河水灌溉，因而不能种植，所以国君和大臣都十分重视水利建设。尤其是相国吕不韦，作为秦国执政者，深知水利对农业的重要性。听郑国一席话之后，立刻接受他的建议：从关中东部修一条长三百里的水渠，把泾水引进河，起自池阳瓠口，横跨渭北高原，以灌溉关中大片荒废的土地，使这些土地成为可耕之良田。吕不韦安排郑国主管此项工作规划和施工。水工郑国也真的是个优秀的水利专家，领命后即率人在关中破土动工，负责兴修水利的工程。这一工程规模巨大，历经几年才能完成。

经常算计别人的吕不韦这次却中了韩国的圈套，原来郑国水利工匠是被韩王派来实行“疲秦”阴谋的。韩国君臣的计划是：如果能劝说秦王将大批人力、物力投入到巨大的水利工程建设上去，就可以减轻秦国向韩攻打的力量，而消耗其国力。可是，韩国的这个美梦又做错了，他们不明白，秦国实力强盛，尽管郑国主持兴建的水利工程消耗了大批劳力、物资，但对秦的进攻计划一点不影响。前线的秦军仍照计划好的速度向各诸侯国挺进。韩桓惠王的“疲秦”阴谋比先前那个卖美女的方法更加不奏效。吕不韦这次中“计”，却使秦国得到万世之利。

第六章　后宫危机

一、嫪毐入宫

太后自从赵国嫁到秦后，就住在甘泉宫里，伴着吕不韦投机事业的成功，和秦国局势的变迁，她的身份也由邯郸姬而异人妻，而后又王太子妃、秦王后。到秦王政登基之后，她已变成秦国的王太后了。身份是不同了，但太后淫荡成性的风格，却一点也不曾改变。由于年岁的增长、地位的上升，这个半老徐娘却风韵犹存的太后反而更加放荡。吕不韦是她的老相好，自从来到咸阳后，俩人再续前缘，如胶似漆。在庄襄王时期，吕不韦作为丞相，大权在握，公然出入后宫，国王异人睁一只眼、闭一只眼，假装不见。庄襄王死后，秦王嬴政即位时还年幼，太后垂帘听政，吕不韦便依“仲父”地位，直接掌管朝政。上朝之后，吕不韦就一直留在甘泉宫，俩人在宫中纵欲，太后的寝宫变成吕不韦的卧室。恣意淫乐、无所顾及。幽会、偷情成为公开的行为。凡是宫闱内种种丑行、秽事无不一一由他们上演得如火如荼。

正像所有的贵族妇女一样，王后的欲火是越老越烈，对性的要求有增无减。每当散朝时间一到，她就迫切地等待吕不韦的到来，俩人由日中到夕阳西下，直至明日早朝，才依依不舍地放吕不韦出宫上朝，天天如此。可是吕不韦，对王太后的热情也慢慢不如以前了，有时散朝后，吕不韦特意不到甘泉宫，却回丞相府。后来，与太后相聚的日子也越来越少，以至间隔数月也不见她一面。他由开始冷淡而至有意逃避风骚太后的纠缠。

吕不韦逃避太后，当然一方面有生理原因：自己老了和太后色衰。但主要原因还在于他思想观念上起了变化。

日子一天天过去，嬴政由原来不识世情的孩子，已逐渐成长为沉默寡言的年轻君王。尽管秦王嬴政在二十二岁之前，对于吕不韦很是服从，对吕不韦的发号施令从来没有想法。可是吕不韦心里明白，自己和太后的暧昧关系，在宫中甚至国内外都已众所周知。丑事传出千里外，只有这个不太懂事的秦王不知道。假若一旦秦王政了解他的生母与自己的关系，下场将会怎样，实在无法设想。看到这位一声不吭的嬴政，谁知道他心里有什么打算？一定要小心为妙。另外太后也越老越丑了，早已失去了过去在邯郸时的娇艳和妖冶，丧失了对吕不韦的吸引力！

吕不韦要从与太后不清不白的特殊关系中脱身，还有更深层的原因——那就是身为一个政治家，他的思想境界，已经不再是从前的作为富商阔少的吕不韦了。酒色的享用固然是不可少的，但权势的追求和政治上的贪欲则是毕生的追求。他自盘踞丞相要位之后，不能不把维持和扩大自己的权势、地位以及管理秦国政务置于首位。而要打理秦国内外的政治、军事、文化、经济等错综复杂的国家大事，以及宫廷内外勾心斗角的矛盾，又不得不强迫自己学习和吸收一切有用的经验，以弥补自己的不足。至少在他执政的最后几年，其思想境界已远超出一个纨绔子弟的基础了。

此时，吕不韦对于男女和淫乐之事也有一些清楚的独道的见解。

由个人身体强弱又联想到国家的兴亡。吕不韦以为：君主若一味满足贪欲，必然不顾国计民生，行为放荡，接近佞巧之臣，疏远端直之士，急功近利，不施仁义，结果招致百姓怨恨，国家危难。等到那时，国家大权摇摇欲坠。听到的是一片危机的声音，见到的是那即将亡国的景象。此刻为君主的于是忧国忧民百病并发，再好的音乐也不想听，再好的东西也吃不进去，再漂亮的美人在旁也无力享用了，那和死有什么分别呢？

吕不韦所处的位置，决定了他从一个大国的当权者的高度考虑问题。他认为“主道约，君守近”。意思就是欲治天下的君主，首先必先治自己的身体。治自己的重要内容之一就是“适耳目，节嗜欲”。那些亡国的君主，大多是无节制地纵欲过度的暴君。声色美妇、丝竹歌舞固然为君主所喜爱，但如果沉溺淫逸，那么这些能使君主欢乐的“宝”，就会成为乱世之源。因为君主嗜欲变多，那么“民愈怨，国人愈危”，而君主本人也“身愈危累”。传说历史上有昏君夏桀、殷纣就是由于纵欲、嗜欲而丧国的。而宋、楚、齐国的衰落，也与其君主过度的嗜欲有关。显然易见，嗜欲无穷，天下必定失去。因为嗜欲无穷必然引发贪图、背乱，肯定会发生许多淫逸奸诈之事。导致“强者劫弱，众者暴寡”，社会大乱，君主哪有不失掉政权的道理？

甘泉宫中，经常不见吕不韦到来；太后在寝殿，大多数的日夜是孤独一人。从来没有片刻离开男人温存的太后，叫她如何奈得住寒衾孤枕的长夜！而欲火正旺的太后，根本不懂得贵为丞相的吕不韦既担心奸情败露，又害怕淫逸失国的种种忧虑。每逢吕不韦“不记得”入宫，她就频频不断派宫女、内侍前往丞相府招呼。她死死缠住吕不韦不放，使得吕不韦左右难办。吕不韦害怕一旦事情被嬴政知道，灾祸会降到自己头上，想要选进一人以代替自己，想可以称太后之意，却很难找到。听说市人嫪大，他的阳具有名，街里市中淫妇人争着去找他。秦人称别人之无士行者叫毐，因称此人为嫪毐。屡犯淫罪，不韦赦免他，留下来作为府中舍人。秦风俗：农事结束，举国上下纵倡乐三日，以便庆祝劳动。大凡百戏任人陈设，有一长一艺，别人所不能做的，全在这一天施逞。吕不韦用桐木为车轮，使嫪毐用他阳具穿于桐轮之中，轮转而他不受伤，市人都掩口大笑。太后听说此事，私下里问吕不韦，似乎有欣羡之意。吕不韦说：“太后想见他本人吗？臣请他进来。”太后笑而不答，很久才说：“你说笑话吧？他是个外人怎么能入内？”吕不韦说：“臣有一个办法。让人重新定他旧罪，判他腐刑，太后行重赂于执刑人，假为阉割，然后以宦者名义给事宫中，这样就长久。”太后非常高兴：“这个计划好！”于是拿百金授不韦，不韦秘密叫来嫪毐，告诉他原因。毐性淫，欣然答应，自以为是奇遇。

可是，嫪毐与吕不韦身份不同，吕不韦身为相国，又有“仲父”身份，与秦王嬴政和太后关系特殊，进出后宫不用找到借口，而嫪毐则一名淫棍，又不是什么朝廷命官，又与王室成员没有任何瓜葛。这种颇能招人喜欢的壮汉，神不知鬼不觉混入后宫，与太后来一夜鱼水之欢倒是可以。可按太后的心理，不仅夜夜需鱼水之欢，且巴不得日以继夜作巫山云雨。这样，就有一道无法跨越的难题摆在他们之间，这便是古代王宫制度规定，君王的后宫，除国王外不得有任何成年男子出入的后宫禁制。

在吕不韦生活的那个年代，宦官虽然不都是由阉人任职，但多数宫内服侍的都是阉人，他们又称为“寺人”、“中涓”、“内臣”、“内监”、“内侍”等等，后来把他们通称为“宦官”、“宦者”。这些人常年在宫中干活，由于已没有性交能力，因此既能担任宫中的劳役，又不会同宫中女性产生性爱关系，这是古代封建王朝自私本性的体现。阉人的产生是古代道德上野蛮、政治专制的表现，也是人类历史上的耻辱。秦国虽早年只盘踞西方一隅，但这种畸形的阉人却是很早就产生了。春秋时代的《诗经·秦风·东邻》中就有“未见君子，寺人之令”的记载，这个“寺人”就是被割去生殖器的宫内男奴。可想而知，秦国宫内很早就有阉人。而只有这些生理功能不全的宦者在后宫内任职，与后、妃、嫔、妾交往，君主才会安心。

嫪毐既不是阉人，又不是女性，明目张胆出入后宫肯定是要受到禁止的。

怎样才能让嫪毐公开地、合理地日夜侍候在太后身边而又不被禁止呢？

吕不韦终于找到了一个偷梁换柱的方法。

又是一个早朝，当平淡的前方战报、国内政事报告完成以后，一位御史在阶下高喊：“我还有一件重要事情要讲。”

“有事快说。”吕不韦按照惯例代替未成年的嬴政主持政务。十四五岁的嬴政一声不吭地坐在中央，背后一帘之隔是嬴政的亲妈——太后，她绷紧每根神经，认真地临听着帘外朝廷之上进行的每个细节。

“臣要上奏嫪毐擅自闯进宫闱，扰乱后宫，应该治他的罪。这里有奏简，他的罪行都一一列上，请大王、相国阅览。”说完，御史送上来一叠竹简。

吕不韦拿过奏简，摆在案上开始阅读。只见密密麻麻的竹简上写得全都是嫪毐怎样欺压百姓、为非做歹以及种种淫乱秽行。御史报告上奏的事情千真万确，本来像嫪毐这样一事无成的淫棍无赖，背后有吕不韦和太后撑腰，违规犯律的劣行本来就做得数不完，不要说这一叠竹简，就是罄南山之竹，恐怕也写不完。但是，这位御史说的仅仅是其中很小的一部分，这部分中自然没有包含与太后的关系。然而就是这样蜻蜓点水地“参奏”出的罪行，就足够给他治罪了。

吕不韦眼睛一直盯在简上，实际上他根本没有看到写了些什么，何必看那密密麻麻的文字，他心中早已清楚简的内容，因为今天这一幕就是吕不韦他自编自演的。

假惺惺地看了一会儿，吕不韦突然抬起头来，假装十分生气：

“简直胡闹！定要从重治罪！”

廷下诸文武都惊呆了，殿内一点声音都没有，大家连大气都不敢出，都等待如何处决一个人的命运。多数正直大臣都暗自庆幸，高兴这个不三不四却仗势欺人的嫪毐最终被治罪了。当然，一定也有少数人清楚：眼前在表演着一场戏。

“请大王处理！”辅政的相国例行公事还要向坐在王位上的秦王请示。这个过场还是不能少的。

“唔唔、啊啊。”正在生气管炎病的秦王，仍像平常一样吐出几个含含糊糊的字算是回答。

“我看就判他腐刑吧？不知众位大臣有什么意见？”吕不韦亮出早已准备好的底牌，又假装问问在场的各位官员的观点。

因为秦国有这样规矩，吕不韦当然也需走走过场，因此随意问问。没想到这一问却令一个人紧张得提心吊胆，那就是坐在秦王背后用帘子遮挡着的太后。她怕万一有个大臣提议不同的处置方案，或者揭出嫪毐和她的不寻常关系就不得了了。虽然秦国宫内从宣太后开始就认为这样没什么大不了，但与嫪毐的关系毕竟还要隐藏，何况她还要继续与他秘密地持续下去。听到吕不韦说话，太后吓得捏一把汗。

其实，太后没有必要担心，足智多谋的吕不韦早已安排妥当。王廷上稍一安静，就有专司律令的廷尉高声应和："相国见解极对！"廷尉挺身而出，来赞同吕不韦裁决的合理。"按秦法，死刑有腰斩、弃市、枭首、磔、戮尸、剖腹、凿颠、镬亨、抽筋、车裂、绞、体解、赐死；族刑有灭家、灭族、灭宗、夷三、七、九、十族；肉刑有黥、髌斩左趾、笞、鼻、榜掠、具五刑、鋈足、髡钳；徒刑有城旦黥、刑城旦、完城旦、鬼薪白隶臣司寇、妾、候等等。"廷尉一口气数出一长串的刑名，当然也是在吕不韦和秦王面前表现一下自己对律令熟悉的程度。秦国规定对熟知律令者要给予重用、重赏。从廷尉所报的令人危言耸闻的众多刑名中，也可明白秦国曾行使严酷的刑罚。

"按照嫪毐罪行定刑。"不等吕不韦发话，廷尉接着说，"将他判族刑、死刑则太重，定徒刑又太轻。相国判定的腐刑再合适不过了。"

"说来听听。"吕不韦见一切都按部就班地进行，自然是微笑点头。不过，他还需要廷尉从法律依据上进一步证实，所以暗示诱导，要廷尉说下去。

"是！"廷尉兴致勃勃地说，"《尚书·吕刑》说：'宫辟疑赦。'宫刑就是腐刑，自古宫刑为淫刑，男子割势，女子幽闭。凡是男女不合乎礼法进行交往的话，都应该处以宫刑。嫪毐最大的罪恶就是乱淫，不守礼法，按法应该处决他宫刑，阉去他的生殖器。"

廷尉所提到的处刑标准，的确在古书中有这样的记载。但是，在实际执行中，被处腐刑者并不都因为"淫"或所谓"不以义交"。在封建社会，国君对臣民经常是没有法律规定而是君主说的就是法令的。吕不韦当政前，有两个孟姓的鲁国年轻人，到秦国来拜见秦王。其中一人对秦王推荐打仗的兵法，受到重用；另一个则向秦王大讲他家乡先辈孔子、孟子的“仁义”之长，没想到碰了一鼻子灰，还没等这位小孟的长篇论断讲完，秦王早就很心烦了：“如今是诸侯争作霸主的时候，要‘仁义’有什么用！”大骂一顿还不算，又马上下令将此人处以宫刑后轰出国门。

由上面这个故事可以得知，事实上处宫刑者不一定都是犯了“淫”关系。但是，廷尉当众臣之面对吕不韦和秦王头头是道地讲，只不过是拍相国的马屁，为吕不韦的处决方案找一点法律根据而已。

吕不韦听着廷尉熟练地表演，不露声色。而帘后的太后此时才把一颗悬在嗓子眼的心放下，像卸了千斤重担，长长地吐了一口气。

“那就由廷尉去处理吧，退朝。”吕不韦高声命令。

一直坐在帘后的太后在朝臣退下之后，情不自禁和走上来的吕不韦会心一笑。当着逐渐懂事的嬴政，他们已有所收敛。不过，此时无声胜有声，他们俩已完全心照不宣：“大功告成了！”

太后迫切地盼望给嫪毐以宫刑是有目的的：本来宫刑是极为严厉的刑罚，被判刑罚的人，要被活活把睾丸割去。而在古代没有麻药、没有消毒的条件下，进行这样的酷刑，其痛苦是非人人能忍受的。不少人在施刑时就被活活痛死，能活下来的人伤口也很容易受感染。故受刑后一百日之内，要留在不通风的密室，像一条蚕一样蜷伏静养。其伤口不断流脓出血，与腐烂不无区别。宫刑又称“腐刑”。在吕不韦以后的三百年，著名大历史学家司马迁就由于得罪汉武帝而被“下蚕室”。他描写受刑后的痛苦时写道：“肠一日而九回，居则忽忽若有有所亡。”肚子中像有刀绞经常神志不清。经常因为这种酷刑的折磨而全身大汗，简直生不如死。这只是在受刑之后的感觉，至于在行刑过程中的苦难更不止于此。可是多情的太后又如何舍得让她心爱的嫪毐遭受如此的酷刑呢？原来，吕不韦早已为她安排妥当：在动刑以前由太后密传刽子手刀下留情。幸亏施腐刑者一般都不是像杀头那样，在光天化日之下进行。只有主刀的刽子手或其中一两个助手在密室中将罪犯摆弄一番，出来报告一声“执行完毕”即算了事。更有意思的是：依据古代礼制——“礼”制也同样具有法律效力——被判宫刑的罪犯可以发配到宫内服役。由于他们受过宫刑，和宦者的身体条件一样，可大胆放心让他们在清一色女性的后宫中活动了。太后所希望的，就是要把嫪毐变成还保留有完整的性功能的假宦者，可以在宫中公开和她瞎搞。

吕不韦和太后计谋成功了，在“厚赐”之下，行刑的过程和刑后的安排，一切都如他俩的策划如意地进行。

于是拿来百金分别贿赂给主刑官吏，取来驴阳具和嫪毐的血，假称是阉割，拔掉他的须眉。行刑者故意将驴阳具传给左右看，都以为是嫪毐之具，听说的人都非常惊异。嫪毐已经假做腐刑如宦者一般，于是混杂在内侍之中进宫，太后把他留侍宫中。当夜让他侍寝，一试大畅所欲，以为超过不韦十倍。

嫪毐的性功能被保存下来，名正言顺地来到太后宫中充当宦者。从此，太后和嫪毐俩人在宫中一刻也不分离，亲密无间，恣意纵欢，舒畅自不用说。

吕不韦把纠缠不清的淫妇太后交给嫪毐，也推掉了一个沉重的包袱。他想把全部精力集中用来处理朝政。

二、吕嫪之争

1. 嫪毐起势

秦王政八年（公元前 239 年），嬴政年满二十一岁了。这位年轻的君主大部分的时间住在兴乐宫，而吕不韦一般下朝后就到自己的相府。宫中的太监、宫女当然没有人敢阻碍太后和宦官嫪毐的来往。一天，太后重重赏赐吕不韦，以酬谢他的功劳。此后，太后与嫪毐相处如夫妇，吕不韦也庆幸得以脱身。不久太后怀妊，她担心生产时会露陷，假称生病，让嫪毐用金贿赂占卜的人，让他谎称宫中有鬼作怪，应当躲避到西方二百里之外。秦王政颇怀疑吕不韦，很庆幸太后稍远去，断绝他们来往，于是说："雍州距离咸阳西二百余里，而且过去的宫殿也都还在，太后适合居在那里。"于是太后迁到雍城，嫪毐为御也跟从。他们离开咸阳，居雍故宫，称为大郑宫。嫪毐与太后越发相亲不忌，两年之中连生二子，筑密室藏起来养着。太后私下与毐约定，要是有一天嬴政死了，把他的儿子立为王，外人有知情的，但没人敢说出去。太后奏称嫪毐代王侍养有功，请封以土地。秦王奉太后的命令把宦者嫪毐封为长信侯，赐山阳之地作为嫪毐封地。

这道诏令的宣布，在秦国朝野又产生一次冲击波，引起极大反响。按秦国规定，封爵、赐邑都是国王才有的特权。封赐嫪毐当然也只能任由秦王嬴政，但大臣都清楚，赏赐嫪毐实际是太后的旨意。嫪毐是太后的宠臣，给他以厚赐是合乎情理的。而大权在握的丞相吕不韦为什么对此不闻不问呢？封长信侯、赐山阳之地，这和吕不韦的文信侯、食邑洛阳的待遇、地位几乎没有区别。难道吕不韦不知道太后在这里又树立了一个与自己不共戴天的敌人吗？对嫪毐此次的封赏，吕不韦没有异议，甚至还可能积极促成。不知是他疏忽没有估计到势态的危险性，还是小看了嫪毐的作用。总之，他留下了毁灭自己的苦果。朝野上下臣民都从这道赏赐的诏令中悟出名堂：又一个实权人物已经诞生了。于是，望风趋势者随时地关注宫内动向，上层统治者中又要掀起一阵波涛，官场上又要开始重新组合。

嫪毐得到山阳之地的封邑，自然不能搬到山阳居住，照例是以山阳之地为衣食租税的领地，他本人依然在宫中伴随太后。而长信侯的爵位，差不多是与吕不韦的爵位同级，就差没有丞相的职位，嫪毐的地位几乎和吕不韦一样。至于居住的宫室、使用的车马、穿戴的衣服，以及苑囿所需，游猎，全任嫪毐心情，应有尽有。对他说来，并不存在限制和制度。真正的麻烦就是他自己，因为宫中真正的宦者是没有胡须的，而他是伪装宦者，代表男性特征的胡子照长不误。这就只能不时地将长出来的胡子眉毛拔掉，以继续伪装阉人。虽然他不是丞相，可是因为有太后撑腰，他仍然可以干预政事。逐渐地，吕不韦的权力在神不知鬼不觉中被嫪毐夺去了，朝廷上大小事皆按他的意思行动。不久，又将河西的太原郡封给嫪毐，更名毐国。这时的吕不韦大概才醒悟到嫪毐已成为一个可怕的政治对手了。嫪毐则是步步紧逼，丝毫不让，他已不满足于被动地从太后那里得到“赏赐”，而利用一切机会，主动地扩大自己的势力，以同吕不韦抗衡。

养士，是战国时代各国贵族培养私人势力的重要方式。吕不韦成功的原因之一，就是在家中蓄养了三千宾客，因此在秦国占有很大影响，这是嫪毐有亲身体会的。可是，他虽被封侯，但他的真实身份是宦者，公开养士还是不可能，于是就改头换面不称养士，而收养家僮。“僮”是托身于主人家的仆役，地位和身份虽较低，而实际上在嫪毐家的“僮”，也与吕不韦门下的“士”身份相当。他运用的方式，无非是财货的利诱和权势的吸引。只要有钱财或名位做诱饵，就会有宦官和士人前来投靠，古今一样。凡投奔嫪氏门下者，都获得丰厚的待遇。很短的时间内，嫪氏就蓄养了家僮数千人。自愿在嫪氏手下为宦者的，也不下数千人。嫪毐的势力像恶性肿瘤一样急速膨胀，很快，他就与吕不韦不相上下了。

吕不韦意识到嫪毐的势力已造成对自己的威胁时，快来不及了。想再把自己一手培养的嫪毐的势力排挤掉已不可能。由于嫪毐的靠背山是牢牢地掌握政权的太后，而那位看起来不管理政务的秦王嬴政究竟有何打算，无人能想得出来。朝臣们见风使舵向势大者靠拢。不少人已随着嫪毐势力的增大，而纷纷投奔扶助。转眼间苦心支撑的权势大厦就要被嫪毐摧毁，这对于吕不韦说来，真有些不甘心。但这祸根是自己种下的，只能自认倒霉。

2. 魏国贿嫪

公元前 239 年，有一次秦国大军向魏国发起猛烈攻势，疲弱不堪的魏国已无力抵挡，魏景湣王吓得束手无策、惶惶恐恐。在这危难关头，有人问当时在魏国的孔顺：“有什么妙计?”孔顺是大学者孔子的后代，故人们又把他称为“子顺”。

“本人有些主意，”子顺回答，但留有余地又说，“可是我怎么会有君主们高明，我不说算了吧。”

子顺这种保守的态度，被魏王获知。他就病急乱投医，立即驾车亲临子顺府下就教。子顺见魏王如此礼贤下士，也就趁机将自己的见解毫无保留地说了出来。

“与其打了败仗又割地，不如先拿土地来贿赂敌军，与其战而败亡，不如丢点土地。”在论及具体问题之前，子顺先来一大堆套话。然后转入要点上：“宁可战败而丢掉土地，也不肯用来贿敌，宁愿通过打败仗而灭国，而不肯丢点土地，这正是大王您的缺点。”子顺用说教的口气说。

“请您把话讲得明了些！”魏王挨了训，还毕恭毕敬地请教，谁让自己没本事。

“现在大王丧失了土地数百里，失去的城也有数十座，而国难仍在，就是因为大王战略没计划好。”

听着子顺的教训，魏王到这时还没搞明白他的锦囊妙计是什么，只好忍着性子地听下去。“大王若能听我的计划，丢一点地就可以免除国家受损，失一点面子而不至于亡国，国难可解而且国仇可报。”子顺又继续夸夸其谈。不过下面的话不愧有些见解：“如今秦国全境人人都说：‘谁谁是嫪氏的人，谁谁是吕氏的人。’显然，秦国上层掌权者分为嫪、吕两派，连一般百姓都一清二楚。大王何不抓住这个机会呢？”话说到这里，魏王才听出点所以然。子顺对秦国内部情况有一定考察，他自然有本事说大话。然后又听子顺说：“今大王把土地割让给嫪毐来贿赂秦国，巴结嫪毐向秦讨好。这样就可以加强嫪毐在国内的实力，也就等于在嫪、吕两派势力矛盾中支持了嫪毐。而大王帮助嫪毐，秦国的太后必会感激大王，一定会真心实意地与大王修好。这样，大王就获得外交上最大的胜利。”这是子顺谋略的主题，也说明当时秦国内部嫪毐和吕不韦两派水火不相容的斗争形势。最后，子顺做结论似的说：

“秦、魏两国交情一直不浅，而我们却总是受秦困扰。这都是吕不韦的诡计。现在正好趁秦国内部吕、嫪相斗，我们笼络嫪毐从而与秦联合，秦国人和各国诸侯谁还能支持吕不韦而不支持嫪毐，大王的仇不是可以雪耻了吗？”

子顺的一席话，说得魏王恍若隔世，赶紧点头称是，立即返朝按子顺意图如此这般做一番布置，手下人按要求去秦国展开活动，魏王在国内等候“佳音”。

不久，在嫪毐门下，果然冒出了魏国来的神秘人物，而前线上进攻魏国的秦国军队也放慢了速度，魏、秦的关系明显趋向缓和，两国关系发生细微转变，嫪毐的势力也在国内如日中天。

3. 密谋叛乱

嫪毐和太后在宫中不遮人耳目的淫乱，正是热火朝天。嫪毐的势力一天天膨胀，横行霸道，愈加骄奢无度。太后早在发觉怀孕的时候，就自愿从咸阳搬出，隐居到远在雍的大郑宫，以避开朝中文武官员的视线。嫪毐则常常穿梭在咸阳和雍之间。

雍城原本是秦国过去的国都，也是秦人发迹地。这里，位于关中平原西端，东依周原，西有汧河，北靠汧山南临渭水，气候宜人，地势平坦，土壤肥沃，交通方便，是通往西北的必经之地。早在西周时期，这里就是政治、经济繁荣的地方。秦人祖先崛起于西方，从西边迁到东边，到公元前677年就安居在此地，并修建大郑宫，这是秦人正式建立的国都。从此以后，历经秦宣公、成公，尤其是穆公的管制，秦国从一个西戎小国，终于能与中原的晋、楚、齐等国公开对抗，称霸称雄。一直到公元前285年迁都今陕西临潼武屯镇东北栎阳之前，雍城一直作为秦国的国都。这个国都在秦国历史上延续使用达二百九十四年之久，因此它的宫殿规模较后修的咸阳，在当时要宏伟、壮观得多。雍城的壮观即使在秦国以外的各国也是不能拥有的。正是由于雍城拥有特定历史背景和优越的条件，所以秦自献公二年（公元前383年）把国都迁到栎阳，又于秦孝公十二年（公元前350年）由栎阳迁都咸阳，一直延用雍城，祭祀祖先和国家的各种盛典活动，都必须到雍城举行。而历代国王及后妃、贵族去世后，也都运到这儿埋葬。这里有的贵族和王室的墓地，比其他的君主国王的墓地都宏伟，甚至赛过了商代的殷王墓。雍城既然有如此环境，太后不动声色溜回雍城，怀孕、分娩，并一如继往与嫪毐寻欢作乐，自以为没人会注意宫内外的变化。

但嫪毐估计到了潜伏的危机。一方面与吕氏集团的矛盾已趋于白热化，但更关键的则是这一年秦王已年满二十二岁。按秦国习惯，二十二岁的君主即可以独立当权，而在秦王嬴政亲政之前嫪毐如果不能把握秦国局势，不仅要落在吕不韦手下，而且首先有被秦王嬴政杀掉的灾难。因此，嫪毐早在当年春天，就已下决心背水一战，准备公开作乱，以武力推翻政权。自太后不在咸阳之后，嫪毐就加速准备叛乱，他利用自己能在宫中自由出入的条件，已经蓄养起来的个人势力，以太后为后盾，拉笼了宫内一批掌兵权和掌政要的死党，其中的主要人员有：

卫尉竭。卫尉是有实权的领兵官，负责主管宫内保卫，在宫门部署屯卫，夜间负责宫内巡逻。天下各路人马凡是想进宫者都须经过卫尉，其下属有公车司马令、卫令等等。嫪毐所笼络的卫尉名竭，他自然是叛乱的主要带头人。

内史肆。内史是掌管首都附近地区的最高行政及军事长官。肆是嫪毐所收买的死党。

佐弋竭。佐弋也是武官，主射弋，是当时控制国家武器的军事首领，这个人的名同嫪毐笼络的卫尉一样，也叫竭。

中大夫令齐。中大夫是在宫中侍候国王供顾问国家大事的宦者。平常可以参与讨论朝政。也是一十分有地位的官员。

除这几人以外，还有十五六个重要官员站在嫪毐的一边，有的参与策划，私下里调动兵力，有的则隐瞒实情或多方蒙骗，戎翟君公、卫卒、舍人、宫骑等大小官吏，都在紧张有序地加紧行动，伺机而发。

嫪毐的对手吕不韦对嫪毐的谋反自应早有察觉。但是，面临着秦王马上要亲政的情况，或许吕不韦心中希望看到嫪毐的叛乱，因为他感到近在眼前的威胁不是嫪毐，而是嬴政。私下计划：如果嫪毐叛乱成功，刚好阻碍了秦王的亲政，自己可等待时机处理掉嫪毐。如果叛乱失败，也可以借用秦王的名义打击政敌嫪毐。正由于这种种考虑，吕不韦与嫪毐似乎心照不宣，对他叛乱的行为采取静观其变的态度，既不告发，又不参与，事实上也是暗中扶持。

始皇九年（公元前238年），一天朱后与嫪毐喝酒大醉，御夫人季氏为他倒酒，看见她不小心把酒洒在地上。嫪毐看见了十分生气，责骂季氏，季氏恼怒成羞出宫，路上遇见六宫大使赵高，马上数说嫪毐假为宦官，与太后私通之事，赵高非常生气！于是告知始皇，说嫪毐其实不是宦者，经常和太后私乱，生了两个小孩，也都藏起来了。但是始皇不敢行动。

出身市井无赖的嫪毐，虽也有一番政治上的野心，但除了有能让太后欢心的房中术外，基本上没有别的本事。靠太后庇护而得势之后，尽管他挖空心思地收买官吏、士民，以加强自身实力，但劣根性终究无法彻底抛弃，经常会又显现出小人得志的本性，他锋芒毕露、骄横跋扈。与太后淫乱之后，就在宫内外欺压霸世，无论是大臣、贵戚，还是权宦、内侍，都一个也瞧不起。有一次，嫪毐与宫中大宦官和秦王左右的大臣赌博、吃酒。众人都喝得滥醉，不免发生抵触。不料，嫪毐突然面目狰狞，大声骂出：“我是秦王的继父，你们这些小子谁敢和我平起平坐？”这无异是当众宣布他与太后的暧昧关系，吓得没人敢说一句话，嫪毐又赢得上风。

不过，嫪毐没估计到，这次占上风将要付出的代价是沉重的。当场被他恐吓的那几位，也都是惹不起的。他们早就听说了嫪毐与太后的关系，只是没有明说。这次他亲口承认，而秦王嬴政也已年近二十，逐渐显示有一定才能。于是他们立即向秦王揭发，说嫪毐其实不是真宦者，与太后关系不清白等等，如此这般将嫪毐的秽行丑事一一列举，请秦王处决。

可是，秦王嬴政听到告发嫪毐的秽行之后，并没有立刻做出反应，只是表示明白此事，令众人退下。

秦王嬴政的确有他的难言之隐。目前他还不到秦国法定的亲政年龄，大权仍被吕不韦和太后掌握。另外，因为嫪、吕两派的勾心斗角，国内出现了空前的混乱。他明白眼下还不到处理嫪毐的时候，只能把所有发生的事情都看在眼里，心中有数，等待机遇到来。

三、成蟜叛乱

在秦国王宫中一场场闹剧依次上演的同时，千里以外的东方战场上兼并战争正在激烈地进行中。

公元前 239 年的一天，一封十分紧急的战报从前方传递到秦国咸阳的朝廷之上：

“长安君成蟜在屯留向赵国反叛投降。”

这个消息像晴空霹雳，把秦国内部勾心斗角的官、宦、豪门、贵族、宗室都吓傻了，一时不知所措。成蟜不仅是一名重要的率军将领，而且还是秦王的亲弟。他不仅是贵族，拥有长安君封号，而且是秦王朝廷中少数的几员有作为的青年将领。早在几年前成蟜被遣到韩国，就曾不费吹灰之力让秦国扩张了百里之地，为秦立过重大的功绩。然而这一次，长安君成蟜率兵进攻赵国的上党，正是秦军事上得胜关头，上党没有强敌，成蟜却出乎意料在屯留向赵国投降。消息传来，秦国朝廷上下不免一片恐慌。还没来得及想出对策，从前方又传来消息说：赵国用丰厚的礼仪接受成蟜的投降，当时就把饶地赏给了长安君。这是秦国历史上领兵投敌并受到敌国封赏的第一位王室成员。毫无疑问，这件事对秦国内部具有极大的打击力。

成蟜的叛变说明秦国王室内部发生了危机。原来吕不韦愤怒五国攻打秦国，谋划报复，说：“这次制造阴谋的人，是赵将庞煖。”于是派蒙骜同张唐领兵五万伐赵。三天以后，又命令长安君成蟜同樊於期率兵五万作为后援。宾客问吕不韦：“长安君还太年轻，恐怕还不可以为大将。”吕不韦微笑说：“并非像你所认为的那样！”

蒙骜前军出函谷关，向上党进发，顺路攻打庆都，结寨于都山，长安君大军驻营于屯留，以为声援。赵国任命相国庞煖为大将，扈辄为副手，率军十万抗敌，答应庞煖侍机行事。庞煖说：“庆都之北，只有尧山最高，登上尧山可望都山，应当去占据它。”于是命令扈辄率军二万先行。此时已有秦兵万人在那儿屯扎。扈辄冲上杀敌，然后在山头安下营寨。蒙骜使张唐率军二万，前来抢占山头，庞煖大军也到了，两军于山下列成阵势，大战一场。扈辄在山头用红旗指挥，张唐往东，旗便往东指，张唐往西，旗便向西指，赵军只用看红旗指处，围裹上来。庞煖下令：“有人擒得张唐，就封给他百里之地。”赵军无不死战。张唐用尽平生勇气，不能冲出重围，就在这危难之际，蒙骜大军到，接应张唐杀出重围，一起回都山大寨。庆都得知救兵已到，守御更加得力，蒙骜等不能取胜，派张唐赶往屯留，催令后面军队快速赶来。

长安君成蟜，年仅十七岁，不懂军务，召樊於期商量。樊於期平时就很厌恶吕不韦纳妾盗国之事，请求屏退左右，想与成蟜细细地长谈一次，说：“如今王不是先王骨血，只有你才是适子。文信侯今日把兵权托付给你，是不怀好意。担心一旦事情泄露，你将与现在大王为难，故表面是恩宠，实际上想排你于外。文信侯出入宫禁，与王太后宣淫不禁，夫妻父子聚于一堂，所忌讳的只有你。假如蒙骜兵败无功，将会要借此治你的罪，轻则削籍，重则刑诛。嬴氏的国家，变为吕氏，举国人都知道这是必然，你不可以不想办法。”成蟜说：“如果你不说明，我还不知道，可现在怎么办？”樊於期说：“如今蒙骜兵被困于赵，急切间也不能回来，而君手握重兵，如果散布檄文以宣告淫人之罪，说明宫闱之诈，臣民谁不愿侍奉适嗣以主持社稷！”成蟜愤然按剑说：“大丈夫死就死吧！怎么能屈膝于商人儿子之下？希望将军好好谋划一下！”樊於期假装对使者说：“大军即日移营，请告诉蒙将军，用心准备一下。”使者走了之后，樊於期马上起草檄文，大意说：

> 长安君成蛟布告中外臣民知悉：传国之义，适统为尊，覆宗之恶，阴谋为甚。文信侯吕不韦者，以阳翟之贾人，窥咸阳之主器。今王政，实非先王之嗣，乃不韦之子也。始以怀娠之妾，巧惑先君，继以奸生之儿，遂蒙血胤。恃行金为奇策，邀反国为上功。两君之不寿有繇，是可忍也？三世之大权在握，孰能御之！朝岂真王，阴已易嬴而为吕，尊居假父，终当以臣而篡君。社稷将危，神人胥怒！某叨为嫡嗣，欲讫天诛。甲胄干戈，载义声而生色，子孙臣庶，念先德以同驱。檄文到日，磨厉以须，车马临时，市肆勿变。

樊於期将檄文到处发散，秦人大多听说过吕不韦进献姬妾的事情，等到看见檄文内怀娠、奸生等话，信其为真。虽然害怕文信侯的权威，不敢乱来，却也未免持观望的态度。当时彗星先于东方，又见于北方，又见西方，占卜的人说国中当有兵起，人心立刻摇动。樊於期将屯留附县丁壮都整编军伍，攻下长子壶关，兵势更加强盛。张唐得知长安君已经造反，连夜奔往咸阳报告事变，秦王政见檄文大怒，宣召尚父吕不韦商议，吕不韦说：“长安君年少，不能做出此事，这一定是樊於期所为。於期这个人是有勇无谋，兵出就应该就擒，不必担心。”于是请王翦为大将，桓齮、王贲作为左右先锋，率军十万，直接去攻打长安君。

蒙骜与庞煖相持，等待长安君接应不到，正在怀疑间，接得檄文，如受惩般，大惊说：“我与长安君同事，现在攻赵没有功劳，而长安君又造反，我怎能没罪呢？如果不反戈平定逆贼，怎么能脱罪？”于是传令班师，将军马分为三队，亲自领兵断后，缓缓前进。庞煖打听到秦军移动，预先挑选精兵三万人，派扈辄抄小道埋伏于太行山林木深处，吩咐说：“蒙骜老将必定会亲自断后，等到秦兵快要过完时，从后袭击，方保全胜。”蒙骜见前军直行无碍，放心大胆向前走，突然一声炮响，伏兵冲出，蒙骜就开始与扈辄交战。很快，庞煖兵从后头追赶上，秦兵走到前面了，已失去斗志，于是大败。蒙骜身受重伤，但还是力战杀数十人，又亲手射中了庞煖。赵军将蒙骜重重包围，用乱箭将其射死，他全身被射成了刺猬。可惜秦国一代名将，今日死于太行山之下。庞煖得胜，领兵回赵，箭伤不痊，不久也死了。

张唐、王翦等兵到屯留，成蟜很害怕。樊於期说："王子现在可是骑虎难下，况且三城之兵，不下十五万，背城一战，胜负未定，有什么可怕的！"于是列阵于城下等待。王翦也列阵相对，对樊於期说："国家怎么辜负你了，却诱长安君造反啊？"樊於期在车上欠身答："嬴政是吕不韦的私生子，谁不知道呢？我们大家世受国恩，怎么忍心看见嬴氏血食为吕氏夺走？长安君先王血胤，所以支持他。将军如果还记得先王的好处，一同举义，杀向咸阳，杀了那个淫人，废掉假主，扶立长安君为王，将军也能得封侯之位，同享富贵，这不是美事吗？"王翦说："太后怀娠十月，然后生下了大王，他为先君所出不用怀疑。你这是造谣诽谤，污蔑人家，做出这样的灭门之事，还自己巧言虚饰，鼓惑军心，如果抓住了你，一定把你碎尸万段！"樊於期十分生气，瞪大双眼大叫，挥长刀直入秦军。秦军看见他凶猛，纷纷退后，樊於期左冲右突，如入无人之地。王翦麾军围之，几次都被他斩将溃围而出，秦兵损失极多。当天晚上，各自收军。王翦把兵屯在伞盖山，心想："樊於期如此骁勇，心急难成功，必须用计攻破他。"于是询问帐下："什么人与长安君相识？"有小将杨端和，是屯留人，自称曾在长安君门下为客。王翦说："我修书一封与汝，你可以送与长安君，劝他早图归顺，不要自己送死。"杨端和说："小将怎样才能进得城去？"王翦说："等到交锋之时，乘其收军，你可以模仿敌军打扮，混入城中。只看见双方攻战激烈，便去见长安君，必然有变化。"端和得了命令后，王翦当下修书封好交给端和自己去伺机行事。又派桓齮引一军攻长子城，王贲带了一支军队攻壶关城，王翦自己去打屯留，三处攻打，使他来不及接应。樊於期对成蟜说："现在趁他们分军之时，决一胜负。如果长子、壶关不守，秦兵势大，就更不好抵挡了。"成蟜年幼害怕，哭着说："这件事是将军谋划的，只听你决定，不要耽误了大事。”樊於期抽选精兵万余，开门出战，王翦假装退让一阵，退军十里，屯于伏龙山，於期得胜回城，杨端和已混进去了。因他原是本城之人，自有亲戚收留安歇，不用细说。成蟜问樊於期：“王翦军马不退结果会怎么样?”樊於期回答：“今天交战，锐气已受挫伤，明日一定要全部兵出战，一定要生擒王翦，直入咸阳，扶立王子作国君，才能完成我的志愿。”

王翦领兵撤退十里，吩咐深沟高垒，分守险要关卡，不允许出战，但是又发军二万，去援助桓齮、王贲，催他们早早收场告功。樊於期一连好几天都派锐气十足的兵出战，秦兵就是不出来应战。於期以为王翦胆怯，正想商议分兵去解救长子、壶关二处，忽然有哨马报告：“有两座城已被秦兵攻下!”於期大惊失色，于是马上屯于城外，以便使长安君安心。

桓齮、王贲听说王翦把兵营转移伏龙山，领兵前来求见，说：“二城都已收复，分兵设守，各件事情都办妥了。”王翦非常高兴地说：“屯留势力就单薄了！只要擒得樊於期，便可了事。”话没说完，守营卒报告：“刚有一个将军辛胜，奉秦王的命令来到，人已经在营外。”王翦把他迎入帐中，问其来意，辛胜说：“一来，因为军士劳苦，命赍犒赏颁赐；二来，秦王深深痛恨樊於期，传话给将军：‘必须活捉住他的人，手剑斩首，以去心头大恨!”王翦说：“将军来得刚好，正有用处。”于是把带来的物品犒赏三军，然后发布命令，使桓齮、王贲各带领一军，分作左右埋伏，却让辛胜引五千人马前去挑战，自己领大军准备攻城。

成蟜听说长子、壶关二城守不住了，派人急忙召来樊於期入城商议，樊於期说：“只在朝夕，与决一战，万一战败了，应当与王子向北去燕、赵连合诸侯，共同讨伐伪主，才能安定社稷。”成蟜说：“将军你千万要小心。”樊於期又回到本营。哨马报告说：“秦王新派将军辛胜，现在来宣战。”樊於期说：“无名小卒，我先除掉他。”于是率领军队开营出迎。稍微战几个回合，辛胜败退，樊於期恃勇前进，大约走了五里，桓齮、王贲两路伏兵杀出，於期惨败，急忙收军回城。王翦兵已经布满城下，於期大奋神威，冲出一条血路，城中开门接应进去了。王翦合兵围城，攻打十分紧急，樊於期亲自在城中巡逻，昼夜不休息。杨端和在城中，发现事势十分危险，趁夜求见长安君成蟜，直说："有机密事求见。"成蟜一看是旧日门下宾客，欣然请进。端和请屏退左右，告知："秦的强大，君所知道的。既然六国不能取胜，你想用一个孤城抗之，肯定不能成功。"成蟜说："樊於期说：'如今的王不是先王的儿子。'诱导我到这儿，这不是我的本意。"端和说："樊於期依仗匹夫之勇，不顾成败，想借你办成侥幸之事。如今传檄郡县，没有响应的人，而王将军攻围甚急，城破之后，你又将怎么办呢?"成蟜说："我想投奔燕、赵，'合纵'诸国，你认为可以吗?"端和说："'合纵'这件事，赵肃侯、齐湣王、魏信陵、楚春申都曾经做过，刚合起来就散，这不是很明显吗，六国谁不怕秦？君所在的国家，秦派一人去责怪他们，必将缚君以献，你还能指望有活路吗?"成蟜说："你认为我该怎么办?"端和说："王将军也知道你被樊於期所诱，有密书一封，托交给君。"于是将书呈上。成蟜打开来看，大意说：

"君亲为王上的弟弟，富贵而且受侯封，为何听从这种无稽的花言巧语，干出如此不测之事，自取灭亡，这不是很可惜吗？祸首樊於期，你要是能杀了他的头，献于军前，束手归罪，我一定保释你，王肯定能宽恕你。如果迟迟不下决心，后悔也来不及了！"

成蟜看完，流泪说："樊将军是个忠直之士，怎么忍心杀他呢?"端和叹气说："你可真是妇人之仁也！如果不听从，我就要告辞了。"成蟜说："暂时辛苦你陪伴我，不可远离，你所说等我再商议商议。"端和说："希望你不要把我泄露出去。"第二天，樊於期驾车来见成蟜说："秦兵势力强盛，现在人心动摇了，城是早晚守不住了，希望和王子一起出避燕、赵，再作打算。"成蟜说："我的宗族都在咸阳，今远避他国，不知是否被接纳?"樊於期说："诸国都苦于秦国暴力，何愁不接纳?"正说话时，外报："秦兵在南门挑战。"樊於期催促了几次说："王子现在不走，以后就出不去了。"成蟜犹豫不决，樊於期只得绰刀登车，驰出南门外，又和秦兵交锋，杨端和说服成蟜登城观战。只见樊於期鏖战很久，秦兵反为前进了，於期不能抵挡，跑回城下，高叫："开门!"杨端和仗剑站在成蟜身旁，厉声说："长安君已率城投降了！樊将军请自便，有敢开门的斩!"袖中抽出一旗，旗上有个"降"字。左右都是端和亲戚，于是将降旗竖起，由不得成蟜做主，成蟜只能低头哭泣。樊於期叹口气说："孺子不足以辅助啊!"秦兵包围於期数重，因为有秦王的命令，欲活抓於期，不敢施放冷箭。於期又杀开一条血路，遥望燕国跑了，王翦追不到他。杨端和让成蟜开门以便接纳秦兵，将成蟜幽禁在公馆，派辛胜往咸阳报捷，并请示嬴政发落。秦太后脱笄为长安君请罪，求免他死罪，并且转传乞求于吕不韦。秦王政生气地说："叛国的贼子不杀，骨肉都要谋叛!"于是派使命王翦执行枭斩成蟜于屯留，凡是军吏跟从成蟜的都一起杀了！合城百姓，都迁到临洮之地。一面悬赏收买樊於期："有能擒献者，赏以五城。"使者到了屯留，宣布秦王命令。成蟜听说不被免赦，在馆舍上吊自杀了，翦仍然割下他的头，悬于城门，军吏死者大约有上万人。

就是屯留地区跟从成蟜反叛的民众，也被流放到千里以外荒芜的临洮，过着悲惨的生活。

投敌叛国的成蟜虽然很快被解决，但秦国内部并没有由此而安定下来。天灾人祸连连不断，这一年黄河又泛滥了，导致河水滥出，黄河大鲤鱼向西上游到渭水。渭水暴涨，大鱼在平地到处都是，关中平原变成了人鱼共处、蛙兽同居的一片汪洋。庄稼、村落、房屋损失无数。多年来从未遇到天灾之害，远离战乱的秦国人，突然遇到这样大的水灾没有不吓得慌了手脚的。于是，大批秦人纷纷背井离乡，扶老携幼、肩挑手提、牵车引马地逃往东方，投奔有食物和能栖身的地方去了。

对于灾民，秦国朝廷并不体贴。然而一大批农民流离失所，不仅削弱秦国军队后备力量和统治者赖以生存的衣食之源，而且增添社会的不安定因素，使秦国长期以来比较稳定的社会秩序出现混乱。这就不能不使当权者忧心了。特别让人担心的是：黄河的鱼西上渭河，河水又不断猛涨，鱼都跑到平原上来了，这是一件少有的怪事。依据阴阳五行学说，是一种不祥的征兆，“鱼者阴类，臣民之象也”。鱼，臣民代表。它们上岸，这不喻示臣民造反吗？依朝廷和贵族、大官看来，“豕虫之孽”代表人间将有“小人”之乱。在当时天下流传着各种谣言，说秦王政八年的这场水灾，暗示着吕不韦同嫪毐的末日来临。这个观点，直到汉代仍然被学者们信以为真，在《汉书·五行志》中就有记载。当时的嫪毐并不清楚，但深懂阴阳五行学说的吕不韦，面临着空前的水患，也许会有些忐忑不安地猜想，将要有一场人祸即将爆发吧！

这是秦王政九年（公元前 238 年）一次平常的朝会，首先是临听前方的战报。国尉高声奏告：

“大将杨端和已攻取魏地的蒲、首垣、衍氏。”

抢占魏国的蒲、首垣、衍氏，尽管在当时是一次不起眼的胜利，但在刚刚平定成蛴叛变后不久，这次小胜对秦国上下，都起到很大的鼓舞作用，举国上下沉浸在喜悦中。可是，令人不解的是，在朝廷上，除照惯例论功行赏、奏凯旋之乐外，竟没有进一步的军事部署。此刻被打得七零八落的魏国，已无还手之力，只待举手投降。只要命兵马乘胜进攻，灭魏和统一中国的进程将会大大提前。可是，此时秦国向东方的扩军速度却大不如以前了。不管是秦王嬴政，还是嫪毐、吕不韦两大实力人物，或是幕后控制的太后，都没人对前线的战事做出任何指示，前线的秦军将士们几乎按“惯性”在作战。由于当时秦国的军事力量已对六国具有绝对的优势，因此秦国的土地面积一点点向前拓展。

接不到朝廷的任何命令，也不知道国君和丞相对战争有什么指示。秦国的臣民，尤其是前方的将士大概也会有猜测：这些掌权的人物在干什么呢？

太后、嫪毐、吕不韦、秦王嬴政此时此刻正忙得不可开交。他（她）们已根本管不了前线的战事，都在紧张地策划个人的事。这是一个对他们每个人来说，都事关生死的关键时刻，你死我活的一场战斗马上要公开上演。

第七章　资政新典

一、集士著书

吕不韦很擅长发挥下属的才能，能让他们为统一的目的奉献才智。但是，他在家中收留的三千“食客”，当然不能个个都像李斯得以承担重大的责任。那些无所适从的宾客，岂能只是让他们白混饭吗？根本就不可能的！吕不韦养士与“四公子”以扩大声誉为主要目的是不一样的。不能收到实际效益的投入，这是他从来不会做的傻事。

吕不韦有什么绝招让那如此多的宾客都能发挥应有的作用呢？他一再思考，终于想出了一个方法。于是，一项历史奇迹又制造出来了。

有一天，吕不韦突发奇想，他把门下一部分宾客聚集到一起，其中当然也包括已经锋芒初现的李斯，而大多数是那些没有任何成就的“食客”。

“各位初来乍到，几乎人人都表示过自己有了不得的本领，或有经天纬地之才，或有治国安邦的计谋。我知道你们个个都了不起。”除了最后一句，吕不韦说得的确没错，那时无论哪个“游说之士”、“说客”、“食客”来到权贵门下的时候，没有不炫耀自己一通的。“请你们将各自所学的知识，你们的主张、见闻和对宇宙、天地、政治、经济、人事、哲学、生产的见解和观点，都给我清楚地用纸和笔写下来。”

他独特之处在哪一点？吕相国的特点是尤其注重效益的原则。虽说

“养士”的方式是仿效春申君、信陵君等公子创造的例子，但吕相国与那几位阔少爷不同，他“养士”的目的就是收买人心，买个虚名。花这么多钱，让咱们多数人都不干活，他心里可不好受。

“但是，他让咱们著书写作又是什么目的呢？”

“我看他是为提高名气，他自己是商人出身，担心那些贵族和文人轻视他，也来附庸风雅罢了。”

“你说得对，不过也不一定单只为了个空名头。”

“大概相国想的事情多了：战争就要获得最后胜利，天下马上就要统一起来。战争结束，这个大一统的天下如何治理？相国的权势也达到顶点，上了年纪，一定会想到宇宙、人生、社会等许多问题。他自己感到无从解释，这不正是用我们的时候了吗？”有人客观地分析道。“对！这个看法有点像样！”多数人都同意这样解释。

对于吕不韦组织著书的目的，也是后世分析吕不韦和《吕氏春秋》的学者们的一大课题。究竟是为留名后世、附庸风雅？还是仅仅为解决当时面临的种种难题？今天看来，两种可能都存在。从吕不韦注重实效的风格来推测，大概更偏向于后者。他想要通过编一部书，使自己与当时的著名思想家荀况、庄周、老聃、李悝、墨翟、商鞅平起平坐，成一家之言，留芳百世，这种可能是存在的。但更重要的目的可能还是解决一些难题，当时的中华大地正处于一个巨大的动荡时期，每个人处于社会大变革时不免要考虑到许多问题。而身为相国的吕不韦自己，更处在极其重要的转折时期。特别是一个前所未有的幅员辽阔、人口众多的国家即将出现，采用什么办法治理这个国家，以及由此而采用的对历史、对人生的种种属于哲学的、政治的、经济的理论议题，都急待理论解答。吕不韦大概觉察到了要回答这些问题的紧迫性，但自己又找不到答案，因此，只有借助这批宾客的聪明才智了。

吕不韦家中收养的宾客十分繁杂。来秦国的宾客中，几乎包括了战国时代所有学派和各种派别的学者。现在要求这些学者宾客奉献出自己的研究成果，且要把如此繁杂的内容编成一部书，这在当时是空前之举。

一方面不能改变各派学者自己的观点、风格的独立性；另一方面又要合编在一本书中，成为很完整的作品，这办起来的确很困难。但经过分析，终于得到比较圆满的处理，即按照统一规定的模式，以大体相等的字数把各派学说收录在各篇章中。因此，这部书无论是在形式上还是内容上与其他诸子的著作都不一样。体例是统一的，内容则具有多样性。真如“杂花生树，群莺乱飞”，齐而不纯，杂中有序。吕不韦借此创造了中国文化史上的两个第一：

第一次有策划、有目的的私人集体编书诞生；

第一部“杂家”著作的诞生。

宾客们所著的文章即将完成，总编任务马上要开始之时，还有一个问题没有得到解决。“给这本书命以什么名呢？”吕不韦提出了这个疑问。

后来，这部由吕不韦组织编著的，由许多学者完成的首部杂家著作，就叫作《吕氏春秋》。

那么，编成后的《吕氏春秋》究竟是怎样的呢？

在形式上，《吕氏春秋》非常规范。全书共分作《十二纪》、《八览》、《六论》三个部分。《十二纪》则是以“孟春”、“仲春”、“季春”、“孟夏”、“仲夏”、“季夏”、“孟秋”、“仲秋”、“季秋”、“孟冬”、“仲冬”、“季冬”十二季节为“纪”，每一纪包含五篇文章；《八览》就是“有始览”、“孝行览”、“慎大览”、“审分览”、“先识览”、“离俗览”、“审应览”、“恃君览”，每“览”含八篇文章；《六论》为“慎行论”、“开春论”、“贵直论”、“似顺论”、“不苟论”、“士容论”，每“论”有六篇文章。包括序言《序意》，本来应该有一百六十一篇论文。但后来因不断地散失，现存的《吕氏春秋》中“有始览”只有七篇，很明显少了一篇论文，《序意》也只剩下残文，故全书现在一共收录了一百六十篇论文。

二、别出心裁

1. 旨在典礼

《汉书·艺文志》“杂家”记载：“《吕氏春秋》共有二十六篇。”从此以后历代学者多相信此种说法。陈澧《东塾读书记》有记载：“刘《略》班《志》品目之认为杂家，用词精确得不能让人改易了。”汪中《〈吕氏春秋〉序》也表示：“最后《吕氏春秋》出，则诸子之说兼有之。……《艺文志》列之杂家，良有以也。”但是，从清代开始后也有人不断想破除《艺文志》的禁锢，设想把它列入某一家或几家之言中去。章学诚《校雠通义》说：“《吕氏春秋》亦春秋家言，……虽非依经为文，而宗仰获麟之意。”《四库总目·子部》说：“《吕氏春秋》大抵以儒为主，而参以道家、墨家。”卢文弨《书〈吕氏春秋〉后》写道：“《吕氏春秋》一书，大约宗墨氏之学，而缘饰以儒术，其《重己》、《重生》、《节葬》、《安死》、《尊师》、《下贤》，皆墨道也。”后来又有人认为《吕氏春秋》为“阴阳家者”、“道家”、“新道家”。如此种种就不一一细说了。

众说纷纭，正好表明了《吕氏春秋》划分到任何一家或数家都不恰当，同时也正好如实反映了对《吕氏春秋》这部书的性质看法很不相同。我们认为应该打破《汉书·艺文志》所设定的框框，不必局限某家某派的格式，用现代分类的标准，依据全书内容，恰如其分地再给它取另外一个名号，以标明该书的性质。

吕不韦在《序意》中说：“凡十二纪者，所以纪治乱存亡也，所以知寿夭吉凶也。上揆之天，下验之地，中审之人，若此则是非可不可无所遁矣。”他所说的“治乱存亡”是针对国家社会而言，所谓“寿夭吉凶”，是对君主而言，在封建时代君主是国家政治生活中的权力代表。因此“是非可不可”绝不是平常小事，而是指国家大事，或重大政治问题的策划。由此可以知道吕不韦要主持编写这部书，根本意图是为马上要统一的国家设置一套政治理论。后世学者也有如此观点。《汉书·艺文志》说：“杂家者流，盖出于议官。兼儒墨，合名法，知国体之有此，见王治之无不贯，此其所以长也。”这里的“议官”、“国体”、“王治”，所指都是政治思想。元代有个人叫陈澔的人说：“吕不韦相秦十年，此时已有必得天下之势，故大集群儒，损益先王之礼，而作此书，名曰《春秋》，将欲为一代兴王之典礼也。”他所说的“典礼”，也就是制度。

政治思想部分内容是十分广阔的，这里只从几个方面来看看：

“公天下”是吕不韦政治思想的基本点。他认为，天下应该是公有的，不是某一个人的私有财产。他说：“天下非一人之天下也，天下之天下也。”所以，他认为当权者首要任务是要立公破私。“昔先圣王之治天下也必先公，公则天下平矣，平得于公。”“诛暴而不私，以封天下之贤者，故可以为王霸。”反过来讲，要是君主不具有“公天下”的意识，事情就严重了。“智不公，则福日衰，灾日隆。”“俗主之佐，其欲名实也，与三王之佐同，而其名无不辱者，其实无不危者，无公故也。”吕不韦所指的“公”不可能是全民的“公”，而是封建地主阶级的“公”。仅此而已，这种想法在当时仍然是极其开明的。《礼记·礼运》的作者虽然也表示过“天下为公”的“大同”观点，但那是作者对过去的怀念，现在早已不存在了，重点还是放在“天下为家”的“小康”上面。吕不韦并没有把“公天下”看作是一个美好的回忆，而是要把这些观点实施于现实政治的，二者之间有天壤之别。不用说，吕不韦的这种观念也不是空穴来风。从意识角度上看来，春秋战国以后，作为“家天下”理论基础的“天命论”，不断地受到批判和冲击。到了战国末年，这块旗帜已经是残破不已了。从现实角度着想，下层逐渐超越上层的情况大有存在，谁的本事大谁就能拥有国家，甚至可以拥有天下，形成了“天下为公”的局面。吕不韦的“公天下”正是在这种背景下形成的。

在“公天下”的基础上，“君道”成了吕不韦政治观念中的一个重点。这一点不难想通，因为君主在当时的国家政治中发挥着决定性作用，因此《吕氏春秋》中关于“君道”的论证十分详尽。诸如君主的产生、君主的权力、君主的职责……都有十分透彻的论断。

君主是如何出现的呢？原来是不存在君主的，“昔太古尝无君矣”。后来因为社会发展需要才出现了君主。所谓社会发展需要，又分两种：一是与自然对抗的需要，他说：

> 凡人之性，爪牙不足以自守卫，肌肤不足以扞寒暑，筋骨不足以从利辟害，勇敢不足以却猛禁悍。然且犹裁万物，制禽兽，服狡虫，寒暑燥湿弗能害，不唯先有其备，而以群聚耶？群之可聚也，相与利之也，利之出于群也，君道立也。

很明显，每当人类和自然界作斗争时，一定要联合成一个群体，而每个群体又需要有一个领导者和组织者，这就是“君”。同时，“君”也是维持群体秩序的需要。他举了周边少数民族作例子，说明没有君主是不行的：

> 少者使长，长者畏壮，有力者贤，暴傲者尊。日夜相残，无时休息，以尽其类。圣人深见此患也，故为天下长虑，莫如置天子也；为一国长虑，莫如置君也。

意思是指，为了避免群体自相残杀而自己毁灭，必须有一个人出来主持公道，调解纠纷，维护秩序。这个人也就是“君”。总而言之，君主是符合群体利益的需要而出现的。什么人才可以担任君主呢？《吕氏春秋》讲了一个故事：“（武王）亲殷如周，视人如已，天下美其德，万民悦其义，故立为天子。”就是说，只有受到天下人拥护爱戴的人才有能力担任君主。至于君主是通过什么途径产生出来的，《吕氏春秋》认为是“圣人”“置”的。他当然不清楚君主是部落酋长发展而成的。

按照“利之出于群”的标准，《吕氏春秋》又为君主的任务作了一个规定：“君道何如？利而物（勿）利，章。”这后一句话的意思，依据训诂家们：“意谓利民而勿自利，以为标志。”意思是说，是否利民是君主的天职。“执民之命，重任也，不得以快志为故（事）。”更进一步地说，君主的主要义务是因道任德，掌握准则，督管臣民。“君也者，处平静，任德化，以听其要。”“古之王者，其所为少，其所因多，因者君术也……因则静矣。”所以“因”，就是指按照自然的规律，顺应民心的趋势。“凡主有识，言不欲先，人唱我和，人先我随。以其出为之人，以其言为之名，取其实以责其名，则说者不敢妄言，而人主之所执其要矣。”还有“夫君也者处虚，素服而无智，胡能使众智也；智反无能，故能使众能也；能执无为，故能使众为也。无智、无能、无为，此君之所执也”。这两段话的大意是，贤明的君主从来不好大喜功，只会运用准则，要求臣下实事求是，使他们的积极性能得到充分发挥。这就是君主的具体任务。

至于对君主权力的观点，《吕氏春秋》主张是至高无上的。所谓“为民父母”“执民之命”，正好恰如其分地反映了这个问题。然而，君主却不能滥用权力，不顾臣民的生死。《吕氏春秋》把不称职的君主分为暴君和愚君两类，并区别运用两种不同的对付策略。

对于暴君，采用暴力的策略，这一招又叫作“行罚不避天子。”；对于愚君，则运用禅让的策略，即“与贤”，就是把王位禅让给有才能的人，这招也就是“废其非君而立其行君道者。”

《吕氏春秋》是维护地主阶级统治的理论，所以它主张身为专政的代表君主，是整个地主阶级利益的代表，不是代表一家或一人的利益。因此，一旦君主不顾整个地主阶段的利益，而仅仅考虑一家或一人的利益，那就应该把他废弃掉。尽管如此，这种思想在当时却是进步的。因为这中间包含了一些民主的成分，尽管它仅仅是地主阶级的民主。

臣是辅佐君的，因此，臣一定要效忠君主。《吕氏春秋》中也谈得很多。但是，忠君是有限制的，也就是说只能效忠于能够代表整个地主阶段利益的君，而并非忠于个人。最佳的君臣关系是互相信任、互相协助的。

故贤主之求有道之士，无不以（用）也；有道之士求贤主，无不行也，相得然后乐。不谋而亲，不约而信，相为殚智竭力，犯危行苦，志欢乐之。此功名所以大成也，固不独。

这就是说，君离不开臣，臣离开了君主也是行不通的。只有君臣互相“不独”，“功名”才能成就。如果君臣之间出现分歧，那忠臣就应该尽死进谏言。“忠臣亦然，苟便于主，利于国，无敢辞违，杀身出生以徇之。”这里的“便于主”和“利于国”是连成一体的。所说的“便于主”，是对主的长远利益有便利之处；“利于国”是对整个地主阶级的利益有利的方面。二者统一才是尽忠的表现。如果国家一旦发生了危机和上下梗阻的形势，这时忠臣应该尽力疏通，防患于未然：

国亦有郁，主德不通，民欲不达，此国之郁也。国郁处久，则百恶并起，而万灾丛至矣。上下之相忍也，由此出矣。故圣王之贵豪士与忠臣也，为其敢直言而决郁塞也。

可是，如果君不能采纳臣的正确意见，不分好歹，那么大臣们就要拒绝合作，坚决不能与他同流合污。“君同则来，异则去。故君虽尊，以白为黑，臣不能听。”显而易见，他所主张的臣道，是从“利于群”和“公天下”的准则出发的。

在《吕氏春秋》中还着重强调了一个问题——治民。

治民，第一位是要对民有所了解。从《吕氏春秋》可以看出，吕不韦对民是有比较独到认识的。吕不韦在《适威》中曾以厉王奔彘的例子来警告君主：

> 《周书》曰："民，善之则畜（好）也，不善则仇也，有仇而众，不若无有。"厉王，天子也，有仇而众，故流于彘。

并上升到理论高度说明君主不能与民众脱离关系的原因：

> 凡君之所以立，出乎众也。立已定而舍其众，是得其末而失其本。得其末而失其本，不闻安居。……夫以众者，此人君之大宝也。

所以，他说："宗庙之本在于民。"如何才不失民，并使民为自己所利用呢？关键在于"顺民心"。"先王先顺民心，故功名成。"究竟什么是"民心"呢？那就是与生俱来的恶与欲的本性。

> 始生人者，天也人。……天使人有欲，人弗得不求，天使人有恶，人弗得不辟。欲与恶，所受于天也，人不得与焉。

只要把握欲与恶这条准则，顺应民心，进行治理，就可以做到用民的目的了。

> 用民有纪有纲。一引其纪，万目皆起，一引其纲，万目皆张。为民纪纲者，何也？欲也，恶也。何欲？何恶？欲荣利，恶辱害。辱害所以为罚充也，荣利所以为赏实也。赏罚皆有充实，则民无不用矣。

这只不过是用民的第一步。如果再进一步使民心服口服，一直拥护君主，教化就可以派上用场了。

赏罚之柄，此上之所以使也。其所以加者义，则忠信亲爱之道彰。久彰而愈长，民之安之若性。此之谓教成。教成则虽有厚赏严威弗能禁。故善教者，不以赏罚而教成。

古之君民者，仁义以治之，爱利以安之，忠信以导之。务除其灾，思致其福。故民之于上也，若玺之于涂也。抑之以方则方，抑之以圆则圆。……此五帝三王之所以无敌也。

这样才能达到治民的最高境界。

然而，吕不韦又把人分为两类：一类是“不肖”，一类是“圣贤”。“圣贤”一旦学习了知识，是能够明白礼仪了，能够“修节止欲”；“不肖”一类的人相反。因此，对待不同公民的方法也要有所区别。

凡用民，太上以义，其次以赏罚。

凡使贤、不肖异：使不肖以赏罚，使贤以义。故贤主之使其下也必义，审赏罚，然后贤、不肖尽为用矣。

最后，吕不韦把天下和国、家、个人、小、大、贵、贱当作一个整体来看待，以期达到统一、安乐、和谐的局面。他说：

天下大乱，无有安国；一国尽乱，无有安家；一家尽乱，无有安身。……故小之定也必恃大，大之安也必恃小。大小贵贱，交相为恃，然后皆得其乐！

这就是吕不韦的政治思想希望达到的最高理想。

吕不韦的政治思想是一个不可分割、互相制约的统一体系。从“公天下”出发，中经臣道、君道、落脚于治民，最后达到一个稳定统一的政治局面。

这套政治思想体系当然借用了前人的思想内容，容纳了当时的思想精华。可是，吕不韦并不是简单地取舍和拼凑，而是通过自己的观察、实践、思考，然后把所有资料中的精华部分融会贯通，形成他本人一套别具一格的模式。他的特点表现在以下几点：第一，从君主的形成，讨论了“公天下”的性质；第二，从君主的产生，规定了君主的职责，并以让贤、谏诤，直至暴力限制君主的独裁；第三，从“公天下”和君主职责的前提出发，规定了忠臣的含义：不仅要忠于国，尤其要忠于君，一定要效忠于贤明的君主，不能忠于愚君和暴君；第四，从认识民力出发，确立了民本思想，又从民本思想出发，引发出了“顺民心”的要求；在“顺民心”的前提下，又把仁义和赏罚结合起来，形成两种互为补充的手段和两个互相联系的方法，才能做到“贤、不肖尽为用”的目标；第五，提出了“大小贵贱，交相为恃”的思想，把君主也归入互相制约之中。从这五点得出，吕不韦的政治思想，既为先秦政治思想作了一个很好的总结，又把先秦政治思想提高到了一个更高深的层次。

2. 妙手成章

《吕氏春秋》的兼收并容，把战国晚期诸子百家思想融会贯通的潮流大大向前推进了一步。

《吕氏春秋》资料收集的范围很广，但通过提炼、加工、处理，却形成了一个十分严谨的结构框架。“众狐之白”成就了一件“粹白之裘”。

那么，《吕氏春秋》用什么方式构建了自己独具一格的结构呢？《吕氏春秋》的编制：书由三大块组成，第一块《十二纪》是讲解“天”的；第二块《八览》是阐述“人”的；第三块《六论》是分析“地”的。这正切合《序意》中所说的旨意：“上揆之天，下验之地，中审之人。”不管是形式上，还是内容上它都成一个完整的系统。但是，人们往往对于形式上的系统比较容易理解，而对于内容上的系统则需要一个漫长的历史认识过程。

《四库全书》说：

> 其《十二纪》即《礼记》之《月令》，顾以十二月割为十二篇，每篇之后各间他文四篇。惟夏令多言乐，秋令多言兵，似乎有义，其余则绝不可晓，先儒无说，莫之详矣。

这是第一次认识到《吕氏春秋》内容上是相互有关系的，但还很浅陋。后来，有一个叫余嘉锡的先生在《〈四库提要〉辩正》中进行更详细阐述。他说：

> 《提要》谓“夏令言乐，秋令言兵”，是也，谓“其余绝不可晓”者，非也。今以《春纪》、《冬纪》之文考之，盖春令言生，冬令言死耳。其《孟春纪》五篇……此皆于每《纪》之第二篇发凡起例，极言节欲养生之义。其《重己》、《贵公》诸篇则示人以修身立命之道，以祈各遂其生也。其《孟冬纪》五篇，……此二篇为冬令诸篇之发凡起例，极言薄葬送死之义。……至于《至忠》、《忠廉》以下诸篇，则示人以舍生取义之道，以祈善处其死也。斯其义例，昭然可见，安得如《提要》所言“绝不可晓”也乎?!然则春生而冬死，夏乐而秋刑，其取义何也？曰：此所谓春生夏长秋收冬藏也……《提要》谓夏令多言乐，非言乐也，言长养也。长养人之道，莫大于教化，故《孟夏纪》所附四篇曰《劝学》、曰《尊师》、曰《诬徒》、曰《用众》。乐也者，所以移风易俗也，故《仲夏》、《季夏纪》皆言乐。此其义例昭然可见也。

通过余先生一番清晰的分析，不但把《十二纪》的内容逻辑化了，而且也把内容与形式统一起来了。

如果我们按照他的这个方向继续前进，是否也可以发现一些关于《八览》内容之间的相互关联以及《六论》内在的联系呢？我们可以去试一试。

先从《八览》讲起。《八览》今存63篇，只看篇题，不能看出各篇之间有什么逻辑联系。但是，体会内涵，却似乎可以发现各篇之间的衔接点。这个衔接点就是“人”，换句话说，《八览》中心是谈“人”的。

《有始览》说的是：天地的形成，万物的生长，以及天地的布局和结构。表明人与天地万物的源头只有一个，展示人类生存的空间和条件。这是总领《八览》整体内容的。以下各篇，或言人际关系；或言天人感应；或言重要的地位人与客观整体、条件之间的关系；或讲人的自身修养和提高。其中以人际关系为重心。在各种人际关系中又把君臣关系放在最重要的地位。

《应同》是从国家社会的高度，谈天人之间的关系的。天是人的主宰，人永远摆脱不了天的限制。这种关系具有神秘色彩，但却主宰着当时人们的意识，是自然与人关系的一种形式，是人的第一个重要关系。《召类》是说因果关系的，按照“类同相召”的道理，企图寻找祸福产生的根源以及祸福转化的关系。这肯定也带有浓郁的神秘色彩，但在那时却是人们普遍注意的问题。《孝行览》是讲解亲子关系的，又由亲子关系延伸一切人际关系。

在人际关系中，存在普遍矛盾，也有特殊矛盾。《遇合》、《必己》、《首时》是谈人际关系的不可预测性。他认为，人与人的关系是一种巧合，有的人一辈子也见不着，可是有的人却很巧合地相遇了。有的动机与结果完全相反，“孝未必爱”，“忠未必信”。所以，明主与贤者，贤主、黔首与秀士，都在于等待时机遇合。这是人际关系中普遍存在的问题。《离俗》、《高义》说的是一些区别于一般人的特殊人物，他们“赏不当，虽与之不辞；罚诚当，虽赦之不外”“高节厉行，独乐其意”。与这类人来往要特别尊敬，以礼相待。这是很不一般的关系。

因为人与人之间有不确定性，所以在人与人交往中，要尤其仔细观察，小心谨慎。《察微》说的是细微小事，往往造成国与国、家与家、人与人之间的险恶后果。《观表》论述的是“凡论人心，观事传（迹），不可不熟，不可不深”。

在普通人际交往中，首先第一步是消除误解和偏见，虚心采纳他人的观点，了解双方的真实意图后，达到互相默契的程度。《去有》、《去尤》说的都是误解、偏见的危害性，只有除去这些误解和偏见，人与人之间的关系才能友好化。《听言》、《谨听》说的都是虚心听取别人的意见，搞明白真实情况，要善于分清善恶，判断是非。《精谕》则是说人与人之间的思想交流，有时不需要任何话语，也不用听觉，“以精相告”就可以达到一种默契的程度。然而，对于那些“言心相离”，“言意相离”，“饰非惑愚”的言语，就一定要严加杜绝，这是《离谓》、《不屈》、《淫辞》所要阐明的道理。因为一些用心险恶的言论是致使人际关系恶化的催化剂。

在人际关系中最重要的是君臣关系。君臣关系中，君占有主要地位，因此谈君道、任贤的内容占大多数。其次是君民关系。无论是君民关系或君臣关系，都处于全局之中。《谕大》是谈全局问题的，“务在事大”，“国”、“家”、“身”三者“交相为恃，然后皆得其乐”。《恃君》是讲述君道形成的原因，“利之出于群也，君道立也”。《君守》、《审分》、《任数》、《慎势》、《勿躬》、《重言》、《审应》、《应言》等篇，都是讲解君道的。中心的思想是君道无所作为，而臣道有为，“因者，君道也；为者，臣道也。”“王也者，势无敌也”。《务本》、《权勋》、《顺说》是讨论臣道的。臣下要“以公及私”，一定不能行“诈诬之道”。要善于进谏言，“陈其势，言其方”。另外还应该注意讲“大利”而去“小利”，讲“大忠”而去“小忠”。《下贤》、《报更》、《观世》、《先识》、《达郁》、《义赏》、《举难》等篇，是谈君主应该怎样去礼贤下士、礼贤下士的重要性、怎样任贤等等。

“士虽骄之，而已愈礼之。”“必礼必知，然后其智能可尽也。”“圣王之贵豪士与忠臣也，为其敢直言而决郁塞也。”

选任贤才要“权而用其长者”。奖赏贤才要以义为重。《本味》是论君臣合作的关系，“不谋而亲，不约而信，相为殚智竭力，犯危行苦，志欢乐之，此功名所以大成也。”

在君臣关系之后讲的是君民关系。《慎大》、《为欲》、《适威》、《用民》、《乐成》等篇，说的是民心向背的重要意义，得民的方式，以及如何用民，怎样教民的问题。“桀为无道，国人大崩。”“汤立为天子，夏民大悦。”“善为上者，能令人得欲无穷，故人之可得用亦无穷也”“赏罚皆有充实，则民无不用矣。”“占之君民者，仁义以治之，爱利以安之，忠信以导之。”有些策略，如果人民当时还不能了解，也不妨先实施起来，完成以后，人民自然会易于认同，“故民不可与虑始，而可以乐成功”。

《察今》、《贵因》、《具备》等篇，评论的是人与客观规律、客观形势、客观条件之间的关系。强调发挥人的主观能动性，必须首先遵循客观规律，因时因地制宜，创造条件。“因则功，专则拙（屈），因者无敌。”“变法者因时而化。”“夫立功名者亦有具，不得其具，贤虽过汤、武，则劳而无功矣。”这中间明显地反映了《吕氏春秋》的科学态度和理性精神。

要使上述各种关系合理化，主要问题还要依赖于人的道德修养和智慧的不断提高，尤其是对君主，任务更加重大。《骄恣》、《行论》、《贵信》、《上德》、《长利》都是讲述君主修养问题的。“凡人主必信。信而又信，谁人不亲。”而最关键的一条是“利人之心”、“仁爱之心”。《悔过》、《知接》、《正名》、《不二》、《知分》、《执一》等篇，分别从不同方面谈君主聪明才智不断锻炼的重要性。“夫能齐万不同，愚智工拙，皆尽力竭能，如出乎一穴者，其唯圣人矣乎！”“故凡能全国完身者，其唯知长短赢绌之化邪。”总之，身为一个君主，一方面应具有爱利之心的高尚道德，另一方面又要有洞察是非的智能。《慎人》、《不广》则是针对普通士人的规范。士人要注重修身问题。“古之得道者，穷亦乐，达亦乐。”“智者举事必因时。时不可必成，其人事则不广。”

从而可知，《八览》的内容中心是围绕“人”这个主题而展开讲解的。当然，人和事是不可分割的，但一定不能搞混了主题是人而不是事。

《六论》共36篇，仅仅看一眼篇题，是看不出各篇之间有什么逻辑联系，但如果仔细推敲，却也可以找出各篇之间的许多关键。这个关键点就是“事”。换句话说，《六论》主要是谈“事”的。“事”与“人”相对而言，“事理”与“人际”相对讲述，含义更深，与“地”义接近。“地者，底也”，“地者，理也”。这从部分题目上也能够知道：《八览》中的“览”有“视”、“观”等义，通常是讲观察事务的表面现象。《六论》中的“论”有“谋虑”、“理”、“纶”等义，一般指深层内涵。因此，《六论》除《上农》等4篇显然与“地”相应外，其余各篇由于讲述事理，与“地”意思接近，故亦归纳于“地”。

例如：

《开春》表示春天又到，开始农作。“开春始雷则蛰虫动矣，时雨降则草木育矣。……王者厚其德，积众善，而凤凰、圣人皆来至矣，……以此言物之相应也，……言尽量而得失利害定矣。”这是《六论》的主题。

《有度》、《壹行》、《分职》、《贵当》、《无义》、《处方》等篇是论述君主办事的总指导思想，主张静静待着，无所作为，要有坚定不移的信念。“正则静，静则清明，清明则虚，虚则无为而无不为也。”“先王所恶，无恶于不可知，不可知，则君臣、父子、兄弟、朋友、夫妻之际败矣。十际皆败，乱莫大焉。”“故贤主察之，以为不可，弗为；以为可，故为之。”“谋出乎不可用，事出乎不可同，以此先王之所舍也。”“故义者，百事之始也，万利之本也。……以义动，则无旷事矣。”

《期贤》、《求人》、《察贤》、《赞能》、《壅塞》、《贵直》、《直谏》、《自知》等篇讲的是君主怎么样去挑选贤才能人并加以任命，还有一些关于任用贤才能人的重要性。“立功名亦然，要在得贤。”“贤主之所贵莫如士。所以贵士，为其直言也。”“功无大乎进贤。”“非直士其孰能不阿主？”“人主欲自知，则必直士。”

《审为》、《不苟》、《慎行》、《当赏》、《爱类》、《博志》等篇，讨论的是行为标准和原则。例如：“身者所为也，天下者所以为也，审所以为而轻重得矣。……知轻重，故论不过。”“君子计行虑义，小人计行其利，乃不利。有知不利之利者，则可与言理矣。”“贤者之事也，虽贵不苟为，虽听不自阿，必中理然后动，必当义然后举。”“仁也者，仁乎其类者也。故仁人之于民也，可以便之，无不行也。”

《贵卒》、《慎小》、《知化》、《原乱》、《过理》等文章主要分析办事的敏捷性、谨慎性、预见性。如果行为超出常理，则必造成大乱。“力贵突，智贵卒（猝），得之同则速（迅急）为上，胜之同则湿（迟缓）为下。”“凡智之贵也，贵知化也。……危困之道，身死国亡，在于不先知化也。”“故贤主谨小物以论好恶。”“亡国之主一贯。天时虽异，其事虽殊，所以亡同者，乐不适也。”“自上世以来，乱未尝一。而乱人之患也，皆曰一而已，此事虑不同情也。”

《别类》、《察传》、《似顺》、《疑似》是说事象变幻莫测，不可捉摸。所以，听人讲话观察事情，一定要从事理角度考虑才不会被假象蒙住了眼睛。“相似之物，此愚者之所大惑，而圣人之所加虑也。”“凡闻言必熟论，其于人必验之以理。”

《士容》是论述士人的风度和操守。“执固横敢而不可辱害，临患涉难而处义不越，……淳淳乎慎谨畏化而不肯自足。”这样，才能恰当对待和处理一切问题。

《务大》向我们讲解一个“细大贵贱，交相为赞”的道理，也能当作是《六论》的概括。

一言以蔽之，《六论》36 篇，除上农等 4 篇外，其余各篇主要是以“事理”或“事”为中心展开阐述的。当然，“事”与“人”是相互关联的，可是本书的重点仍然还在于论述“事”。

《吕氏春秋》的成书，不是毫无章法、任意凑合成的，而是有十分严密的体系，有计划、有目的的编写法。

近代有个叫徐复观的人说：

> 在十二纪纪首中，把许多事物都组入进去，而成为阴阳与五行所显露之一体，以构成包罗广大的构造。于是使人们感到，我们所生存的世界，都是阴阳五行所支配的世界，由此而成为尔后中国的宇宙观，世界观。……这确要算是吕氏门客的一大杰作，而为以前所没有的具体、完整而统一的宇宙观，世界观。

这段话有点夸张的成分，但这种世界观的确是《吕氏春秋》所开创。这是《吕氏春秋》的总体结构。

要是从内容方面讲，也具备相当全面而统一的布局。在《吕氏春秋》中，除政治理论这个中心外，还有围绕这个中心、为这个中心服务的各个分支。社会生产、各项制度、经济构成、礼乐法令、文化教育、科学技术、思想理论等等，在书中都占有一定的比例，根据它们各自与政治关系的大小轻重，恰当分配，从而形成了一个严谨的体系。这个体系当然不能称其为“备天地万物古今之事”。但在当时的封建社会，作为一个国家或社会，已经是一个相当完美的形态了。相关内容散见于本书相应章节，读者看后自能明了，这里就不再多说了。

《吕氏春秋》是吕不韦倡导和负责召集人来编写的，在动手之前他向参加者说明了指导方针。最后又经他集中、修订、简选、编次成书。就这些而论，主编之名，非他莫属了。

《吕氏春秋》采用了前人和时人的许多材料，但这本书却不是单纯的资料汇编，也不是折中调和，更不是思想杂烩，而是遵照自己的准则，经过筛选、融合、提炼、消化而成的一部完整著作。这部著作至少在三个方面有自己的特色，即系统性、一贯性和全面性。

《吕氏春秋》以阴阳五行学说为指导，把整个宇宙组成一个整体，然后又分了三部分，即天、地、人。这本书可以分成三部分——《十二纪》、《六论》、《八览》。《十二纪》每纪又有5篇，共60篇，主要是讲述天时的。《六论》每论分别有6篇，共36篇，主要是阐明地利的。《八览》每览8篇，共64篇，主要是分析人事的。通过“人法天地”又把三者统一成整体。从各个部分看，讲求天时离不开人事和地利，谈地利离不开人事与天时，同样谈人事离不开天时和地利。

这一整套思想的产生和形成，自然是春秋战国以来，生产力的不断发达，社会斗争的实践，科学技术发明的涌现，诸子百家又分门别类进行钻研的结果。但是，把这些成果总结起来，抽象化，从而提升到另一种崭新的思想，则是《吕氏春秋》开创先例的。

如果用今天的眼光看这种思想，当然存在最致命的缺点。那就是没有把自然和社会的不同性质区别开来，从而把自然规律当作社会规律，把自然秩序当作是社会秩序，把自然法则视为社会法则。这样，就为封建统治制造了一个亘古不变的理论基础。然而我们应该知道，这种思想在古代社会却是难能可贵的。因为一则揭示了整个宇宙间互相制约、互相联系的普遍规律，这就为进一步深入研究“天人之际”和“古今之变”提供了一种理论和方法。二则当时封建制度刚刚诞生，它是代表新兴生产力的生产方式，需要这种理论来支持和巩固。所以，如果按照当时的标准来衡量，还是应该认可《吕氏春秋》的功绩。

《吕氏春秋》的全面性体现在两方面：一方面，在资料收集方面，它突破了当时各种流派间的门户之见；另一方面模糊了地区文化的界限，以高屋建瓴的姿态，全面而且广泛地用批判的眼光吸取了各家各派的思想精华。用文章中的话说：

物固莫不有长，莫不有短。人亦然。故善学者，假人之长以补其短。

无丑（耻也）不能，无恶（惧也）不知。丑不能，恶不知，病（困也）矣；不丑不能，不恶不知，尚矣。虽桀、纣犹有可畏可取者，而况于贤者乎？

天下无粹白之狐，而有粹白之裘，取之众白也。

这本书正是以这样的态度兼收并容百家的。总体看来，《慎人》、《当务》、《壹行》、《贵信》等编，多采纳孔子思想；《孝行》多吸取曾子思想主张；《忠廉》、《观表》、《介立》多体现孟子观点；《音初》、《用民》、《劝学》多取荀子学术精华；《具备》、《精通》多取《中庸》思想；《应同》、《召类》多吸收《易传》与阴阳家主张；《精喻》、《执一》、《博志》多汲取老子思想；《重己》、《贵生》等篇，多运用杨朱思想；《任数》、《知度》多取老庄思想；《察今》多取商鞅思想；《序意》、《圆道》多取黄、老思想；《慎势》多取慎到思想；《权勋》多取韩非思想；《节丧》、《安死》多取墨子思想；《上农》、《任地》等篇多取农家思想；《振乱》、《荡兵》多取兵家思想；《察微》、《正名》多实施名家思想；诸如此类。这些例子说明《吕氏春秋》对于各门各派的思想、学术都采纳了，并不是说某篇就只限于某家或某人的学说，即使在同一篇中各家思想是难以分离的。此外，《吕氏春秋》吸收各家思想并不是把它们胡乱拼凑，而是有批判、有取舍、有加工、有发展的。其实，这些思想学说被纳入到了一个新的结构框架中，置于一个新的体系中，所发挥的意义和作用都大不一样了。

三、传世奇书

1. 扬弃诸说

《吕氏春秋》包括了差不多先秦时代各个流派的学说思想和观点，而在讲述这些主张时，书中各篇遵循“百花齐放”。名言、警句、思想和哲理的火花，异彩纷呈，争奇斗艳。特别值得一说的是，在许多篇中穿插了一些小故事或历史典故，使各种生硬理论都显得十分浅显、生动。这是本书一大独特之处。下面先分别进行讲解：

在《吕氏春秋》的《恃君》篇中论述君权的重要性。在这一篇中，作者开始从人的生理特点阐明“君”的产生是人类生存的选择的产物：

> 凡人之性，爪牙不足以自守卫，肌肤不足以扞寒暑，筋骨不足以从利辟害，勇敢不足以却猛禁悍，然且犹裁万物，制禽兽，服狡虫，寒暑燥湿弗能害，不唯先有其备，而以群聚邪。群之可聚也，相与利之也。利之出于群也，君道立也。故君道立则利出于群。而人备可完矣。

这里指出，人只有“群聚”才能对抗大自然的灾害和禽兽的袭击，而“群聚”又必须有一个领导人物来统率，这就是“君”。然后，作者又举出“太古”时期不存在“君”，后来社会进步才形成了“君”。这种分析应当说是合乎事理的。最后，落到文章的重点上表明“君臣之义”，但论述这一理论时，却采用两个小故事加以说明：

春秋时代晋国有一个贵族叫智伯遭到赵襄子伤害，晋国一些土地也被赵占领。智伯这支贵族灭亡之后，其臣豫让决定为智伯报仇，他先是剃完了自己的胡子眉毛，又用漆涂黑全身，还把自己搞得断肢残手，换上破烂衣服，打扮成乞丐模样，回到家中向妻子行乞：

“好心的太太，请赐我一口剩饭吧！”

豫让夫人仔细看着门口这个要饭的，心里一直犯嘀咕。

“看你这副可怜的模样，本来想送给你一点吃的东西。可是，听声音我好像觉得你有点像我相公？”

听到妻子的话，装成乞丐的豫让明白还没有把自己的声音改变掉，又硬吞木炭，弄坏了嗓子，声音嘶哑得像个破锣，这次连他妻子也听不出来了。于是，他明白自己伪装成功，准备去行刺赵襄子。

此时，豫让的一个亲密朋友看到他这样摧残自己，就前来询问他：

“老兄为何做这么个打算？”

“我要为智伯复仇。”豫让坚决地回答。

“但是，”这位朋友说：“你这样办只不过是活受罪，而且没有成效。要是说你精神可贵倒可以，若说这样做是聪明的，那就另当别论了。”

豫让不说话，听他继续说下去：

“以你的本事去投靠赵襄子，赵襄子肯定会委托给你重任。等到取得他的信任时，你再策划好的办法杀他，不知要有用多少呢！”

“这话说得不对啦！”豫让笑着反对说，“按照你说的这个做法，简直是出卖新朋友回报旧朋友。为了过去的君主而背叛新的主人。背叛君臣之义，还有比这种事更危险的吗？这和我报仇的初衷是不能统一的。我所以要为智伯报仇，目的就是要维护和发扬君臣之义，而不是靠些便当的路走捷径！”

又有一个故事：

春秋时，莒国的柱厉叔是莒敖公的大臣。柱厉叔发觉莒敖公并不怎么相信自己，于是便自觉地辞去官职，隐居在海边。他夏天拾菱芡充饥，冬天捡橡实等东西吃，过着艰难的生活。突然有一天，他听说莒敖公已经被敌军包围住了，处于危险之中不久就将死了。柱厉叔马上向友人辞别，去莒敖公那儿去与他共死。柱厉叔的知心朋友劝他说：“当初，由于莒敖公不信任你，你才离他而去，你如今去与他共死，这难道不是对你信任和不信任都没分别了嘛！”

“不对！”柱厉叔坚决地反驳：“以前，因为他不信赖我，我才离开他。如今，他有危险。若我不去，这正好说明他当初不信任我是正确的。我就是在这个时候去与他共患难，用这种行为做给后世不能辨别忠臣的君主看，让他们感到内疚，自责。这样，以后的忠臣就不会像我一样再被误会，忠臣不被君所误会，则君王的地位就可以永远稳定了！”

这两个小故事充分体现儒家讲的“义”，在君臣关系上具有什么内容。《慎大》篇中宣扬君主不可骄傲自大，《贵信》篇中则主张君主不可失信于民，《达郁》篇中论述君主纳谏的重要性，《权勋》、《举难》篇中强调君主用人要注意适当原则等等。

《吕氏春秋》中有许多篇都和教育有关系。《劝学》篇说明学习的重要性，在《吕氏春秋》之前，《荀子》书中也有《劝学篇》，这两篇文章都是告诉人们学习的用处是很大的。《吕氏春秋》中的《劝学》特别强调“尊师”的重要意义。这里说明：“圣人”是由于学习的结果。不学习而能出现有名的人物，那是根本不存在的，而学习的前提在于尊敬师长，凡不尊重老师而想学习，就好比是抱着臭狗屎却想闻到香味，明知道自己不会游泳却一心往深水里跳一样，不会收到好的结果。儒家倡导教育、尊重师长，在这篇文章中论述得透彻极了。《尊师》列举了许多老师与学生之间的关系，表明尊师之重要；《诬徒》反映不学习的害处；《用众》说明勤奋好学的人可以扬长避短等等。

“乐”是“六艺”之一，也是治国之要。《吕氏春秋》中有《大乐》、《适音》、《侈乐》、《音律》、《古乐》、《音初》、《制乐》、《明理》等篇专门研究音乐问题，说明音乐产生的原因、作用以及帝王如何采用音乐进行教化等问题。

《吕氏春秋》中《孝行》摘抄了一些儒家经典，如《小戴记》中曾子讨论孝道的观点。《务本》、《观世》、《论人》、《知分》、《观表》等篇讲述自我修养及处世待人、品评、观察别人的准则和方法。在这些文章中都不乏一些生动、感人的故事。如《观世》中说：列子在极其贫穷时，连饭都没得吃，由于饥饿变得面黄肌瘦、只剩下一口气。此时，有人向郑国的相子阳报告说：

“报告相爷，你可知道列子是个有学问的人，如今居住在咱们郑国，大人不是一向注意礼贤下士的吗？”话中的意思是鼓动郑子阳沽名钓誉，去列子那里做点善事。当然，郑子阳明白事理，马上派人给列子送去几大包粮食。当送粮的人到达列子家门口的时候，列子感恩戴德地对派来送粮的一再敬礼，感谢的话说了一大堆。但是，坚决不收下那些粮食。看列子立场坚定，来人也没有办法，不得不把粮食原封运回。

列子送走送粮人之后，刚进家门，就听到妻子无比生气地大声骂道：

“人家有身份的人，都把妻子养得悠闲自在，起码是不愁吃穿，可是，你的老婆，连饭都没得吃。现在，人家相爷白送你粮食，您可又硬着脸面不要，我这个命为什么这样苦啊！”说着还一边抚摸着胸口，看来气得心脏病也复发了。

“哈哈哈”，见到妻子气得如此，列子反而笑起来。“你不了解我为什么不接受他的粮食吧？这位郑相爷他自己并不清楚我列子是个贤才，而是经过别人鼓吹才给我送粮食的。既然他那么听信别人，将来如果有人说我坏，怂恿他把我定罪，那我岂不很容易获罪了吗？这种方式得来的东西还是不要算了！”

这一席话把列子太太说得如梦初醒，即使仍然饥肠辘辘，但也不再吱声了。

果然，不久郑国暴发民众叛乱，因子阳做下坏事太多，民愤极大，愤怒的民众将子阳杀死了。得知这个消息后，列子十分高兴地对妻子和朋友说：

“现在你们应当明白我为什么不接受子阳的施舍了吧！如果当初我要了他的粮食，接受了他的恩惠，子阳有难时我不闻不问那是不义。如果我和他一道去死，却又死得不值，没有意义的死是和我一贯主张相背的。”

说完列子摇摇头，一副得意十足的模样，虽然下午饭还不知道有没有着落。在《吕氏春秋》中《君守》、《重言》、《贵公》、《首时》、《先己》、《别类》各篇从几个角度论述“君”“圣人”治世贵“无知”、“无为”。在《贵公》中，有以下两个小故事：

楚国有个人的一把弓弄丢了，他心里清楚丢在哪里，却不去寻找。朋友问他：

“你既然知道弓掉在哪里了，为什么还不去找回来呢！”

“吓！楚国人丢的弓，被楚国人拾到了，何苦去找它！”丢弓的人不动声色地回答。

孔子听说这件事后，对丢弓人的做法非常欣赏，不过他认为这个人淡泊得还达不到程度：

“何必申明楚国？”

也就是说，只要是“人”捡到了也就跟弓在自己手中没区别了。

孔子的老师，道家祖师爷老聃听说这个故事后，又补充说：

“人也没有必要说明了！”

意思是说：是不是被人拾去也都无所谓。天地万物都不属任何个人私有，让其随大自然发展，没有必要去刻意追求。

以这种思想治国的，齐国的管仲就是有名的代表。管仲在齐国做丞相，几十年来把齐治理得井然有序，百姓安居乐业。终于有一天，管仲年纪大了，卧躺在床上，人们都猜测他不久将要去世。齐桓公见贤相生命垂危，赶忙前去探望，并准备安排后事：“仲父病得太严重了。”和秦始皇对吕不韦一样，齐桓公也称管仲为“仲父”。“万一您有什么不测，我以后要把这个国家托付给谁哪？”齐桓公的想法是请管仲帮他选定一个顶替自己当相的人选。

“臣以前身体好的时候，绞尽脑汁也没给大王选出一个适当的人选，如今我病得不省人事，哪里还能有正确的思考呢？”

管仲此时说的都是谦虚的话，但是他说得也合乎情理。可惜的是古今中外政治上当政的，常常是在年老病重，神志比不上青年的时候做出决策。这种决策的可靠性，就只能凭许多偶然条件来判定了。

“这是件极重要的事情，希望仲父教导我，一定不能推辞。”齐桓公坚持要管仲发表看法，纠缠不休。

“那么依您看让谁当相恰当呢？”管仲被问得无法躲避，仍不正面作答，反问齐桓公。

“鲍叔牙可以吗?”齐桓公小心翼翼地说。

“不可以!”管仲的态度非常肯定。“我是鲍叔牙的知己，鲍叔牙这个人我太清楚了。此人刚正不阿，绝对是个好人。但是，这位老兄对比自己差的人，不想靠近，一了解到别人有缺点和过错，就会记住一辈子!”

管仲的想法是，鲍叔牙为人太正直，不能容纳那些能力、水平低的，有错误和缺点的人在手下服务。没有肚量宽容别人的相国是不行的。桓公明白管仲的意图，继续问：

“那么，隰朋这个人合适吧?”

“隰朋这个人，对自己的要求很苛刻，而对国家，却是许多事不闻不问，对外界的许多事都漠不关心，对于别人却不苛求，不是任何事情都要自己动手。隰朋是适合当相国的。”

《吕氏春秋·贵公》引了管仲这段话以后，展开论述道：相是国家的大官，而当大官的不必要去管那些小事，不要玩弄些什么都知道的小聪明。因此一个好的工匠不需要锯、斧之类的工具，技艺精湛的厨师不轻易动锅、盘，最勇敢的人不去和人打斗，大军事家不一定要率兵作战。这种观点正是西汉初期实行的“无为而治”的理论基石。

《吕氏春秋》中《重己》、《本生》、《贵生》、《尽数》、《情欲》、《慎人》、《必己》、《诚廉》都反复强调人。一个人应当按照人的本性，不沉迷于声色，而应该以生命为贵为中心。功名、富贵不可强求，由于追求富贵而失去现有的幸福快乐，在有道者看来是最不值得的。在《必己》中有庄子的一个例子：

有一次庄子来到山中，见到山上的树木长得很茂盛，浓荫遮地。但是有个砍树的人只在树下休憩而没有砍伐它。

庄子问道：“这棵树你为什么不砍呢?”

“这棵树不是好木材，所以我不砍它。”

“正是因为不成材，才辜负于被砍。”庄子若有所思地总结道。他又继续向前行，出了山，来到一个小村庄，来到一个熟悉的朋友家。朋友见庄子这个哲学家老朋友上门了，喜出外望，赶快叫仆人杀雁招待。仆人问主人：

“咱们家有两只雁，一只能鸣，一只不能鸣，哪个该杀呢？”

“杀那只不能叫的！”主人答应说。

吃完了美味的晚宴，住了一晚。第二天，庄子辞别朋友，回到家中。

回到家中，庄子的学生们听说老师出行后的言论，不免产生疑问，就前来发问：

“老师，听说您到山中遇见伐木的，不砍不成材的树，您说：这棵树是由于不成材，才活了下来。但是，你朋友家那只被吃了的雁，也是个不成材的家伙，都不会叫。您说是成材好还是不成材好呢？”言下之意是：你说不成材的可以幸免于难，可是不成材的也有活不下去的，看你怎么解释这个问题。

“要是问我究竟应当成材还是不应成材，我选择成材和不成材之间。”庄子不紧不慢地回答，这正是他宣扬哲学主张的机会。“这样，我处于似是而非之间，可以说成材也可以说不成材，比成材的树木和不成材的雁可以少掉许多麻烦。”说到这里庄子停了一停，他在发表哲学见解的时候往往由浅入深，一层一层向深奥的理论发展。接下来的话就使得一般人不可捉摸了。“处于似是而非、材与不材之间的状态，还可能会受累。而如果是道德则完全不存在累不累的问题。道德这个东西，无誉无毁，随时代而变迁，没有踪影，是万物的祖先，体现在万物当中；却又不能看作是万物本身，它是无所谓累的。”这里，庄子指的“累”并非“劳累”的“累”，是他哲学概念的专有术语，有“拖累”的意思，与它相对的就是“清静无为”，下面的话就更明白了：“这种没有声誉也没有毁灭，没有形影也无所谓累的道德就是神农、黄帝之术。”

在《吕氏春秋》中体现的道家对精神生活的研究更为明显。《精谕》、《去尤》、《精通》等篇中多处抄《庄子》、《老子》原话，如“至言无言，至为无为”等。

《吕氏春秋》中《当染》篇即主张接近贤人，远离坏人。而《爱类》篇中，除讲述贤臣之益外，又讨论非攻、节俭之事。在《安死》、《节丧》篇中，专门强调丧礼要节俭，在《爱类》、《听言》篇中倡导“非攻”之义，反对战争。后世普遍流传的墨子止楚攻宋的典故就是在这里记载的：

楚国的君主请来了公输班——即著名的工匠祖师爷鲁班——设计攻城的云梯，准备去进攻宋国。墨子得知秘密后，立即从鲁国赶到楚国，去阻止这场不义之战。他一路奔走，马不停蹄，衣服和鞋子都被坏了，脚上包着破布，走了十天十夜，满面倦容地到达了楚国的国都郢。想尽办法见到楚王。

“在下是北方的一介布衣。”墨子在楚国王宫内拜见楚王时卑微地说。实际此时，墨子已是世人皆知的学者，要不然怎能轻而易举地见到楚王？

“据说大王要向宋进军了，真的有此事吗？”

不绕弯子，墨子不留情面地提出问题。

“是的！有这件事。”楚王明确地回话。

“是预计一定能打败宋，您才决定进行这次战争，还是即使打不败宋，而且出师无名，也要进行这场战争呢？”墨子问。

“明明知道打不败宋，又出师无名，我打这一仗有什么用！”楚王明显不太高兴。

“说得妙！”墨子想听的就是楚王这句话。“在下以为，大王肯定打不败宋国。”“胡说！”楚王当然不会就此认输，“公输班是天下唯一的能工巧匠。如今，他已经为我做好了攻城的器械。一个小小的宋国怎能打不败？”

“有攻城的武器，就会有守城的对策。大王如果不相信，可以让公输班表演一番，他攻，我守，看谁胜谁负？”

“就试一下吧！”楚王要看看墨子到底有何对策，同时也想试试公输班的攻城云梯是否战无不胜。于是下令：把公输班叫来与墨子捉对厮杀。

公输班接到王命，将已经做好的攻城武器随身带来，墨子也准备好守城的工具和武器。于是，两人便在楚王面前一枪一刀地表演起来。公输班总共用了九种攻城方法，而墨子也使用了九种对策防御，最后还是不能攻破，公输班也不得不认为，这个攻城的器械不能保证攻无不克、战无不胜。楚王在事实面前也只有信服墨子的话是对的，取消了攻宋的计划。

《吕氏春秋·爱类》叙述的这个故事，在《墨子》和后来的《淮南子》中也有体现。但是，在这里引用此事，在于论证“人主”要以“利民”为主要任务，“能以民为务者，则天下归之矣。王也者，非必坚甲利兵选卒练士也，非必堕人之成郭，杀人之士民也。上世之王者众矣，而得皆不同。其当世之急、忧民之利、除民之害同。”很明显，墨家的非攻反战观念已经和儒家的“仁者爱人”主张统一了起来。这都是墨家别具一格的见解。在《长利》、《离俗》、《上德》、《高义》等篇中都倡导“兼爱”的思想，并选择墨子及其弟子（钜子）自我牺牲的故事及精神的内容。这说明《吕氏春秋》中有非常大的篇幅由墨家学者完成。

《吕氏春秋》中的《长见》、《乐成》各篇都主张：建立非凡的功绩，一定要君主有决心，贤臣有计划，而不必考虑众人是否能够理解。这里记载一个魏襄王与史起的故事：

有一次魏襄王和群臣一起饮酒吃饭。大家都喝得兴起之时，襄王开心地说：

“祝愿大家万事如意。”

这无非是一句吉祥语，想不到遇到一个较真的大臣史起，听到这句贺词后有点想法，马上站出来反对道：

“大王说群臣都万事如意，我觉得您说得不恰当。群臣中有贤的，有不贤的，贤臣万事如意应该没错，如果奸臣也如意了，朝廷不就要有难了？”

这么一说，一下子把襄王搞得哑口无言了，只好自找台阶下：

“那么大家就都和西门豹一样做个好官吧！”

西门豹就是那个曾经在邺治过巫师的不相信“河伯娶妇”的县令，也算是个好官。然而，魏襄王的这句话也受到史起的驳斥：

“西门豹治理邺城时，漳水流过境内，他还不加以利用，这算什么好官？”

魏襄王被抢得无话可说。宴会搞得大家都很扫兴。

第二天，襄王召来史起问道：

“你昨天说可以利用漳水灌邺田，现在能利用它灌溉吗？”

“当然能！”

“那你能代替我主持这件事吗？”

“我害怕大王不支持我干！”

“我让你干！”

史起取得襄王支持，准备赴任去邺。临行前向襄王告别说：

“我去邺治漳水，当地百姓一定会起来反对，有可能他们会杀害我。如果我被人加害，希望大王不要考虑众人反对，继续派人坚持治漳。”

“好，你尽管放心去吧！”

史起辞别襄王，去邺当了县令。因为治理漳水要动用大量劳力去干活，引起百姓反对史起，许多人巴不得杀死他。吓得他不敢出门。襄王听说风声，按照史起的嘱咐，不顾民众反对，派人坚持治河。不久，漳水治理完成，使邺的土地得到灌溉，百姓得到许多好处。这时，只有这时，百姓才认为还是史起好。他们用歌声来赞颂史起说：

邺有一个多好的令！
他的名字叫史公，
率领百姓治漳水。
水渠布满邺，
稻粱遍地生。
咸卤不再长，
笙歌庆太平。

《吕氏春秋·乐成》引这个例子，主要目的是要阐明："民不可与虑化肇始，而可以乐成功。"也就是说君主不必和老百姓讨论要做的事，百姓只能享受事情办好后的利益。所以"圣主"、"贤人"应当不受民众舆论所影响，该干什么就干什么。这正是法家的基本思想。

在《吕氏春秋》中，《当务》、《离谓》、《不二》、《察今》等篇都主张了注重现实的"法后王"这些思想。《吕氏春秋》中《慎势》、《有度》、《任数》、《具备》、《勿躬》、《知度》等篇即专门论述以法治国及君主如何治理国家等等。

法家的主张在《吕氏春秋》中有很多体现。

除墨、道、儒、法四大家以外，在《吕氏春秋》中还能够见到其他各家和各派的主张：

《吕氏春秋》中有《审分》、《正名》、《不屈》、《审应》、《应言》等篇，内容或引证名家言论，或提倡正名、因名责实，或叙述名家各种大事。在《正名》中引用名家学者尹文进见齐宣王的事例，很能反映名家的思想。

"我觉得不是那样吧！"齐王自然是不肯承认。

"如果没有依据，我是绝不敢乱讲。"尹文越说越激动，"请让我说出几个例子给大王听。大王命令说：如果杀人就判死刑，伤人就受刑罚。于是百姓担心触犯这条法律就不敢打架，争斗。这正是听从大王命令的反应。可是，大王又说，受到别人羞辱不去抵抗，是个窝囊废，您却要惩罚这种窝囊废。真让人搞不明白大王说的杀人者死，伤人者刑与惩治窝囊废的话哪个对？"

尹文用齐王自己的话，自相矛盾，使齐王进退两难。实际上这只不过是一种形式逻辑的推理方法，真理并非都这样。但是这种方法对古代逻辑学的进步却有很大推动作用。名家的争论大多如此。如名家的代表人物公孙龙著名的论断是"白马非马"。说"白马"不是马，因为"白马"和"马"确实不是一个范畴。然而，在事实上，根本不存在抽象的"马"和抽象的"白马"。所以，名家的这种推理，往往与事实背道而驰，乍一听好像很“玄”。这种“玄而又玄”的“侃大山”于现实生活一点用处也没有，但对推动古代逻辑思想进步，则有不小的作用。

秦国是崇尚武力的国家，吕不韦门下多数都谈论兵事，故《吕氏春秋》中兵家内容也不少。其中集中论兵的有《振动》、《荡兵》、《怀宠》、《禁塞》、《爱士》、《论威》、《决胜》、《长攻》、《顺民》、《贵卒》、《贵因》、《行论》、《悔过》、《不广》、《原乱》等篇。在《爱士》和《顺民》篇中引用了许多有趣的例子论述战争的胜利关键在于是否顺应了民心，以及能否取得士卒的拥戴：

赵王勾践被吴王夫差打败，差一点亡国且丧命。勾践立志要报仇，回到会稽卧薪尝胆，放弃宽敞的住处，不吃好的东西，谢绝音乐。三年之内使自己经受劳累，忍受饥饿，以赢得百姓和众臣的支持、同情。在这三年之中，有好吃的食物，都分给大家，宁可自己饿着。有酒也不自己一个人喝，全都倒入江中，让大家都能品尝一点。自己亲自耕种，妻子织麻做衣。出门时，车子后面总是装着食物，见到老弱病残或穷困之人，就把食物分给他们。不出所料，越王勾践取得了民众的拥护，大家誓同勾践一起报仇雪耻。“十年生聚，十年教训”，越国上下一心，齐心协力，终于一举打败吴国。这都是民心同国王一致的结果。

秦国在穆公时代与晋国常年战争不断。有一次，秦穆公最心爱的一匹马在国内弄丢了。不久，有消息说这匹马在岐山之下被“野人”捉住。穆公闻讯后，就急急忙忙地到歧山之下去找马，没想到在岐山之下只见到一群“野人”正在烤他的马吃。原来穆公最喜欢的马已成了这伙“野人”的美餐了！见到这种场景，穆公虽然心里很难受，可是表面上却说出一句出乎意料的话：

“吃马肉没有酒会伤身体的，快给他们送些酒来！”于是派人抬来几大桶酒给“野人”享用。

“太好了！真是个好君主。”

可以想象又吃又喝的一群“野人”一定兴致高昂，大家高兴以后就走了。

一年以后，秦穆公带领军队和晋国军队作战。晋军人数很多，一时秦穆公被围困在韩原，眼看穆公就要被活捉。正在危难之际，突然从晋军后面杀出一群人，一下把晋军打得落花流水，使穆公得救。等到安全后，穆公才得知，这支援军不是秦国的正规部队，原来是去年吃他马肉的岐下“野人”。这批人因受到穆公的恩赐，对他的好处一直记在心上，一听说他有困难，都跑过来帮忙。这就是“行德爱人则民亲其上，民亲其上则皆为其君死矣”。

《吕氏春秋》中有《审己》、《知士》、《忠廉》、《至忠》、《介立》、《士节》、《不侵》、《更报》、《下贤》、《顺说》等篇，其内容有的与纵横家的口吻相似，有的只是讲述一些纵横家的故事。

秦国的传统是以农业为重，关中地区农业发达，所以吕不韦门下不乏一批农家。《吕氏春秋》中最后四篇《任地》、《上农》、《审时》、《辩土》专门论述与农业生产密切相关的知识，如利用土壤、天时以及重视农耕的意义等等，是先秦农业生产的宝贵资料。

《吕氏春秋》中许多哲理或政论性的言论往往采用一些富有生活趣味、生动曲折的小故事一一讲解，既可给人以深刻的印象也可以看作是小说家起源。

如果将《吕氏春秋》通读一遍的话，就能体会这部书最大的特色在于一个字：“杂”，即思想内容方面与同时代的论著《孟子》、《论语》、《道德经》等不同，并非只述一家之言，而是“兼儒墨、合名法”。只要是当时出现的学派：道、儒、墨、名、法、五行、阴阳等学说、理论，没有哪个在这里找不到。正因其“杂”，后世人就把这部书划入到“杂家”类，正是因为这个从而创立了学术史上“杂家”一派。

可是，一旦深究起来，《吕氏春秋》中杂得并非毫无重点。而是杂而有序，既全面又有中心。这部书的重点或中心不是道家，也不是儒、法、墨，而是一提便知的阴阳家的学说。《吕氏春秋》中，专门论述阴阳家学说的只有《有始》、《应同》两篇。

《吕氏春秋》，其中“十二纪”每纪的开篇，“八览”各览的开篇，“六论”各论的开篇以及《精通》、《明理》、《长见》、《至忠》、《应同》、《如类》、《首时》等篇都应列入阴阳家学说的范围。另外，还有许多篇文章是谈论“春令生”、“夏令长”、“秋令杀”、“冬令死”的，将四时、四季与人事相结合，阐述春生、夏长、秋收、冬藏的规则，也都属于阴阳家的思想。在作为序言的《序意》中，还清楚指出该书主旨：“所以纪治乱存亡也，所以知寿夭吉凶也。”也反映出该书主旨是崇尚阴阳家的思想。

以阴阳家学说为主体，《吕氏春秋》中的哲学思想十分明确。在解答使古今中外一切哲人、思想家困惑也都曾冥思苦想的“什么是世界本源”这一问题时，《吕氏春秋》提出了“道”、“太一”或者叫“精气”，在《仲夏纪·大乐》篇中有：

> 日月星辰，或疾或徐，日月不同，以尽其行。四时代兴，或暑或寒，或短或长，或柔或刚。万物所出，造于太一，化于阴阳。

这种句式整齐，读起来朗朗上口的文句在书中到处可见：

> 太一出两仪，两仪出阴阳，阴阳变化，一上一下，合而成章。浑浑沌沌，离则复合，合则复离，是谓天常。

这里蕴含着将宇宙本源归根为普普通通的“太一”、“道”等的朴素哲理。由这哲理衍生出金、水、木、土、火“五行”，并以“五行”结合春、夏、秋、冬四时的思想。

《吕氏春秋》中的阴阳五行为主导的历史观，其中有人类社会由低级阶段向高级阶段发展的观点，社会不断进步的主张。在《恃君览·恃君》

中有：

> 昔太古尝无君矣，其民聚生群处，知母不知父；无亲戚、兄弟、夫妻、男女之别，无上下、长幼之道；无进退、揖让之礼；无衣服、履带、宫室、蓄积之便；无器械、舟车、城郭、险阻之备……。

这里描述了文明社会以前的景象，承认人类社会是在不断前进的。以这种观点为基调，书中指出建立中央集权制度的政治设想。在《审分览·不二》篇中记载有：

> 必同法令，所以一心也；智者不得巧，愚者不得拙，所以一众也；勇者不得先，惧者不得后，所以一力也。故一则治，异则乱，一则安，异则危。

这种倡导天下大统一的论调，与周室衰亡后平定诸侯分裂的局势，建立统一王国的历史潮流是统一的。在《有始览·谨听》中有：

> 今周室既灭，而天子已绝，乱莫大于无天子，无天子则强者胜弱，众者暴寡，以兵相残，不得休息。

组织写书的吕不韦极力主张“天子”当政，而他脑中的“天子”实际上就是自己。

依据阴阳五行的观点，《吕氏春秋》中将法家、儒家等有关学说都和谐地融为一体。如《孟子·尽心下》中说：“民为贵，社稷次之，君为轻。”这是儒家的基本思想。《吕氏春秋》中也论述了这一思想。在《季秋纪·须民》中记载有：“凡举事必先审民心，然后可举。”换句话说，君主办事必须顺应民心。在《有始览·务本》中也有类似的言论："宗庙之本在于民。"在《季秋纪·精通》中也有"圣人南面而立，以爱利民为心"。从这些语句中可以看到吕不韦通过《吕氏春秋》俨然以"圣人"自居，把"民"抬得高高在上。因此，《吕氏春秋》中主张"德政"与吕不韦在实际上执行"兴灭，继绝"的"德政"可以说是同出一辙了。在《离俗贤·上德》中写道：

> 为天下及国，莫如以德，莫如行义，以德以义，不赏而民劝，不罚而邪止。

提倡"德"和"义"本来就是儒家的特色。在这篇文章中，还列举事实论证用"德"、"义"超出法家主张的"赏"、"罚"。书中写道：上古时代，边远的民族"三苗"经常捣乱，禹请求去攻打。而舜则认为应用"德"政。结果，"行德"三年，三苗服顺。这是说用"德政"可使敌国归顺。书中又举"行义"的故事。晋献公时，那妖艳的丽姬谋害公子重耳，公子重耳只好逃出晋国，流亡于翟、齐、卫、宋、鲁各国。后来来到了郑国。鼠目寸光的郑文公对这位亡命的公子毫无敬意。郑国有一个大臣被瞻劝告文公说：

"我听说贤主不在人危难时加害于他，正好现在晋国公子有难，按理要帮助他一把，今后肯定会有好报。跟随公子重耳的都是一些贤人，大王如果不能恭敬地对待重耳，不如早点把他杀了。"

昏庸的郑文公并没有听从这个建议。重耳远离郑国之后，流徙周转了许多年，终于回到晋国，当上晋国国君。当了晋文公的重耳，还记得提议杀他的被瞻，马上就发兵攻郑。郑国得知晋军来攻，十分害怕。被瞻对郑君请命道："晋军攻郑全因被瞻，不如把我交给晋君，可以避免郑国遭殃。"郑君没有办法，只得照被瞻的要求将他送给晋军。被瞻被押到晋国后，晋文公重耳派人烧开大油锅，准备生烹被瞻。没想到被瞻在下油锅之前大声叫唤：

“三军之士都听清楚：我被瞻是由于忠于郑君而落得这个下场的。从今以后你们也不应该忠于君主了。忠君者最终下场是要下油锅被烹的。”

晋文公重耳听他这样一叫，似乎明白了什么，马上命令送被瞻回郑。结果郑国摆脱了晋国围攻之患，被瞻也幸免了被烹之灾。这就是“行义”的好处。《吕氏春秋》中这段记载，表明了作者对“义”、“忠”和“利”的立场和看法。原来“义”、“忠”、“德政”等已不是空洞的道德标准和范围，它们也有实际的意义。在这一点上，和法家所提倡的“利”是统一的。而吕不韦所奉行的“德政”，倡导的“行义”，恰恰是属于这个范围。

在《吕氏春秋》中提倡的道家思想，也有所指。《似顺论·分职》中说：“无智、无能、无为，此君之所执也。”要君主无所作为，一般地说这确是道家的主张，但针对吕不韦当政的那个年代，他是不是刻意教导坐在国王位置上的秦王政“无智、无能、无为”呢？看来有点渊源。否则不会引起秦王政后来那么强烈的反应。

在《吕氏春秋》中，还可以了解吕不韦当权时的一些主张。例如善于用人。《审分·勿躬》中说：治国为君者不必事事都亲手去做，更不需要每件事都能做，只须选择恰当的人做各种事，委派、监督他们各负其责就可以了。“圣人”治天下就是把各种有专长的人利用起来，上古时代大桡作甲子，容成作麻，黔如作虏首，羲和发明占日，尚仪作占月，后益作占岁，夷异制作弓，胡曹作衣，祝融作市，仪狄酿造酒，高元作室，虞构制作成了船只，伯益打了一口井，赤冀做好了石臼，乘雅驾马，寒哀御车，王冰作服牛，巫作巫，史皇作图。而“圣王”没有一样会作，可是“圣王”可以命令这二十个人当官，要他们各司专职，用尽他们的技巧和专长，故天下得以治理。春秋时代的齐国，桓公任命管仲做相国。管仲对齐王说：

“关于农田耕作的事，臣比不上宁遬，请您命令宁遬为大田；礼仪方面的细节，我不及隰朋，请您任命隰朋作为大行；进言劝谏，我不如东郭牙，请您请来东郭牙为大谏臣；领兵打仗，我比不上王子城父，请任命王子城父当大司马；审判案情方面，我比不上弦章，请任弦章当大理。”

齐王按照管仲提示，任命上述各人分别做了官，而授权给管仲管治。结果十年之内齐国就变成霸主，合并九个诸侯，一并天下。管仲是齐国的丞相，他并不凭一个人的才能，而充分挖掘他人的聪明才干，所以能使百官竭尽全力，而齐国能够国富民强。这正是吕不韦的作风。

世间一切活动都是由人完成的。英明君主，治国良才，善贾豪商和成功的军事家首先关注的就是选择人和应用人。在《知接》中讲叙了一个极动人的例子表明君主慧眼识珠的重要性。

齐国的相管仲身患重病，桓公前往探病，同时为他安排后事：

“仲父如果有个不可预测，有什么可交代的事吗？”齐王谦虚地问。

“我是个快要去世的人，不用来问我了。”

“请你不要拒绝，一定要听听你的意见不可！”

“好吧！那我就说一点。”管仲被逼无奈只好说，“我只想提醒大王对易牙、常之巫、竖刁、卫公子启方这几个人小心点！别总接近他们。”

“易牙这个人对我挺好。”齐桓公不知道管仲为什么对易牙印象如此之坏。就顺便说出自己的想法，“那一次我生了病想吃肉，易牙竟然忍心将自己的亲生儿子煮来给我吃。对这样的人还用怀疑吗？”

“我指的就是这件事！”管仲回答道：“人哪有不爱惜自己的儿子的，可易牙这个人居然能忍心把自己亲生儿子煮了，对于您还有哪样不忍心残害？”

后来，果然易牙作乱，他们把宫门堵住，不让进出。借用桓公名义发号施令，一时国内不了解事实。桓公在床上当然不了解外界有什么事发生，多亏了他平时对女人还好，有一多情女子冒险跳墙进入桓公住的寿宫，看见这位躺在病床没人照看的老头。

“我要吃东西。”听到有人进来，桓公奄奄一息地请求，也许多日来他都没有吃东西了。

“我没有什么给您吃。”妇人实话实说也没有办法。

“我要喝水！”桓公有气无力地说。

“水也没有。”妇人没有办法地说。

“到底怎么了？”桓公吃力地问道。

这个女子详细地将易牙等四人干的事述说了一遍。这时，桓公才省悟过来，老泪纵横后悔不已地叹道：

“咳！还是圣人先知先觉，如果死人有知道的话，我怎能有脸在地下见仲父管仲呢？”话说之后，蒙住脸气绝而死。

桓公死后三个月也无人来搭理，尸体都腐烂了。

《吕氏春秋·知接》中记载了这段故事后，发表感慨说：

> 桓公非轻难而恶管子也，无由接见也，无由接，固却其忠言，而爱其所尊贵也。

这里所说的“接”就是采纳贤臣的劝告。桓公不能采纳管仲的劝告，结果落得那么悲惨的下场。在《离俗览·难举》中说：“善于使用人才的人，用其所长，不一定要责备求全。如果求全责备，那么天下就没有可以用的人了。”古代的尧、舜、武、汤、禹这些大“贤人”尚有“卑父”、“不慈”、“放弑”、“贪位”之类的恶名，更不用说其他人。对别人提要求的时候应该考虑到他也是个人，人是没有十全十美的，而对自己提要求的时候，不妨用“义”的标准来衡量，就会发现自己有许多缺陷。这样，就会有许多人可以任用。昔卫国的宁戚投奔齐桓公时，由于没有人引荐在路旁等待。齐桓公出来时，宁戚击牛角并且放声歌唱，被桓公发现。经过询问，桓公听说他是个治国安邦的能人，第二天想委托给他重任。但齐国旧臣闻讯反对，对齐桓公说：“宁戚是卫国人，齐离卫不远，不妨派人去卫打听一下，如果真是贤才，用之也来得及。”但齐桓公却说：“没有必要去问。一旦追究起来很可能会发现他存在小毛病——‘小恶’。由于他有小恶而不运用他治国安邦之能‘大美’。‘以人之小恶，亡人之大美。’这些正是一些君主永远找不到人才的关键之处啊。”齐桓公的这段事例和他的这句名言，正好说明了吕不韦用人的标准。用人就不要怀疑，若是怀疑就不要用。这是君主任人的主要准则。

《吕氏春秋》中还提倡：君臣之间相互信任不猜忌，是成就功业的第一条件。对臣下的任命，一定不能听信那些无端的诬告和谣言而被迷惑，而君主应该具备判断是非的头脑，这就是“决善”。魏文侯派乐羊领军队去攻打中山。胜利之后乐羊回朝报功，十分得意。魏文侯知道后，命令负责文书的官吏将乐羊出征时群臣、宾客的奏书搬来让乐羊看。这些奏书当中竟有两大箱奏告自己和中山必会失败的文书，乐羊立刻明白：“中山之举，并不是我乐羊的功劳，全是国王的功劳啊。”乐羊的话一下点到了问题的关键，如魏文侯不是坚持相信乐羊而听信谗言，怎么用得着两箱告密信，就是有一二件也足以使乐羊名誉丧尽了，哪还有攻中山的胜利。魏文侯坚持立场，不为流言蜚语所左右，一心相信乐羊，结果打了胜仗。这些记载，明显地是为吕不韦“决善”作注释。

上述这些内容都兼收并容到阴阳五行的大系统中，从而形成了以阴阳五行为中心的杂家学说系统。参照吕不韦为政的表现，也正好和这些相吻合。所以《吕氏春秋》即使不是吕不韦亲笔著作，却可体现吕不韦的许多思想。

同先秦时代的许多著作一样，《吕氏春秋》在鼓吹这些观点的时候，不单是单调的说教，常常引用一些历史故事来加以说明。这就使全书内容丰富、生动，容易被读者接受。例如《季冬纪・士节》篇中，耗费大量笔墨记了这样一段故事：

齐国有个名叫北郭骚的人，以打柴、结网、织履度日，却还是没有办法使母亲过得温饱。一天，北郭骚拜见齐相晏婴。

“我劳累终日还是连老母亲都养不活，请大人给我出个主意吧。”北郭骚向晏婴请求。

晏婴与北郭骚不相识，但他的手下人却了解此人，对晏婴说：

“这个人是齐国的贤人，一贯行为光明磊落，对天子没有利益、对诸侯不友善的事，即使自己能获利也不做。如今，他能上门求相爷，是崇拜您的为人，一定得答应他的请求！”

晏婴听手下人提醒，立即派人送给北郭骚粮食和钱财。而北郭骚只收下粮食没有收下钱财，就回家赡养老母去了。

几年后，晏婴失势，被齐国国王怀疑而出逃，路过北郭骚家时入门辞行。北郭骚正在洗澡，听说晏婴来访，马上出来迎接：

“先生准备去哪里？”

“国王怀疑我，不再信任我啦！我只好逃命去了！”

“那您就自己小心吧！”

晏婴原想北郭骚会有很贴心的话安慰他，更是没料到听到的只是这么一句冷冰冰毫无人情味的话，只好闷闷不乐地走了。

“唉！我晏婴走到如今地步，活该！谁让我不会识别坏人呢！”晏婴遭到北郭骚冷遇，有点心灰意冷。

晏婴走后，北郭骚对身边的朋友说：

“我曾经由于钦佩晏子的为人，向他乞求过援助以养活老母，俗话说接受了人家的恩惠，一定要以死相报答。今天晏子被人怀疑，名声受损，受冤枉，我要用死来为他洗清罪名。”

接着，北郭骚就收拾一番，请朋友帮他背着剑和竹箱，一同前往国君门下请义。国君的大门他们如何能进入？北郭骚对门前守卫的人说：“晏子是齐国的贤人，听说他被迫逃离出齐，他这一走齐国必定遭到外敌侵略。与其见到外敌侵入，受欺压，不如先死。请将我的头送给大王，以替晏子申诉冤情。”又对一起来的友人说：“请将我的头用竹箱装着，送上去！”

说完，就自杀而死。

北郭骚死后，他的朋友果真遵嘱把北郭骚的头割下来交给齐王。

“北郭先生为了国家而丧命，我也要去和北郭先生陪死了！”献上北郭的头后，那位朋友也用剑刺脖自杀。

齐国国君听说那么多为了晏婴出走而自杀的悲壮行为，吓得赶紧派人去寻找晏婴。这时晏婴已走出城外，但还没有到国境，使者追赶上来了，晏婴迫不得已又回来了。

当晏婴回到城里，才得知北郭骚自杀的事情，也才明白默默无闻的北郭骚为自己献出了生命。他悔恨自己曾误解了这位大勇大智的义士，非常后悔地责怪自己：

“像我如此有眼无珠的人，家破人亡，真是罪有应得啊！”

这个生动、曲折、颇为感人肺腑的故事，究竟想向我们说明什么呢？《吕氏春秋》的作者只归纳了十一个字：

> 贤主劳于求人，而佚于治事。

《吕氏春秋》的这种体裁风格使书中的大部分内容读起来耐人寻味，并且觉得有趣。尤其重要的一点是因其融会贯通，思想、资料极为丰富，它不仅有政治学的、哲学的、逻辑学的、经济学的、法学的、农学的、自然科学的第一手资料，而且文学、史学的价值也相当高。这部书不仅是秦国历史上最有影响的著作，也是先秦诸子中独一无二的“杂家”经典著作，在中国学术史上具有很大的影响，占有极重要的地位。《吕氏春秋》虽集各家学说，但也突出了自身的立场观点。

在《吕氏春秋·不二》一篇中说：

> 听群众议以治国，国危无日矣。……夫能齐万不同，愚智工拙，皆尽力竭能，如出乎一穴者，其唯圣人矣乎！

吕不韦既然能够明白地认识治理国家不能依靠群议，那么，在他主编的书中理所当然会有一个指导全书、贯穿前后的中心了。这个中心只能够是为“治国”服务的政治学说。这一点是历来大多数学者都有统一认识的。

《汉书·艺文志》说：

> 杂家者流，盖出于议官。兼儒、墨，合名、法，知国体之有此，见王治之无不贯，此其所长也。

这里所讲的“国体”、“议官”、“王治”，意在表明它是一种政治理论。

高诱说：

> 然此书所尚，以道德为标的，以无为为纲纪，以忠义为品式，以公方为检格，与孟轲、孙卿、淮南、扬雄相表里也。

所谓“道德”、“无为”、“忠义”、“公方”，实际上讲的全是政治思想。

元人陈澔说：

> 吕不韦相秦十余年，此时已有必得天下之势，故大集群儒，……将欲为一代兴王之典礼也，故其间亦多有未见与礼经合者。

他所说的“典礼”也就是政治，那么他所讲的“多有未见与礼经合者”，自然是针对政治态度而言的。

章学诚也说，《吕氏春秋》目的是要作出“一代之典制”。

孙人和说：

> 尝谓《吕氏春秋》一书，……《十二纪》初为一部，盖以秦势强大，行将一统，故不韦延集宾客，各据所闻，撰“月令”，

> 释《圜道》，证人事，载天地阴阳四时日月星辰五行礼义之属，名曰《春秋》，欲以定天下，施政教，故以《序意》殿其后焉。

所谓“定天下，施政策”，自然也与政治有关。

郭沫若也曾经说“这书却含有极大的政治上的意义”，毫无疑异，他也是把这书划分到政治理论书范围中。

根据以上叙述，不管是从写书目的看，还是从内容看，都可以说，《吕氏春秋》的中心是为政治服务的。

需要另加说明的是：这个中心还有一个不明显的内核，也即是开明君主制或有限君主制。《吕氏春秋》主张君主制，却反对君主“专独”。为了这个目的，其一方面对君主进行游说和诱导，甚至是运用威胁；另一方面摆出限制君权的许多种措施；同时又尽量扩大臣权。他的目的就在于把君权局限在一定范围内和一定程度上，使君权不能无限膨胀，无法无天。这正是《吕氏春秋》为封建政治所设计的政治蓝图。

事实上，在《吕氏春秋》中展现了许多智慧的精辟见解。例如，在自然观上主张的“法天地”，“因者无敌”；在教育学上提倡的“凡学，非能益也，达天性也，”“师徒同体”；在生命观上申明的“达乎死生之分”；关于养生问题上倡导的“节性”，“全天”；在情欲问题上提出的“令人得欲无穷”；在人性问题上标明的“性异非性”；还有《有始》篇开创了分野说，《本味》篇可以看作是食谱学的鼻祖等等。这些都是吕氏门客聪明才智的精华部分。这就充分表明，吕氏门客并非都是“滕文公”，《吕氏春秋》并不是一部简单的杂抄汇集。

我们可以大胆地说，《吕氏春秋》可以称得上是代表一家之言的著作，而且“大出诸子之右”，它的历史作用应给予充分肯定。

2. 后世影响

《吕氏春秋》其书与吕不韦本人相比，遭遇没有那么差。长期以来，吕不韦被赋予种种不好的名头。从“奇货可居”的奸商，到“以吕易嬴”

的窃盗，不可胜举。直到现代才有人想为他翻案，把他改称为“在中国历史上应该是一位少有的大政治家”。近代以来，除了承认“政治家”的身份外，还给他加上了“思想家”、“军事家”等称号。但保持传统看法的学者仍不在少数。

就《吕氏春秋》这部书本身而言，从古到今的评价褒贬不一。褒者说他“大出诸子之右”，“采精录异，成一家言。”贬者认为“只能为最古之类书，不足以成一家言”。后来，学者从这部书的内容方面开始进行研究，肯定者占大部分，但是坚持否定意见的也不少。

从西汉到现在两千年来，对《吕氏春秋》性质和作用的评价一直断断续续地见于记载，虽然文字不多，却也是不能忽视的。

桓谭就曾在《新论》中说：

> 秦吕不韦请迎高妙作《吕氏春秋》。书成，布之都市，悬置千金，以延示众士，而莫能有变易者，乃其事约艳，体具而言微也。

一方面说“请迎高妙”，另一方面又说“言微”“事约”，从这方面开始说明“莫能有变易者”的原因。由此可见，桓谭是很重视《吕氏春秋》的。

高诱在他的《〈吕氏春秋〉序》中说：

> 此书所尚，以道德为标的，以无为为纲纪，以忠义为品式，以公方为检格，与孟轲、孙卿、淮南、扬雄相表里，是以著在《录》、《略》。诱正《孟子》章句，作《淮南》、《孝经》解，毕讫，家有此书，录绎案省，大出诸子之右。

这可以说是第一次较为完整地评论《吕氏春秋》的文字，而且他的评价很高。高诱对《吕氏春秋》做过详细的探讨，他的观点是值得后人注意的。

黄震在他的《黄氏日抄》中引了蔡伯尹和韩彦直的观点：

> 淳熙五年冬，尚书韩彦直为之序，谓："《吕氏春秋》言天地万物之故，其书最为近古，今独无传焉，岂不以吕不韦而因废其书耶？愈久无传，恐天下无有识其书者，于是序而传之。"栝苍蔡伯尹又跋其书之后曰："今其书不得与诸子争衡者，徒以不韦病也。然不知不韦固无与焉者也。"

从这里可以看出，韩、蔡二位对《吕氏春秋》这部书的评价还是不错的。在他们看来，《吕氏春秋》之所以不被世人看好，只是受吕不韦的恶名牵连，否则，一定可以"与诸子争衡"。因此蔡氏竟不惜除掉吕不韦主编的身份，"不韦固无与焉"，以便使《吕氏春秋》摆脱厄运。这种做法当然是不恰当的。

另外《四库全书总目提要·子部·杂家类》也曾有记载：

> 不韦固小人，而是书较诸子之言独为醇正，大抵以儒为主，而参以道家、墨家，故多引六籍之文与孔子、曾子之言。其他如论音则引《乐记》，论铸剑则引《考工记》，虽不著篇名，而其文可按。所引《庄》、《列》之言，皆不取其放诞恣肆者；墨翟之言，不取其《非儒》、《明鬼》者。而纵横之术，刑名之说，一无及焉。其持论颇为不苟。论者鄙其为人，因不甚重其书，非公论也。

这个评价可以说是相当高的了。一是说"较诸子之言独为醇正"，然后又说"其持论颇为不苟"，而且反对凭人来判断学说，学术态度也是十分公正的。在内容上即使也存在一些取舍的准则，但没有看到对诸家有所批判的一面，这自然是不全面的。至于说“纵横之术”，刑名之说，一无及焉”就不全都那样。“纵横之术”确实是“一无及焉”，而“刑名之说”却是有所取舍的。《勿躬篇》的“名实相保”，《审分篇》的“按其实而审其名”，《审应篇》的“取其实以责其名”等等，都是出于名家的。而《察今篇》的“变法者因时而化”，“世易时移，变法宜矣，”都是跟法家言论完全吻合。这些言论所占比例虽不大，但也不能看成是“一无及焉”吧！

卢文弨说：

> 世儒以不韦故，几欲弃绝此书，然书于不韦固无与也。以秦皇之严，秦丞相之势焰，而其书时寓规讽之旨，求其一言近于揣合而无有，此则风俗人心之古，可以明示天下后世而不作者也。也儒不察”猥欲并弃之，此与耳食何异也。

这是从写作态度的严谨性方面正面评价《吕氏春秋》的。但卢文弨采用蔡伯尹的方式，把《吕氏春秋》与吕不韦划清界限，就是为了摆脱吕不韦的坏名声对《吕氏春秋》的损害。卢氏这样做的目的也是解决自己论证方面的矛盾。由于他一方面肯定《吕氏春秋》的写作态度是严肃的，赞扬它“风俗人心之古”；另一方面却逃不了传统的影响，把吕不韦看作是个“小人”，“为人无足论者”。这就形成了一个不可调和的矛盾——一个卑鄙小人如何能编出一部“风俗人心之古”的严肃著作呢？因此也不得不剥夺吕不韦的主编权了。

《吕氏春秋》虽然由于吕不韦其人的连累而不被世人看重，但因为这部书有它自身价值很可贵的地方，对后世还是起了一定的作用。虽然不提书名，但影响的脉络依然一目了然。在西汉，影响尤其深远而全面。这一方面是因为政治服务的需要，另一方面也由于吕书理论上比较严密。刘安全面仿效《吕氏春秋》而作《淮南子》。董仲舒的《春秋繁露》是《吕氏春秋》中天人感应、阴阳五行部分的延伸和发展，其他如贾谊的《新书》，陆贾的《新语》，刘向的《新序》、《说苑》多多少少也受到《吕氏春秋》的影响。但是，自从《汉书·艺文志》把《吕氏春秋》降格定名“杂家”之后，其影响力明显减小。即便是这样，如果仔细寻找，还是能找出依稀的踪影，踪迹如今仍然可见到。

四、公布朝野

1. 午门悬赏

知识把书当作载体，书成为传播知识的媒介。著书立说就要把自己的思想主张公开，让别人都能知道。《吕氏春秋》写成后在什么场合发表，选择什么方式发表，吕不韦很是用了一番心思。

公元前239年的一天清晨，秦国首都咸阳似乎明显得比往常热闹。很多人都来到城东的市区，既不做买卖，也不是来闲逛，而是来看稀罕。原来，在咸阳市门上，展示了一部书，还有一份布告，大家你一句我一言纷纷地议论，争先恐后地奔往市区来看的，就是这部书和这份布告。

当时的秦国首都咸阳城，是十分有条理的。一个接一个建造起来的宫殿，组成咸阳的主体。富人、贵族的房舍耸立在宫殿以外的重要大道旁。普通平民百姓只能居住在僻街、陋巷或搭间草篷、茅屋栖身。而买卖物品的商贩，则必须到规定的市区内进行交易活动。因此，“市”区内是铺面、商号和小摊聚集的地方。咸阳的市是由围墙圈起来的，出入市区必须从市门通过。这样，朝廷或地方官要贴示什么告示，就经常在市门附近张贴，这样就有更多的人了解。当时，还没有发明纸，书写的材料只能靠木牍和竹简，有时也用帛、绢等纺织品。如果出一本书，字数很多，用绢、帛成本太高，一般都写在牍、简之上。简，是由竹子做成经过刮平，截成长二十三厘米、宽一厘米的竹片，在上面写字，每支简大约容纳书写三四十字。有时依据实际情况，竹简可以截得长一些。那就能多书写一些字。但无论简有多长，一支竹简能写上去的字数总是不能太多，所以古代人要写一篇文章或一部书就需要许多支简。写好后这些简被麻绳或皮条连缀起来，就形成类似现代的书，当时叫作“编”。写在木头简上的文书，应当叫木牍，做法基本和竹简一样。只有木牍可以宽一点，做成方形的。此外，简、牍还有不同的式样和不同用法。

原来那数以千计的简上所写的，就是吕不韦主持编写的《吕氏春秋》。而《吕氏春秋》旁的那个布告内容是：

现将《吕氏春秋》全文公开展示，欢迎批评，有能增、损一字者，将获得千金的赏赐。

在这个告示之上，果真有货真价实的一大堆钱摆在那里，据说这就是“千金”。谁若能修改《吕氏春秋》中一个字的，马上如告示中宣布的兑现，将“千金”拿走。

市门上的《吕氏春秋》以及其旁的告示和“千金”，变成咸阳城人人讨论的时髦话题了，成了人们关注的热点。

但是，随着时间的推移，好奇的观众越来越少，聚集在市门前阅读《吕氏春秋》的人也慢慢不见了，最终也没有一个人能改动这部书的一个字，那极具诱惑的“千金”纹丝不动地始终放在那里，没有一个人能得到它。

《吕氏春秋》并非是部十全十美的书，咸阳市门的“千金”，也并非没有一个人能拿走：“咸阳市门之金，固得载而归也。”当时没有一个人对挂在市门上的《吕氏春秋》损、增一字的真实内幕，归根结底是由于害怕相国吕不韦的权势而已，“盖惮相国畏其势耳”。不过，总体评价这部大著，体例完整，内容丰富，在当时也应该算是极有价值的作品，对后世的影响更深，理应看作是我国古代优秀的文化遗产。因此，“千金悬赏”尽管有抬高自己身价的意思，但是这本书毕竟也是不一般的。这部书的问世，不管是在秦国，还是在那个时代，都称得上一件大事。

话又说回来，吕不韦在秦王政八年（公元前 239 年），将《吕氏春秋》公之于世，并千金悬赏，目的单纯是抬高自己吗？错了，选在这个时间公布《吕氏春秋》，是吕不韦经过仔细推敲、反复思考，有目的、有计划布置的，是有其独特用意的。

自从秦庄襄王元年（公元前 249 年）庄襄王坐上王位后，吕不韦就一直是相国，执掌秦国内政。公元前 246 年，十三岁的秦王政当上国王，吕不韦便因“仲父”的身份进一步操纵政权。这个期间，秦国的朝政完全控制在吕不韦手中，还不懂事的秦王政成了一个傀儡。可是，随着时间推移，吕不韦慢慢衰老，秦王政则逐渐长大成人，到秦王政八年嬴政变成了二十一岁的青年。按秦国的惯例，青年国君到了二十二岁时必须进行加冕礼，戴上一顶代表进入成年的帽子，从此就可以亲自掌管朝政，而“辅政”的吕不韦也不得不把政权交还秦王政了。万一马上亲政的秦王是个有魄力的君主，或不愿听人指使的国王，那么吕不韦不仅没有了以前的一切权势，而且命运不会很好。惯于独揽政权的吕不韦肯定不希望自己走到这个地步，但他大约已经意识到秦王政并不是一个昏庸无能的软弱国君，甚至将会是自己最大的政敌，而自己又不敢明目张胆地取而代之。怎么办？只有加强对秦王政的控制。《吕氏春秋》抢在秦王政二十一岁时发表，其目的之一就是威慑秦王政。他用千金悬赏的方式向秦王政提供信息，令他知道：自己身为一个相国，对秦国百姓的威慑力是多么的大。《吕氏春秋》公布后没有人能改动一字，这就表明没有人敢公然反对他。用这种方式要这位年轻的国君明白吕相国的势力，从而不敢稍有反抗。

公开《吕氏春秋》的另一目的，还在于警示秦王亲政以后，要像古代传说中的颛顼遵从黄帝那样，听从吕不韦的教导。在作为《吕氏春秋》一书的序言的《序意》中写道：“良人请问十二纪，文信侯曰：尝得黄帝之所以诲颛顼矣……”表示吕不韦像黄帝教导颛顼那样，要将自己的思想意识影响到秦王政身上。

最后，也是最主要的目的乃是：《吕氏春秋》代表了吕不韦个人对人生、政治、宇宙等重大问题的基本观点；既是他本人思想的代表作，也成为掌管秦国十余年大政的指导思想和施政纲领。在秦王政临近亲政之时公布《吕氏春秋》，实际上是将吕不韦的思想、观点和政治纲领完全向秦王政交代，希望秦王政按照他的思想和政治路线继续执行。作为一部包罗百家的“杂家”著作，几乎看不出哪些内容、观点、主张和理论是代表吕不韦个人的东西。这里说的反映吕不韦人生观和政治思想的内容，仅仅是针对这部书中某几个具体观点和主张。因为这本书包含了诸子百家，所以许多具体方法和思想主张在本书中常常有前后不通甚至是自相矛盾的地方。有时这个文章肯定这一观点，而另外一篇则反对。所以随意抽取书中某篇或某种观点就当作是吕不韦本人的看法、主张，是很片面的。但是，如果只看《吕氏春秋》主题思想和总的倾向及全书突出特色来谈论吕不韦的思想及政治指导方针，那么这部书还是较为接近实际、较为科学的。

《吕氏春秋》主体中心思想是以阴阳五行为主的“合儒墨，兼名法”，包容百家。书的一大特色是“杂”。该书的这个特色也就是吕不韦本人思想和政治作用的特点。

这种“杂”的偏向，指导了吕不韦既不拒绝法家，也不排斥墨家、儒道，而是统统收入，吸取各派的理论主张和思想观点。而这一特点在天命观方面表现尤为突出。吕不韦一方面不迷信神鬼，另一方面又不能摆脱对命运的恐惧。表现在统一天下的途径上，既推崇法家主张的武力进取，又崇尚儒家以怀柔的手段诱惑敌人投降；表现在治理国家方法上，即推崇严刑峻法，又不舍弃礼义教化，同时也提倡道家的“无为而治”；表现在君主的执政风格方面，一方面提倡君主专权，另一方面又排斥君主独断，在大权独揽的前提下，讲求无所作为，袖手旁观；在物欲的追求方面，既不宣扬禁欲的苦行主义，主张“任天性”，满足人身生理需求，又反对奢侈、过度欲求。以上五个方面不仅在《吕氏春秋》中有清晰的表述，而且在吕不韦一生的活动中也被奉为宗旨，把这些看作是吕不韦的思想和政治主张的特色，应该是不会错的。吕不韦公开发行《吕氏春秋》，目的在于要秦王政采纳的，显然是这些内容。

2. 训政秦王

此时正是吕、嫪之争的时候。吕不韦的权力当然是很大的，但他主要将这权势用于政治和军事方面。或人所说的“天下必（毕）合（舍）吕氏而从嫪氏，则王之怨报矣”！魏国仍然拥有“天下”，怎么会如此害怕吕不韦呢？究竟为何要帮助嫪氏取胜呢？答案很明显，那就是：吕不韦在位一天，一定要义无反顾地把兼并战争推行下去，这会使他们时刻受到灭国的威胁；而如果是嫪毐掌有实权了，那秦国就会昏暗混乱下去，这会留给他们生存的空间。从这里，我们不难看出，如果不存在嫪氏集团的干扰，秦国统一事业完成的日程可能会更提早一些。所以我们不能笼统地把吕、嫪看作是“一丘之貉”。他们是应区别对待的！

但是，对吕不韦来说，更重要、更为紧迫的，也更危险的职责却在于对少年嬴政的教导。从道理上讲，作为“仲父”，吕不韦是够资格，也有责任来训导嬴政的。但是，凭嬴政那样一副性子，吕不韦能让他听从自己的话吗？吕不韦平时用什么办法对嬴政教育，我们无法知道。但可以推测，收效不会很大。嬴政一天天成长起来，吕不韦自然心急如焚。于是，他决定组织编写一部内容丰富而有意义的教科书。

这是吕不韦主编《吕氏春秋》一个真实意图，那就是教育嬴政尽最终的职责，以圆满地完成他作为“仲父”的使命。

书编成后是众人皆知了。但是，吕不韦的一生却因此江河日下。

《吕氏春秋》的公布，像一个冲击波传递入宫墙里，年少且不太懂事的嬴政，一切又都回到了从前，似乎没有什么事发生过，御沟中流动的仍是散发出带有脂粉气息的细流；穿过梧桐、垂柳的密荫传到宫外的轻歌漫舞之声，依然优雅动人；巍峨的大殿上照旧神气十足的吕不韦仍旧在发号施令；而那个一言不发的秦王嬴政还是坐在饰满珠宝的硕大御座上。

清晨，天还灰蒙蒙、东方尚未露白之前，咸阳城的章台宫前早已钟鼓齐鸣。随着威严、肃穆的钟鼓声，秦国文武大臣匆匆奔往章台前殿（在今陕西省西安市西北的低堡子附近）。这里是秦国的朝宫所在，每日的早朝，商讨军国大事和重大政治活动均在这里完成。与平常一样，相国、“仲父”吕不韦神气昂然、志得意满地坐于嬴政左侧，临听大臣禀奏，发布各种命令。他连看都不看一眼坐在大殿正中的秦王，根本不把君主放在眼里。

秦王嬴政已经二十一岁，却一点也说不上是年轻、英俊。他长得其貌不扬，坐在那阔大的王位上，听着吕不韦居高临下地发号施令，显得可怜而渺小，由于小时患软骨病成了鸡胸，使得他坐着似乎顶着一口大锅，那些跪在殿下的群臣根本不能看到年轻君王的面孔。而他的面孔确实也不怎么好看，拧干的抹布似的脸上安了一副马鞍鼻，那两只突出的眼球跟马眼没什么区别，时不时地闪出一道青冷冷寒光。当然很少说话，可一旦说话，嘶哑的声音像狼嚎，令人不寒而栗。秦王政的这副“尊”容，不可能让人想起亲切、和蔼之类的词。不过在他亲政之前，臣民们被吕不韦的权势压服，不会有许多人在意那个坐在宫殿中央却一声不吭的秦王。

“请大王处决”每次吕不韦裁决政务时，都不忘加上这么一句例行公事的话。

“按丞相意思执行吧。”秦王政也只能简单机械地回应。

于是群臣大声谢恩跪拜散朝。这一幕场景从秦王政继位到第八个年头天天如此，表面上看来一成不变。

可是，秦王政毕竟成熟起来了，虽然长得不那么英武，但脑袋里的东西肯定时刻在积累。吕不韦正是觉察到这些，才迫不及待地、大肆宣扬公布《吕氏春秋》，看看这个不吭不哈的秦王有什么动向。

“请大王定夺。”《吕氏春秋》公布后，吕不韦还是这句话，同时看看坐在殿中央的秦王政。他早已让人给嬴政的案头摆上一部《吕氏春秋》，心想他肯定翻过，吕不韦想了解嬴政看过后在朝堂上有什么变化。

“按丞相说的执行。”秦王嬴政重复那句已八年的话，如同一只坏了的留声唱片，连声调都一样。

“散朝！”吕不韦深深地看了嬴政一眼，毫无办法地吐出这两个字，转身回府去了。他暗暗地纳闷，猜不出这个从小看着长大的嬴政心里装的是什么，真是个谜！

望着远去的相国，嬴政也慢慢地转身回到后宫，谁也没有留意到他眼里带有凶光。虽然表面上一切平静，但嬴政内心里正经历一场史无前例的剧烈风暴。他的理智和感情正进行一场激战。只是因一贯形成的性格和残酷的冷静，使得他能在关键的时候保持沉默。这大概与他幼年的生活影响有关。他一定不会忘记刚刚懂事的时候就被遗弃在邯郸的日子，孤儿寡母过着行乞的日子，那时虽然母子相依为命，可风流成性的母亲在落难中仍不忘寻欢作乐，情人走马灯似的更换，最后遇到强悍的嫪毐，俩人终于难解难分，哪里还顾得上无人疼爱的赵政呢？好不容易熬到回咸阳的日子，随着母亲成为宫中的后妃，嬴政也变成了一名王室贵胄了。可是在多如牛毛的王子、王孙堆中，这母子俩的身份难免不常常成为宫中背后闲谈的话题。

“不过是个娼妓罢了，不是什么好货色，也来宫中当妃子！”全都是秦国贵族门第的妃子冷嘲热讽。

“瞧那个小丑八怪，也不知道是哪来的野种，也能当个王子！”众多的王子、王孙歪着眼睛指责着赵政。

热讽、冷嘲、打击、排挤，以及歧视的话语、轻蔑的目光，像一盆盆冷水从头浇来。几年来宫中的生活虽也十分安逸，但宫内的氛围像三九天的严寒围困着嬴政母子二人。做母亲的邯郸姬一点不计较，反正身边有异人保护，左右有吕不韦护驾，对后宫的嫔妃姬妾的嫉妒不以为然，仍然每天寻欢作乐，日子也过得舒心。唯有可怜的嬴政似乎没人想起，孤独地在承受着周围的压力。他被忽视、被歧视。不仅生病得不到及时的医治，以致余下了一生难以断根的残疾，而且内心也有永远不能抚平的创伤。这使得他经常喜欢独处，不喜欢热闹，渐渐形成不愿意看到别人欢乐的心理。他以仇恨的心情洞察身边的一切，报复的苗头在他心中产生。到读书识字的年龄，秦国宫内完全按照本国模式向嬴政传授文化和价值观。在秦宫内奉为经典的教材无疑是《商君书》，因为商鞅是使秦国兴盛的开山人，百余年来秦国奉行的就是商鞅的指导思路。事实证明，商鞅确实使秦国强盛起来。他留下来的思想哪能不奉为宗旨，记载商鞅思想、言论的《商君书》又如何能不被秦宫奉为圭臬？

成大功者不谋于众。

论至德者不合于俗。

这是嬴政读《商君书》一开始就接触到的两句话。这两句话对他影响非同小可，使得这个本来就性格孤僻、心理阴暗的嬴政，在感受秦国传统文化熏陶后，变得更冷漠、残酷，不相信任何人，对众人都仇视，唯一的理想就是个人的功利。为了心中的目标，他可以忍受旁人想象不出的压力，在历经多个春秋的秦王位上，甘心被人忽视，任凭吕不韦在身边颐指气使地发号施令。他甚至假装看不见，任凭吕不韦、嫪毐之流出入自己母亲的后宫，眼睁睁地看着他们在母后的床笫间寻欢作乐，让他们鬼混。但是，这种孤僻的性格下，潜伏着让吕不韦意料不到的仇恨：一旦得志，他会像豺狼一般吞吃任何一个人的。说他“居微易出人下，得志亦轻食人”，简直恰如其分极了。

但是，在秦王政八年（公元前239年）之前，他不得不保持沉默，不得不一声不吭，装得对世事不闻不懂，任吕不韦操纵。尤其是《吕氏春秋》公布后的一段日子里，嬴政似乎是风平浪静一样，没发表一句评论的话，甚至没有丝毫反应，这令吕不韦忐忑不安。

事实上嬴政这些日子异常紧张。下朝以后他赶紧回到后宫，顾不上与宫女们嬉闹，就伏在桌前一篇篇地阅读《吕氏春秋》，他迫切地想搞清楚吕不韦这部书里写的是什么内容，他的目的何在？

“铛铛”，“咚咚”，宫中巡夜的卫士敲着警器已经响过三次了，滴漏刻度指示已是半夜时分了。那时通行的是十八个时辰的计时制：即鸡鸣、晨时、平旦、日出、下铺、日人、昏时、夜时、人定、夜少半、夜半、夜大半。时至夜大半，接着就快要天亮了。然而在宫中的秦王寝殿内灯光一直亮着，嬴政彻夜都伏在案上看《吕氏春秋》。他眼睛从简上扫过，脑海里汹涌澎湃地掀起波涛。书中所写的内容有的使他拍案赞赏，有的却让他怒发冲冠，不知不觉已到深夜。宫女、侍卫们小心翼翼地看了几次，谁也不敢请他就寝，他们都在暗自思忖，究竟是什么使得秦王如此动情。

“好！说得好！”嬴政忽然大叫，下人赶紧进来看，谁知嬴政原来是看书着迷，自言自语，兴奋得大叫。他看到的是《有始览·谨听》中的一段文字：

> 今周室既灭，而天子已绝，乱莫大于无天子，无天子则强者胜弱，众者暴寡，以兵相残，不得休息。

当时东、西周都被秦所踏平，挂名的“天子”的确“已绝”，年轻气盛的秦王嬴政俨然以未来的天子自居，因此自然欣赏这种重新建立以“天子”为中心的、统一的中央集权的新局面的主张和言论。因此对于武力实现统一目标的思想也从心底里表示认同。同时，他对于以战争的方式完成统一大业，也很欣赏，比如《孟秋纪·禁塞》中所写的：

> 故攻伐者不可非，攻伐不可取；救守不可非，救守不可取。惟义兵为可。兵苟义，攻伐亦可，救守亦可。

这里说的“义兵”就是指消除各诸侯国分裂，实现统一的秦军。《吕氏春秋》中还清楚指出：战争胜利后要建设统一的国家、统一的律令。

《审分览·不二》：

> 必同法令，所以一心也；智者不得巧，愚者不得拙，所以一众也；勇者不得先，惧者不得后，所以一力也。故一则治，异收乱：一则安，异则危。

吕不韦掌权时期进行的兼并战争，正是《吕氏春秋》中提出的上述思想的具体实践。读到这里，秦王嬴政明白，主张用战争清理掉各诸侯国，建立中央集权的统一政权，吕不韦这方面的设想是和自己相同的。

从以后的事实可以看出，秦王嬴政对于消灭分裂、武力统一天下的思路和《吕氏春秋》的主张确是一致的。他亲政之后，首先整顿朝廷和宫中的内乱，一旦内乱被平定下来，就立即把全部心思放在统一战争上。结果，终于在亲政后的第十七年，即位后的第二十六年，即公元前 221 年，结束了数百年分裂局面，创建了统一的秦王朝，在中国境内完成了史无前例的空前统一。对于此业绩，秦王政——统一中国后称秦始皇——是扬扬自得的。当公元前 221 年秦全歼了各诸侯国之后，在庆祝天下大一统的朝会上，秦始皇历数了消灭关东六国的过程之后，对群臣说：

“寡人以眇眇之身，兴兵诛暴乱，赖宗庙之灵，六王咸伏其辜。天下大定。”

这里，他把消灭关东六国叫作“诛暴乱”。接下来，秦始皇命令臣下议“帝号”，创立统一的制度：统一法令，规范文学，统一道路，统一度量衡，统一实行郡县制，在全国建立统一的官僚体制等等。这些丰功伟业的建立，与《吕氏春秋》中阐述的吕不韦的政治规划是相符合的。消灭诸侯分裂，创建中央集权的统一国家这个目标，如果说自秦孝公在商鞅变法以后就已经开始奋斗的话，那么在吕不韦当政时代，就以《吕氏春秋》系统地见诸文字而昭示于世，在秦始皇时代则最后达到了此目标。这是一个长达一个世纪之久的历史任务，吕不韦和秦始皇只是这根长链中的两个环扣，然而两人却是两个不可或缺的环扣。吕不韦时代前后转折，特别是汲取各家学说的精华论述统一中国和消灭割据的思想及以武力完成统一的合理性，第一次为秦国统一阐述了完整的理论依据，而秦始皇则使得中国统一成为事实。这两个环扣都是必要条件。秦始皇本人也很清楚：他所进行的统一大业乃是完成秦国的先辈、包括吕不韦在内未实现的事业。在秦王政三十七年（公元前210年），当秦始皇快要死之前，在收录其一生事略的会稽刻石中就明白无误地宣布其统一大业是完成前代之未实现的事情的。

由此可以看出，秦王政和吕不韦在统一中国的谋略方面十分相似。因此也难怪他看到《吕氏春秋》就难以控制地拍案叫好。

“太有道理了！”当体会出《吕氏春秋》这部杂家著作是以阴阳五行学说为中心的时候，他情不自禁地脱口而出，自言自语。这一次宫女们可不再理会他了。在《吕氏春秋》中《有始览·应同》篇在现实中具体应用了五行学说：

> 二曰：“凡帝王之将兴也，天必先见祥乎下民。黄帝之时，天先见大螾大蝼，黄帝曰土气胜。土气胜，故其色尚黄，其事则土。及禹之时，天先见草木，秋冬不杀，禹曰木气胜。木气胜，故其色尚青，其事则木。……代火者必将水，天且先见水气胜，水气胜，故其色尚黑，其事则水。……

秦王政十分推崇阴阳五行，因此对类似言论大加赞扬。从秦一统天下后的历史看，秦始皇虽然依照法家学说来治国，但其治理国家的思想理论确实是五行学说：即依照金、水、木、土、火的相克、相生思想，水克火，周为火德，而秦是水德。这是在战国时代就已经为阴阳五行家传播的观点，又被《吕氏春秋》加以体系化的学说。秦始皇在统一中国之后，更加努力地扶持这种“五行终始说”，以说明秦王朝建立的必然性和合理性。

公元前221年，始皇自称“皇帝”的同时就宣传：秦取代周是水德代替火德，这个历史宿命早在五百年前就被确定下来了。传说五百年前，秦文公外出打猎时得到了一条黑龙，这条黑龙就暗示着化身为水德的秦人要取得天下。于是，秦统一中国后，便一切都依照五行学说办：规定河水更名为“德水”，各种颜色中以代表水的黑色为等级高的颜色，衣服带旄，旌旗都是黑色的，连宫殿中墙壁上画的龙都被画成了黑的。除此之外，与水德有关联的声音、数目也颁布法律规定：数字以六为尊，其原因是六代表五行中的水，故而秦王时代能凑成整数的皆为六：车六尺，乘六马，六尺为步，符、法冠都是六寸，凡是与数有关者，都以六为上。这一些例子都说明：秦始皇的政权是在五行学说之下运作的。

由上可见，对于《吕氏春秋》中提出的统治理论，秦王政绝对赞成。他肯定十分认可这部书说出了自己的肺腑之言，才兴奋得连连喝彩。

可是，在殿外侍候的宫女们注意到：读简的秦王嬴政并非总处在这种兴奋的情绪中，有时见到他自言自语，似在谩骂着什么。

“哗啦”，突然听到竹简落地的声音，这声音在寂静的深夜听起来非常恐怖。正在巡逻的宫中卫士也从远处赶来。大家看到秦王嬴政把竹简全摔到地下，愤怒地来回走动，灯光照着摇摆的人影映在窗纱上，像是一头被关在笼中发怒的野兽。宫娥、侍卫都清楚，在这个时刻最好让他一个人独处。一定是书中的某些观点激起年轻君王的怒火了。

宫娥、侍卫们的想法很正确，秦王嬴政确实是因《吕氏春秋》而爆发的怒火。特别是当他看出这部书不仅提倡法家思想，而且赞同儒、道、法、墨各派兼容并包的时候。秦王嬴政还看出这本书在治理国家方面除主张严刑酷法的法治以外，还鼓吹儒家的“仁义”、实行怀柔政策的言论。看到与这方面相关的内容，秦王嬴政肯定会联想到吕不韦在对关东六国的统一时，除动用暴力彻底消灭之外，有时还用笼络等缓请手段。吕不韦甚至有时采用“兴灭国，继绝世”的策略，以此获得某些诸侯的退让和支持。这种软硬兼施的两手策略，在吕不韦当权时期是最明显的一个特点，但秦王嬴政不大赞同这种做法。

长大成人的秦王嬴政，是不喜欢这种手法的，他不仅继承秦国一直推崇的尊法传统，而且将法家的严酷统治方法推向极端。对法家学说的赏识，首先是因为秦人的环境和传统。秦人起初处于黄土高原的陇地，这里土地贫脊，气候寒冷，生活艰苦，人民性格爽朗。而历来的统治者都是采用重罚、重赏的办法统治人民。因此，秦民形成了“重功利、轻仁义”的价值观；其次是因为秦王政本人的品性。而他这种性格在认识李斯之后则与之不谋而合。李斯是荀卿的学生，但他的主张、思想都已经超出荀子儒家观点的范围，把荀卿的性恶论——即认为人性是先天“恶”的——发展成法家以严刑厉法的治国方式。李斯早在吕不韦当政时就来到了秦，后来深得秦王政的倚重。秦王政在统一中国的进程中及统一中国以后施行的政治、军事措施，可以很明显地看出和《吕氏春秋》中宣扬的刚柔相济、“德”“刑”并用的做法不同；其繁法严刑前所未有，以致“囹圄成市”，“赫衣塞路”。在战争中杀人遍野就不说了，刚刚平定六国后又大搞建设，建六国宫殿，北筑长城，南戍五岭，致使数以百万计的劳动力死于边塞及工地。在这十余年中，唯有暴力的淫威在肆虐。吕不韦所推崇的仁、德与刑、罚兼施的统治方法，已为极端的、单一的严刑酷法的统治所取代。而此后的这一切进展，早在吕不韦掌权时期，已在秦王政的思想中慢慢地发展起来。怪不得秦王嬴政气愤至极地将《吕氏春秋》扔在了地上。

除此之外，还有让秦王嬴政更为恼火的地方：当他读到《吕氏春秋》有关用人之道的论述时，恨不得一把火烧掉这些竹片。在《孟夏纪·用众》中有：“物固莫不有长，莫不有短。”善于经商者则取长补短，以长济短才能盈利，当权者也应该遵循这个道理。善于汲取别人长处以弥补自己短处的人，才能成功。而善于利用长处以弥补自己不足的人，才能获得天下。

> 天下无粹白之狐，而有粹白之裘，取之众白也。夫取于众，此三皇、五帝之所以大立功名也。凡君之所以立，出乎众也。立已定而舍其众，是得其末而失其本。得其末而失其本，不闻安居。

这段话认为：君主成就丰功伟业必须依靠众多比自己高强的臣下，只有这样才能“出乎众”。若不借助大家的力量，仅依靠自己的力量乃是舍本逐末，没有不以失败而告终的。事实上，这正是吕不韦所遵循的。在他掌权的数年间，其军事、政治的成就在名义上都是由其他大臣将军所做出的。吕不韦甚至没有直接发布命令。尽管如此，在他执政的十余年中，文武大臣们个个鞠躬尽瘁，忠于职守。由此可见吕不韦极善用人，善于发挥众人之长，取积少成多之效。不独裁并听取臣下的意见，已是吕不韦为政作风的一大特色。

秦王政并不这么认为。他历来就不相信臣下，尤其在统一中国后，他变得更加独断专行，不信任任何臣下，成为名副其实的孤家寡人。这种作风在统一中国后发展到了极端，他不仅不相信臣下，而且对身边关系最为密切的大臣也不放心。他的行动诡秘，基本上没人知道。有一次，秦始皇到梁山宫，从山上远远看到丞相李斯的车骑很多，顿时龙颜不悦。伴随左右的宦官私下通知丞相，令其减损车骑以免使秦始皇不高兴。谁想到秦始皇见到丞相减损车骑后反而大为恼火：“谁将我的话泄露出去了？”他质问身边的宦官，当然没人敢承认。于是，秦始皇命令：将当时在场的宦官全部杀掉。从此以后再没有人了解秦始皇的行迹了。一个国君怀疑臣民，甚至连左右近臣都不信任，还能信任臣下、扬长避短吗？难怪当时有人评论秦始皇“天性刚戾自用，起诸侯，并天下，意得欲从，以为自古莫及已。专任狱吏，狱吏得亲幸。博士七十人，特备员弗用，丞相诸大臣皆受成事，依办于上。上乐以刑杀为威，天下畏罪持禄，莫敢尽忠”。

这里提到他有“博士”却“备员弗用”，“丞相”也只不过是“皆受成事”，毕恭毕敬地“依办于上”，所有的人都“莫敢尽忠”。这同吕不韦放手让臣下享有充分的自主权的作风截然不同。而那些本应由臣下去做的事，秦始皇却喜欢自己动手。

“天下之事无大小皆决于上，上至以衡石量书，日夜有呈，不中呈不得休息，贪于权势如此。”

很明显，秦始皇喜欢独裁、事必躬亲、不信任臣下的性格和作风，绝不是在统一中国之后才出现的。它肯定早在吕不韦执政期间，就已慢慢地在步入青年时代的秦始皇身上形成了。只是，在没亲政之前，他不得不强忍着不显露出来而已。见到《吕氏春秋》中的论述，秦王嬴政自然怒发冲冠，气得在屋内走来走去。

晨光熹微，金鸡报晓，东方已露出鱼肚白。整晚没有睡觉的秦王嬴政挣扎着看完《吕氏春秋》的最后一支简，勉强撑着去上朝。当他坐在宝座上，例行公事地应付着吕不韦和群臣时，脑子里却全部是刚刚读过的《吕氏春秋》。对书中的说法，他始终感到有一点不满意，那就是对天命和鬼神的认识。在《吕氏春秋》中有墨家的学说，但《墨子》一书中专门辟有《名鬼》一章宣扬鬼神，而《吕氏春秋》中却与之相反，很少有相信鬼神之类的话语。反而常常见到强调人的作用，不赞同迷信天鬼的言论，例如《有始览·名类》中提到：“祸福之所自来，众人以为命，安知其所？”《季春纪·尽数》中说：“卜筮祷祠，故疾病愈来。”《不名论·博志》中有论述说：“精而熟之，鬼将告之。非鬼告之也，精而熟之也。”这些言论实际上正是吕不韦所遵行的，他的一生中从来没有求神拜鬼，也没有放任自流的表现，始终都在靠自己打拼。

秦王政想到这些内心也十分不高兴，他不仅相信阳阴五行学说并努力将其神秘化，而且一直迷信命运、鬼神。这种心理到统一中国后越来越严重。最突出的例子就是为了获得长生不死之药，他多次派人到海中求仙。梦想长生不老已是荒唐，又妄图寻找神仙和灵丹妙药更属无稽。难怪一再上当受骗，而秦始皇始终执迷不悟。秦始皇二十八年（公元前219）年，方士徐福奏报，提到东海有蓬莱、瀛洲、方丈三座仙山，山上有仙人，可以获得长生之药。秦始皇马上派徐福率数千童男、童女入海求仙，但徐福一去便没了音讯。公元前215年，秦始皇又指派燕人卢生去求仙人，命令韩终、侯公、石生去寻找不死之药。不仅徒劳无功，反而被方士给耍了，先是向秦始皇呈献图书，后来又说“真人”必须十分秘密，才能得到不死之药。于是，秦始皇自己号称“真人”，行动隐蔽不被人知道“以辟鬼”。但不管怎样求神装鬼，都不可能得到原本就不存在的不死之药。最后，秦始皇怒而杀掉咒骂他的儒生、方士，制造了影响极坏的“坑儒”惨案。然而，屡屡上当的秦始皇，对寻求长生不老之药，对鬼神迷信矢志不渝。当他巡行到东海岸，听说海中有大鱼，射中就能找到仙人，竟然亲自乘船出海，不惜冒生命危险在风浪中射鱼求仙，听到“亡秦者胡也”的迷信的话就认为胡人——匈奴绝对是秦王朝的死敌，马上下令伐匈奴。听说周鼎中有一个沉没在了泗水，他相信找到这个鼎就可永远保住皇位。就在公元前219年东巡至彭城时，斋戒祷祠，命令千人潜入水中求周鼎，结果一无所获。更可笑的是，这一年秦始皇南下渡淮，经南郡到湘山时，因船行水中遭遇大风影响过江。侍从说此地有湘山神乃是尧之女、舜之妻，因而触怒始皇，下令砍光湘山树赭其山。这种与“神”搏斗的毫无理性的行径，后来被某些史学家赞扬为“不惧鬼神的精神”。这实际上反映了秦始皇是深信鬼神的存在的，否则他何必对山和树如此大为恼火呢？从秦王政一生的活动中可以得出结论，他始终相信命运、鬼神，对于《吕氏春秋》中流露出不是很相信命运和鬼神的态度怎么能接受呢？

“散朝！”当耳边响起吕不韦下令散朝的声音时，秦王嬴政才从沉思中回到现实。他回到后宫，仍在思考，他想把看过的《吕氏春秋》在脑中整理一番。

“大王请您喝浆吧。”宫女们端上新酿的香气扑鼻的浆，紧接着又有人给他捶背、揉肩。尽管秦王嬴政还年轻气盛，平时宫娥彩女的这些温存也是不可或缺的。但近来却十分反常，他挥挥手赶走了温柔的宫女，独自呆坐在案旁，甚至茶不思饭不想。他要冷静地思考。

秦王政明白：《吕氏春秋》尽管不是吕不韦自己所写，但明白无误地表达了吕不韦的想法。待看完《吕氏春秋》之后，秦王嬴政又清楚了吕不韦为什么要赶在自己亲政之前的这一年将这部书公布于众。

秦宫的白天，幽静而显得漫长。上完早朝的秦王嬴政倚案凝思，不觉睡意盎然。待从睡梦中醒来，已见一抹夕阳挂在天边，窗外的天边一角映出金色的晚霞，他才知道昏睡了一整天，大概是近日连续深夜读书太累的原因吧。不过，一到晚上，秦王政的精神立刻就振作起来。这个习惯一直到他的晚年依然如此。待吃过膳房做好的晚饭后，秦王政觉得脑子里已逐渐勾勒出他与吕不韦之间的异同。这种感觉早在几年前就隐约地萌生了，只是并不清晰。看完《吕氏春秋》之后，经过静下心来思考，他才得出明确的概念。

“乱莫大于无天子。”秦王嬴政踱着方步自言自语，他喜欢一个人沉思，一般不喜欢与别人探讨自己心中的问题。“要有统一天下的天子，这句话说得对！”

“用义兵取得天下。”他自己提出这个问题，然后自问自答：“说得极对！我的秦军讨伐其他国家就是正义的士兵。我就是未来的天子。”

“阴阳五行支配宇宙中的万事万物。”他又想起《吕氏春秋》中浓厚的阴阳五行色彩，“说得一清二楚，不愧是一些有思想的人。”

想到这里秦王政心花怒放，他觉得在好多原则问题上和吕不韦根本就是英雄所见略同。

但是，笑容在秦王嬴政脸上停留了片刻就马上又不见了。他那一副阴森的“尊容”似乎刚被蛇咬了一口，扭曲得令人望而生畏。胆战心惊地侍候在门外的宫女和宦官们又听到耳熟而又沉闷的诅咒声。

“什么德政！什么仁义，纯属瞎扯！”他自己骂骂咧咧的话，明显是不赞同《吕氏春秋》的观点。

“不相信神鬼，也不信任命运？”一个接一个的问题都要经过他自己早年形成的成熟的理性天平掂量一下，这是秦王嬴政在整理《吕氏春秋》留下的一大堆疑问，也是在检查自己与吕不韦的矛盾，“胡说，妄论!”

“君主要什么也不用干？把权力交给臣下?”看到这个主张时，秦王嬴政不由自主地大声叫了起来。他怒不可遏，再一次抓起竹简摔到地上。

至此，秦王嬴政终于搞明白了，他与吕不韦在统一天下的大目标方面虽大体一致，可是在治理这个未来一统的天下的手段、策略方面，以及个人主张方面，都和吕不韦格格不入。反过来他又想起吕不韦这么多年在秦国独断专权，使自己居于毫不起眼的地位，以及吕不韦和自己母亲之间种种风流韵事，不由得怒火中烧：“势不两立”、“不共戴天!”。这就是秦王嬴政经过左右权衡后得出的最后想法。

不过，秦王嬴政也非常明白：现在还不到和吕不韦闹翻的时候，因为他还没有直接掌握实权，秦国的大权还控制在吕不韦手中。还需要默默地忍耐，仍需表现得似乎没有一点才能的样子，对吕不韦处理朝政不加干预，听其指挥。

神秘不可测的秦王政，难解的秦王之谜！千百年来又有无数人对这些谜加以想象和揣测。但是吕不韦面对的最难解的谜大约就是此刻秦王在想什么。吕不韦一生最大的遗憾，恐怕就是没有猜透这一造成吕氏悲惨命运的千古之谜。

吕不韦对秦王政即将亲政，虽有充分的防备和种种安排；但对这个逐渐懂事的年轻君主究竟想些什么，肯定是无从知道的。这样，在秦王政和吕不韦之间潜伏的矛盾中，一个在明处被人看得一清二楚；一个在暗处使对方捉摸不透。这种力量对比就注定了这场悲剧的最终结果。

第八章　秦王亲政

一、嬴政攫权

1. 加冠大典

秦王政九年（公元年 238 年）的春天，彗星出现，它有整个天空那么长。太史通过占卜说："国中会有兵变事件发生。"秦襄公立鄜畤来祭祀白帝；后德公把国都迁到了雍，于是在雍的郊外设立天坛；秦穆公又建立了一个宝夫人祠。年年举行祭礼，于是就成为常规。后来虽再迁都咸阳，这个规矩也没有丢掉。太后住在雍城，秦王政每年都在郊祭的时候，去雍城朝见太后。由于举行祀典，便在祈年宫暂住一段时间。当年春天又是这个时候，刚好有彗星之变，临行前使大将王翦带兵驻守在咸阳三日，同仲父吕不韦一起守卫国家；桓齮领兵三万，驻屯在岐山，然后秦王政起驾去雍城。

至于秦王嬴政，这位在王位上坐了八年尚未真正拥有实权的国王，目睹朝廷内外震憾人心的政治风云，历经沧桑世事、变幻莫测的洗礼，一定早已形成严密的思维和谋略。不过，这位城府极深的国王，始终不让别人看透他的心，无人知道这位即将亲政的年轻君主葫芦里卖的啥药。就在嫪毐整装待发的这年四月，嬴政决定离开首都咸阳率重要文武大臣驾临雍城。

嬴政到雍城的目的是要在这里进行加冠大典。加冠，在古代中国是自西周以后就制订了的一项极重要的礼仪制度。按当时的规矩，士人二十岁才进入成年，可以任职当官，可以娶妻生子，可以用别名——“字”。为宣告已经成年，在二十岁时要进行特别的仪式，届时由长辈把一顶特制的标志成年的帽子戴在他头上，称为“冠礼”。因此，古人将男子二十岁叫作“弱冠”。人们非常看重“冠礼”，因为它是人生进入崭新阶段的一个重要标志。古代礼书《仪礼》特别把“士冠礼”列到首位，连天子也不能少了这道加冠礼。不过，天子和诸侯的加冠礼可能在二十岁之前。如周文王十二岁就已加冠，十五岁就有了儿子伯邑考。春秋战国时期也有不少国君十三四岁就已举行加冠礼。奇怪的是秦王嬴政十三岁就登基成国王了，可为什么直到二十二岁才开始举行加冠礼，比二十而冠的一般士人还晚了两年？主要原因无非是太后和吕不韦独揽朝政不愿让嬴政亲政。如今若不是吕不韦和嫪毐的对抗局面给嬴政夺回政权准备了一个绝好机会，那还不知道猴年马月才让嬴政举行加冠礼呢！如今年满二十二岁的嬴政本人也已有主见，他决定不受吕不韦控制，争取独立，毅然率文武大臣到雍城举行加冠礼。这明显说明他要宣布：自己要向吕不韦、嫪毐和太后这三个政敌公开挑战了。

冠礼在四月己酉日于雍城祈年宫内庄严地进行。遵照古代礼制规定，必须由被加冠者的长辈主持加冠礼仪式，邀请族人、宾客参加，在祖庙前完成极为繁复的典礼，以给被加冠者戴上象征成年的“皮弁冠”为结束。嬴政的加冠礼程序当然都一样，不过场面更加壮观，代表长辈的吕不韦无疑不能缺席，随来的群臣也都行礼如仪。至于被戴在秦王头上的则不是皮弁，而是冕。它是一顶大礼帽，黑色的，做工精巧；上有一长方板，称为綖（延）；前后缀有十二串小圆玉石，称为旒；下方有两根丝带，称为纮；加冕时起装饰用的丝穗，称为缨。綖的下方还有一个类似簪状物，称为衡，是插在头发内起固定作用。衡的下端系一块玉，称为瑱，而系玉的丝线称为紞。除了这顶代表王权和王位的冕被戴在嬴政的头上之外，在这次典礼中还有一个项目，即为嬴政佩剑。这是秦国独特的礼制，因为剑是古代奴隶主阶级代表身份、地位的重要象征。关于成年人佩剑，秦国历史上一直有十分严格的限制，到秦简公六年（公元前 409 年）才准许“吏初带剑”，而国君也只有举行表示成年加冕礼时，才煞有其事地将剑佩在身上。

加冠典礼的仪式刚刚完成，悠扬的雅乐声的余音还在雍城上空盘绕，秦王一个重大的举措便开始实施了。

2. 铲除嫪党

原来秦王嬴政"刚刚得知"有人来告发嫪毐不是真正的宦者，并准备谋反。只是那时仍旧由吕不韦辅政，嬴政还只能听凭他决策，而且反叛尚缺乏证据，因此按兵不动，静观其变。现在加冠礼已经结束，嬴政再也不必受吕不韦控制了。他亲政的第一件事就是亲自铲除嫪毐。他密以兵符往召桓齮，使引兵至雍。内史肆佐、弋竭二人，一直收取太后及嫪毐金钱，和他们是死党，得知消息急忙跑到嫪毐府中报告。

而嫪毐得知自己与太后的秽行及叛乱的图谋已经败露，又见秦王嬴政在进行加冠礼，知道嬴政亲政后迟早要处置自己，所以下决心趁咸阳兵力空虚之际作乱。因他早有准备，宫内外有权势的人物，如戎翟君公、卫尉、舍人等都早已被他拉拢收买，势力倒也不小，唯一的阻碍就是所能掌握、控制的兵权太少。秦国的军制非常严格，自从商鞅变法之后就建立起一套战斗力强的统一指挥系统。军事武装力量划分成正规军和地方武装两种：正规军包括野战、边防及首都戍守军队，均直接由朝廷控制。地方军由郡、县尉统率，作为正规军的补充和后援，随时归中央调遣。而武装力量的指挥权则牢牢抓在国君手中，就是征调县卒，也都要国君凭御玺印发号施令。朝中武将平时不归属哪个固定的部队，出征时，凡征兵五十人以上者，都必须由国君任命并发给虎符才能调兵。虎符为虎形，分左、右两半，左半交出征主帅，右半由国君保管。出征归来后，主帅交回虎符不再拥有部队。这样，军队可直接受国君控制，任何人都不能轻易调动大量的军队。嫪毐策划叛乱时，尽管笼络了一些带兵的头目如卫尉等人，但也肯定会有难以调兵的困难。

不过，对此嫪毐也有所准备。当天嫪毐已酒醒，大惊，当夜造访大郑宫，求见太后，如此这般诉说："今日的计划，除非乘桓齮部队还没到，尽发宫中的骑兵戍卫兵卒及宾客舍人，直接攻打祈年宫，杀掉当今的国王，我夫妻才可以相保。”太后说：“宫骑怎么肯听我的命令呢?”嫪毐说：“愿借太后御玺一用，假作御宝来使用，称作：‘祈年宫有贼，王有令，召宫骑齐往救驾。’没有不听从的。”太后当时主意也乱了，说：“就按你说的办吧。”于是把玺印交给嫪毐，嫪毐伪作秦王御书，加上太后玺文，全部召来宫骑卫卒，以及本府宾客舍人，当然不在话下，一直到第二天中午，这才把人招齐。嫪毐与内史肆佐、弋竭分头带领众人，围住祈年宫。秦王政登上城台，问各军侵犯的意图，回答：“长信侯放流言行宫有贼，特来救驾。”秦王说：“长信侯就是贼！宫中有什么贼呢?”宫骑卫卒听说，一半散去，一半胆大的便反戈与宾客舍人相斗。秦王下令：“有活捉嫪毐者，赐赏钱百万；杀死并将他的首级献上者，奖赏钱五十万；得到逆党一个头的，赐爵一级。舆隶下贱，奖赏相同。”于是宦者及牧圉等人，都拼死战斗。百姓传闻嫪毐造反，也前来持梃助力，宾客舍人死了数百人。嫪毐兵败，杀开一条血路自东门出逃，正遇桓齮大兵，活活的束手就缚，并且内史肆佐、弋竭等皆被擒，交给狱吏拷问得实。

王宫内的搜捕仍在进行。

嫪毐谋事败迹，他与太后的秽行也遮掩不了。秦王嬴政派人搜查太后居住的寝宫，果然在宫内搜出她与嫪毐所生的二子。此事嬴政虽早就听说，但亲眼见到后，则怒不可遏，更因为太后为自己生母，丑闻传出，堂堂一国之主，有何颜面与国人相对。盛怒之下，下令把两个幼儿当场活活打死，将太后囚禁雍城棫阳宫，不准自由行动。

叛乱战火刚刚平息，秦王嬴政马上率领所有官员从雍城回来。刚刚当政后的嬴政首要任务就是打理平叛后的各种事务。这次朝会，秦王右侧已没有了相国吕不韦，身后帘幕也不见了。昌平君、昌文君报告平叛前因后果之后，秦王嬴政发出命令：“凡参加平叛立下功劳的人，都按功劳大小赐爵位。宫内宦官如果参加平叛战斗的也都晋升一级。”除此之外，又下一道命令悬赏捉拿嫪毐等叛乱头目：“不管是谁，只要能活捉到嫪毐党羽者，奖给钱百万；击毙他的人赐钱五十万；捉拿或杀死其他余党者亦论功行赏。”诏令公布后，朝野一片赞赏声，拜爵的官宦高兴地庆功。因为太史占星的人有了验证，赐给他钱十万。狱吏献上嫪毐招供之词，说：“毐假借腐刑入宫，都出自文信侯吕不韦的计谋。他的同谋死党，如内史肆佐、弋竭等，共有二十余人。”秦王下令把嫪毐车裂在东门之外，全家抄斩三族，肆、竭等杀头示众。各位宾客舍人跟从叛乱战争的都处死；即便不是预谋乱者，也被迁移到遥远的蜀地，一共迁四千余家。太后由于参加叛党，不可以再当国母，减少她的禄奉，迁居到棫阳宫，这是最小规模的一个离宫，派了三百人守之，凡有人出入必定要严加盘问。太后到了这个时候，如同一个囚妇一样悲惨不堪了。

决定公布后立即在咸阳王宫门前和市门口执行。贴出了处决这些叛乱首领和守卫首都不力的官员的名字，结果一共有如下这些人：

嫪毐、内史肆、卫尉竭、中大夫令齐、佐弋竭等二十人，都被砍头车裂示众，并且灭掉他们的宗门。以上各人的舍人跟从叛乱最轻之罪处以鬼薪之徒刑，严重的人被处死或夺爵流放。

这是一场残暴的惩罚，按照秦国主张“以刑去刑”的法家思想，即刑罚的效果一在于惩罚犯罪者，二在于恐吓未犯罪者。执行的当天，在咸阳闹市中心已排列二十根高杆，几十匹烈马扬蹄嘶叫在杆下，百姓们不远千里汇集在广场周围，等待观看那震撼人心的一幕。一会儿只见二十辆囚车将嫪毐等二十名犯人送到了广场，每个犯人被当众将四肢及头颅分开拴在五匹马上，五匹烈马向着不同的方向。听见行刑官一声令下，刽子手拼命将烈马狠抽得猛冲。不一会儿，只看见二十个人被活活撕成一百块血肉模糊的碎尸。这种刑罚先前是用车代替马执行，故称为“车裂”，后来以马代车，而“车裂”的刑名沿用。秦国著名的政治家商鞅就是被处以“车裂”之刑的。这是极为恐怖的刑罚，凡目击者没有一个不被吓得心惊胆寒。等二十名人犯被“车裂”后，由刽子手把犯人的人头捡起，高高挂在高杆之上示众，这就是所谓“枭首”。“车裂”、“枭首”之后，这血淋淋的行刑一幕才宣告落幕。四下散去的围观百姓大概在很长的时间里也抹不去重压在心头的阴影。

然而要犯除了“车裂”、“枭首”后，还有“灭其宗”，也就是族刑，满门抄斩，对其舍人也不会放过。在秦国，徒刑是不算刑期的，只是受罚劳役的分工不同。最轻者即为鬼薪，也就是终年为官府砍柴。女犯就罚为官府择米，称为白粲。此外，还有城旦、舂，即为官府修筑城墙、舂米。最一般的徒刑叫作“隶臣妾”，他们劳役的内容包括从艰苦的体力劳动到家庭仆役的事务，是秦国最常见且最多的一种刑徒。而参加叛变的随从者中，被判为鬼薪是最轻的处罚，大多数的人被夺爵流放，有四千余家不得不流浪到蜀地的今湖北房县房陵一带。这一年，蜀地气候反常，已到初夏季节，可是天气仍像寒冬一样冷，嫪毐叛党被迁往房陵的家族，竟有人活活被冻死。因此民间从此流传：“秦法酷极，天寒应之。”

咸阳的嫪毐谋反，之所以不费吹灰之力地被平定下去，其原因一是叛军没有了靠山；更关键的是，秦国的军事制度相当完善，尽管嫪毐为谋反做了长期准备，但他毕竟无力派遣大量的军队。所以这种对国王有利，而对叛军不利的军制在叛军失败中起了关键性作用。

至此，太后、嫪毐一党，最终清理完了，镇压暂告一段落。而且嫪毐和吕不韦两派势力间的斗争还没有进行，就以一方失败而告结束。

屠杀嫪毐党人的残暴场景，使秦国首都咸阳一片乌烟瘴气，也给秦王嬴政本人的心里蒙上了浓重的阴影。由于目睹太后的淫行给政治带来深重的灾难，从此以后，嬴政对男女之间不合礼法的性关系，深恶痛绝。直到统一全国后十余年，在他亲自巡游各地时，还不断地立碑刻文，告诫全国百姓严守男女之礼，严厉杜绝不正当的男女关系。就在公元前 221 年统一天下那年，他在泰山留下的石刻铭文中就有“贵贱分明，男女礼顺，慎遵职事，昭隔内外，靡不清净，施于后嗣”的文句，告示百姓严格遵守男女之大防。直至始皇三十七年（公元前 210 年）即他去世的那一年，他临终前在今浙江绍兴会稽刻石铭文中还刻出如此严厉的法律：“有子而嫁，倍死不贞。防隔内外，禁止淫佚，男女絜诚。夫为寄豭，杀之无罪，男秉义程。妻为逃嫁，子不得母，咸化廉清。”其中要求：妇女要是有了子女再嫁人为“不贞”。男人如果跟不是自己妻子的女人有了不正当关系，就好比睡在别人圈里的公猪一样，应称为“寄豭”。不管是谁，杀死寄豭是不犯法的，且法律会保护杀人者。为人妻者如果跟别人私奔，也被严厉禁止。

3. 不韦罢相

嫪毐乱党已被铲除，太后被关起来了，嫪毐和太后的私生子也已经被处死。然而，秦王嬴政明白：威胁自己王位的隐患并没有清除，那就是吕不韦集团还完好无损。尽管嫪毐集团与吕不韦集团是对立的两派政党势力，但是，他们两家都是以争夺王权为存在和发展的目的的。从阻碍秦王本人权力发挥作用这一方面看，吕不韦比嫪毐的坏处更大。因为嫪毐说到底只是个暴发户，在秦国的基础不牢，他的靠山仅是一个淫荡的太后。而吕不韦却是三朝元老，从孝文王年代就进入秦国，在庄襄王时期就已经当上了丞相，操纵秦国军政大权。对秦王嬴政来说他又有“仲父”身份，或者真像传说中的那般，他就是嬴政的亲生父亲。

秦王嬴政最终从感情和理智的矛盾中解脱了出来。坐在秦国众人之上的权力顶峰，嬴政对吕不韦独断、专权和跋扈的作为已有足够的体会。吕不韦占据丞相的宝座，又长期笼络大批游士，嫪毐之流远不是他的对手。特别是在嫪毐被铲除之后，竟有不少宾客、辩士在秦王嬴政跟前为吕不韦歌功颂德。这就更让秦王嬴政警惕和不放心，而早已在秦王嬴政胸中潜伏却不得施展的权力欲，又似干柴烈火，使他视吕不韦为眼中钉、肉中刺，不除不快，哪里还顾得上什么“仲父”的情义！旧日拥有的一丝儿女情长也早已无影无踪，你死我活的决心立刻取代了犹豫、动摇的情绪，立志铲除吕不韦，刻不容缓！决心一下，次日秦王政立刻策划起来。

秦王政设朝，尚父吕不韦担心被判罪，假装生病，一直就不敢出朝。秦王想要谋杀他，向群臣询问，群臣大多数都与他有交情，都说：“不韦扶立先王，对社稷的功劳很大；况且嫪毐没有当面对质，一切都虚实无根据，不宜现在判罪。”秦王于是免去吕不韦之罪，只罢免丞相之职，没收了他的印绶。

秦王政十年（公元前 237 年）十月，即嫪毐受死刑后的一个月——嫪毐被处死在九年九月，因秦奉行的是以十月为一年的开始，十月即称十年十月，所以十年十月实际是九年九月之后的一个月。在一次上朝时，秦王嬴政亲自发布了一道诏令：“免去吕不韦相国的职务。”

免职的理由随手可得：仅仅列举范雎因荐举郑安平和王稽这一“用人不当”，应当被判连坐罪的先例和秦国固有的法律就轻而易举定下吕不韦保举嫪毐入宫的罪名了。至于吕不韦独揽朝政以及他和太后的暧昧关系，当然不必公之于众了。早在决定免除吕不韦相职之前，秦王嬴政已做了秘密安排。这位位重权高的相国被秦王派来的武装侍卫严加监视，实际上成了瓮中之鳖，企图反抗是根本不可能的。他只有俯首谢恩，摘下相冠交权力归府，等候进一步处理。

朝臣见吕不韦被罢相位，有的拍手称快，有的私下里表示同情。不过，因为军权现在已控制在秦王手里，即使有人对罢相之举有不同意见也不敢有所表示。

剥夺了吕不韦的相国之职，秦王嬴政才稍微放心了一下。

吕不韦大约也感到嫪毐失败后自己将要灾难临头了，他开始收敛锋芒，极力装出一副脱俗的样子，韬光养晦，有时竟像到了秋天的蝉一样不出声了，不再像以前那样张扬了。

二、礼贤下士

1.“逐客令”

公元前 237 年是秦国历史上的风波不平之年。当嫪毐谋反不久前才被平定下去，吕不韦集团的势力还没有削除的时候，秦国又出现了奸细。

奸细就是从韩国来的兴修水利的郑国。一开始，郑国被送到秦国本就是实施“疲秦”阴谋的，不过秦国君臣一直都蒙在鼓里。当一个庞大的水利工程马上要竣工之时，秦王嬴政才明白，郑国之所以要入秦建水渠，正是韩王策划的“疲秦”阴谋。郑国被抓来审问，他本人也坦白承认。

这件事又在秦国朝廷内引起极大震动。联想到刚刚发生过的嫪毐叛乱，秦国的宗室大臣对外来宾客十分生气。一些宗室大臣争先恐后地奏告，要求把外来的宾客都赶走。他们宣称，东方各国来秦的宾客都是为他们各自国家效命的，都是不能相信的人，必须把不属于秦国的一切外来的人全部赶出去！除了源于对郑国及东方各国投奔秦国而来的宾客、谋士的愤怒外，当然也有部分是针对吕不韦的。吕不韦只是个卫国商人，却在秦国当丞相十余年，不仅本人操纵朝纲，大权在握，而且引入了大批秦以外的人士，将秦国宗室贵族抛在一边，这必然使得拥有特权的贵族豪门产生极大的憎恨。成蟜的叛降就代表了一个信号，这些贵族为保住特权，根本不顾国家和社稷！只是由于在这之前由吕不韦执政，他是真正的实力派，各宗室贵族不敢轻举妄动。如今他们见秦王嬴政刚一亲政，就毫无情面地打压了赵国来的嫪毐，接着又查出韩国来的郑国竟是个奸细，觉得驱逐包括吕不韦在内的外来人的时机到了，所以才使劲怂恿，企图借秦王嬴政之手，抢回秦国贵族的特权。

在顽固守旧的宗室贵族的一再鼓动下，年轻的国王嬴政也分外冲动，以郑国的奸细事件为借口，下令限期将所有投奔秦国的外来宾客一律驱逐出境。在秦国大小城的城门、市肆附近，很快就挂出了秦国朝廷的“逐客令”。

罢免了吕不韦之后，秦王嬴政才又忽然记起郑国的奸细案和他所颁发的逐客令。

“从韩国来的那个奸细郑国现在在哪里？”秦王嬴政向主持审讯的延尉询问。“报告大王，郑国现在被关押在牢里，他对前来‘疲秦’的阴谋供认不讳。”延尉实话实说。

“为何不赶快处死，干吗要留着他?”秦王嬴政明显不高兴地问。

“报告大王，对郑国的罪名已定，死刑马上执行。不过，罪犯请求在被处死之前能面见大王一次。”

可能是出于好奇，也可能是因解决了嫪、吕集团后心情转好，秦王嬴政竟答应接见这位隐藏了数年之久、即将被处死的韩国奸细郑国。

“把郑国带上来，看他有什么话对我说!”

秦王的命令一发出，郑国马上从狱中被带上殿来。别看他身上戴着刑具，在牢中囚禁多日，头发、胡子也没有梳理，身上还带有监中一股独特的发霉气味，但是在清秀的面容上，一双充满智慧的大眼，闪现出坚定的光芒。他从容不迫地来到王宫，没有丝毫慌张。秦王宫殿的宏伟似乎并没有吓倒郑国。相反，秦王嬴政当着郑国的面却像是被告席上的罪犯，显得有些不安。

“奸细郑国，你承认有罪吗?”虽然一时被郑国的风采所震动，秦王嬴政仍不失君主的威严，用不容反抗的语气发问。

“是的，我承认自己是韩国派来的奸细!”郑国一点也不想摆脱自己的罪名。但是，他接着娓娓道来的一大篇道理，则从根本上改变了秦王嬴政的立场：

“我游说秦国的君臣修渠，的确是为了推迟韩国被吞并的时间。但是，渠成之后难道秦国不是得到万世之利吗?”

秦王嬴政尽管看起来冷酷、狠毒，但一点也不糊涂，对郑国分析的话深表欣赏。

“如今，在关中兴修的偌大工程马上可以竣工。”郑国接着说，“为什么不让我将这项水利建设工程彻底做好呢?”他没有苦苦请求秦王释放他回国，也没有卑颜屈膝地出卖自己的主子，反而用一些很明智的道理使冷酷而聪明的秦王改变主意。思考片刻，秦王嬴政轻轻地说出了两个字：

“允许。”

于是，郑国立刻被释放，阶下囚又变成了水利工程的总指挥。郑国冷静而客观的分析救了自己一命，也挽救了中国古代的一项雄伟的水利工程设施。秦王嬴政将计就计的明智决策，使韩王“疲秦”的愚蠢计划转眼变成造福关中的好事。郑国从此呕心沥血负责修建完成这项水利工程，不久一条从泾河通过渭北的水渠终于完成。这条被后人叫作郑国渠的人工长河建成后，立即发挥了极其重要的作用，使秦国关中的四万余顷土地获得了水利灌溉，成为旱涝保收的粮食基地。在水渠修建之前，渭北有不少盐碱地带，土地贫瘠，庄稼长得很差。郑国渠引来的泾河水中拥有大量的沙土，及时改良了贫瘠的土地。关中的农业生产大改模样，亩产粮达一“钟”，在当时那种生产力水平下，这个产量是相当高的。农业生产的高速发展，给秦国加速统一天下打下了坚实的物质基础。

2. 李斯上书

“逐客令”一宣布，难免在许多外来宾客中造成巨大的恐慌。他们都惊慌失措，搞不明白为何秦国竟然放弃了一贯以来招揽外来宾客的传统。但面对无情的逐客令，他们也都没有办法，纷纷打点行装打算离开秦国，各自逃往别的国家。

正是此时，在宾客中有一个人义无反顾地站了出来，向秦国朝廷大声申诉：“客，不能逐。”在刚刚平定嫪毐又查出奸细的时刻，面对着严酷的秦法，大声喊出这骇人听闻之声的又会是什么人呢？

这个人不是别人，正是从楚国投奔秦国，被吕不韦收为客卿的李斯。

李斯极力劝阻秦王逐客，是通过他写的一篇奏章《谏逐客书》表示的。在这篇著名的奏书中李斯写道：

“得知朝廷下令逐客，我以为这样做太不妥当了。回顾秦国的历史可以看到：当年秦穆公寻求贤才，从西方戎族把由余请来了，从东方的宛把百里奚找来，从宋国把蹇叔迎接来，从晋国挖来了公孙枝、丕豹。这五位贤人都不是秦国人，却被秦穆公重用，秦国由此日益强盛，兼并了西方二十国，成为西方的霸主。至秦孝公时，用商鞅变法改革秦国的制度和风俗，很快地就使秦国富国强兵，百姓安居乐业，东方各诸侯国俯首称臣，打败了魏、楚的军队，将秦国国土拓宽了近千里，直到现在仍保持着强大的实力。秦惠文王之时，也由于任用魏国来的张仪，获得了东方的三川之地，吞并了西南方的巴蜀地区，南面取得汉中，北面攻占上郡，使原属于楚的郢、鄢变成秦国的一部分，东面拥有了成皋的险要，以及肥沃富裕的地方，从此拆散了六国的纵约，使他们不敢与秦国公开作对，直到如今张仪的功劳仍旧发挥作用。秦昭王时由于得到从魏来的范雎，罢免掉了秦国贵族穰侯，排挤了另一支贵族华阳君，使国家一天天强大起来，预防了贵族私人势力的膨胀，像吞吃桑叶般的征战诸侯，成就了秦国帝王之业。这四个君主成就功业都有客卿的功劳。从这里可以了解到，客卿有什么地方有害于秦国的？假设这四位君主不接纳客卿，不重用这些外来的贤士，哪里会有今天强大的秦国呢？”

李斯首先回顾秦国重用外来客卿使国家富强起来的历史，接着又开始打比方，进一步劝解秦国国君：

“如今，君王有随和的宝璧，有昆山美玉，穿戴明月的珍珠，佩带着太阿的宝剑，打着翠风的旗帜，骑着纤离的骏马，支着灵鼍的皮鼓，这些稀世珍宝都不是秦国本土产品，可是君王却很喜爱用它们。如果只是秦国产的才能用，那么，夜光璧就不能摆设在秦国朝廷，犀和象的器具也不能作为秦国宫廷内的用品了，郑魏两国的美女也不应该出现在大王后宫侍奉您了，异域的骏马也不能在您的马厩中任您骑坐了，江南的金、锡、西蜀的丹青也都不能运来了，还有那宛地的珠，阿地的绢帛，各地的锦缎，美貌的赵国女子，大王也都不能享用了。如今，秦国宫内盛行的是极其好听的郑、卫音乐歌舞，如果依据秦国以外的东西都不能要的标准，这些音乐也不能听了，还是演奏那秦国古老的弹着竹筝、叩着瓦器、敲着大腿的不堪入耳的音乐吧！但是，大王还是喜欢郑、卫之声的悦耳，不愿听那敲水瓶的聒噪。这到底是为什么呢？只不过是追求称心、快意。现在，在任用人才方面却不是这样，不问此人有何才能，人品怎样，只要不是秦人，就统统驱逐出去。这岂不是把人看得连珠玉和声色都比不上吗！这种作风哪里像制服诸侯、统一天下的君主呢？”

李斯一连串地举出一大堆事例，论证秦国仅靠本国、本地物质和文化是远远不够的，必须广泛借鉴各国文明，当然重视秦以外的人才更是理所应当。最后，他在上书中阐明“逐客”的危险后果：

“臣听说：幅员辽阔，米粮必多；兵将强壮，士卒必勇敢；国家强大，百姓必多；秦山能留住泥土，所以才高大；河海能汇集小水，所以才浩荡深长。当君王的对百姓体恤和宽恕才能得到爱戴。因此，土地没有国界，人民可以自由来往，五帝三王无敌于天下，就是由于百姓都投靠他们。现在君王却反而遗弃百姓赶走客卿、宾客。这不是免费支援敌国，让他们为别的诸侯国效劳吗？这样一来，使天下的治国贤才不敢西来，真称得上‘给寇借兵，给盗送粮’。要知道，不长在秦国却对秦国有用的东西不少，而不生于秦国的士人，愿为秦国作贡献的也不少呢！君王的‘逐客令’一下，无疑将秦国的客卿赶到别的国家，内部对百姓有损，外部与诸侯结怨，如此的国家，怎么能不存在危险呢？”

李斯的这篇《谏逐客书》反复论证逐客令是不可取的，分析透彻，比喻恰当，有极强的说服力，是古代散文的名篇。

作完这篇《谏逐客书》之后，李斯觉得似乎抒发了胸中的郁闷，顿时备感轻松。但他猜测：仅凭这一本奏书很难改变秦王成命，对此书所能达到的效果并不抱多大希望。将奏书按规矩呈上之后，他等了几天不见任何答复，于是开始收拾行装，准备离开秦国，东去另谋发展。

此刻的秦王嬴政还没有机会翻阅李斯交上来的奏本，尽管内侍早已把它与另外的一堆奏本放到秦王殿中的案上了。

一日，秦王嬴政正好有时间翻看竹简，突然看到李斯的《谏逐客书》。他立刻兴奋起来。奏书中犀利的语言、独到的分析以及严密的逻辑深深打动了秦王嬴政的心。他一面浏览一面不由得赞叹起来：

“说得很对！”

“很有见地。”

"这个李斯果真是个有见解的人!"

看完后，秦王嬴政改变主意，取消"逐客"的决定，并且马上下令："快把李斯给我召来，朕要和他当面谈一谈。"

内侍将秦王命令传达给咸阳守令。守令哪敢懈怠，马上派人到李斯家。没想到李斯这时已背着行李离开了咸阳。

李斯将《谏逐客书》呈上之后，总是等不来朝廷有任何反应，眼看秦王逐客令的期限快到，毫无办法地怀着绝望的心情收拾行李上路，准备投奔别的诸侯国，再作打算。

启程的第一天，还没走出咸阳东面几十里的骊邑，孤孤单单的李斯就被官吏赶上来了。追来的官吏向李斯转达秦王命令——命令李斯马上回到咸阳，入宫参见秦王。机智的李斯听到命令后，立刻料到是《谏逐客书》起了作用，一句话没说就随来人又回到宫内。在返回的路上，他边走边思考将如何对答秦王的话，他设想着在秦王殿上将有一场严厉的答问。这是生命中转折的时刻，是能不能在秦国功成名就的关键，也许是事关自己生死的一次辩论。李斯一路上思考着，不知不觉已被人带到秦王的殿上。

李斯一路的辛苦准备，没料到到头来没机会展示。当他来到宫内时，秦王嬴政此刻正埋头处理错综复杂的军国大政，见来人报告李斯现已召回时，只淡淡地说了一声："恢复他的原职!"就忙着处理另外事务了。原想在朝廷上炫耀一下才华的李斯，看见秦王无意"垂询"，也只好乖乖地谢恩下殿，回到从前的住所仍旧作客卿去了。

《谏逐客书》虽没有让李斯立刻得到官位，但毕竟使自己留下来了，更重要的是这份奏书纠正了秦王"逐客"的错误决定，依然推行一贯大开国门、吸收人才的传统。随着秦国战场上不断胜利，国土扩大，和秦国内部经济发达、富裕繁荣，天下士人、百姓多投奔秦国，许多学者、政客、知识分子及游说之士都大批转而西向，投奔秦国。

3. 尉缭入秦

在"逐客令"取消后投奔秦国的人流中，不可避免地有一些随大流、赶浪潮的平庸无能之辈，但也还是有一批具有真知灼见、真才实学的精英人才。大梁人缭就是有才能的人中的一个。

历史名人都具有神秘色彩，缭这个人也同样为后人留下很多难解之谜。

缭，是这个人的名字。他来秦之前的所有事，人们已无从得知，甚至连姓什么都没有留下来。可以知道的是他原是魏国大梁人，后因在秦国担任了国尉，人称尉缭。

尉缭的行踪虽然有些疑问，可是他的确是位军事家却是毫无疑问的。他总结分析了战争的经验教训，为后人留下了一本有关军事理论的著作。在这部书中他系统地阐述了对战争和战术、战略等方面的思想。

他认为，军事上胜利的最终决定因素是国家具有良好的政治体系和政策，只有国富民强才能打胜仗。而统治国家的君主，不能靠天，不能靠地，只能依靠自己："苍苍之天，莫知其极；帝王之君，谁为法则？往事不可及，来世不可待，求己者也。"他认为应该从重新整顿政治入手，建立完善的国家制度，明确君臣职守，公正审断分析案件，给受株连的众多良民平反，安顿好背井离乡的老百姓，使荒废的土地得到开发利用，重视农耕和织布，认为农业是国家发展的基础，坚决推行农战政策等等。

他认为：战争分为"义"与"不义"两种，"诛暴乱禁不义"是战争的基本意义。军队所到之处，不能迫使农民逃出自己的官府。他认为只有军队所至不损害老百姓利益，不干扰农时，才"足以施天下。"

在治理军队方面，缭主张重用清廉能干的将帅，并且"明制度于前，重威刑于后"。指挥官要以身作则，从严约束自己，与士兵共生死。要发扬自我牺牲的精神，具有忘我精神，赏罚严明，敢赏敢罚，严肃军纪，严格训练。对于惩罚违纪和战败投降的军吏，以及军队编制、指挥信号、还有着装、演习、训练、戍边、从军、作战、宿营等方面的军事行动，他都在分析归纳前人经验的基础上，提出一套具体办法。

在作战策略上，缭极注重分析敌我双方情况，主张先摸清对方实力，然后再制定对策。他还特别强调国家控制市场对军队保证供应的重要性，没有充足的军需，没有“百货之官”，就没有能战的军队。这些见解比古代著名兵家孙子的观点更有进步。

缭的著作后人叫作《尉缭子》。这本书的诞生也同缭本人一样神秘不可测。今天所能见到的《尉缭子》共五卷二十章，能见到的记载只有“杂家类”《尉缭子》。在《尉缭子》传世本中有“梁惠王问缭子”的样记，而梁惠王的生活年代远早于秦始皇八十多年。由于这些原因，历来针对《尉缭子》其书和尉缭其人，看法各不相同。《尉缭子》这本书是应归为兵家还是杂家？或者它既是一部兵家《尉缭子》，又有一部杂家《尉缭子》？尉缭在历史上是一个人，还是两个？究竟他是生活在梁惠王时代的还是生活在秦始皇时代的人？遗存下来的自相矛盾的资料，令人摸不清头绪。甚至“缭”这个人是否存在也是个疑问。1972 年 4 月，山东临沂银雀山一号及二号汉墓出土一批汉简，其中兵书经研究有若干种，兵书就有《尉缭子》残简。这就为揭开尉缭和《尉缭子》之谜提供了宝贵的实物信息。从新旧有关资料可以看出，尉缭确实是秦始皇时代的兵家，而不可能是梁惠王时代的人。《尉缭子》一书中有“梁惠王问”的话语，应该是当时盛行的一种假托前人的文风而已。

这里暂时不说对缭和《尉缭子》的考证。先来看看秦王政十年（公元前 237 年），缭受秦国开放政策的影响来到咸阳。

到咸阳后，缭不顾身体疲惫，风尘仆仆地奔赴王宫，请求拜见秦王。嬴政听到有人求见，正好心情愉快，就痛快地应允缭上殿。

“当今秦国确实强大无比，各诸侯国都不是对手。”尉缭一见秦王，抛砖引玉地说，“可是，如果各国合纵联合起来，那秦国的危险就大啦。”

秦王想听一听他的“高见”，示意尉缭继续讲下去。

“据我分析，请大王千万不能吝啬财物。花点钱财去贿赂各国有实权的大臣，挑起各国内部发生矛盾。用不了三十万金，就可各个击破。”

尉缭想出这个计划，倒也不是什么新招。以前李斯和吕不韦也都曾提出过。不过，秦王还是很欣赏，表示他的办法是可行的，并且也确实做了布置。在生活上秦王对尉缭很照应，衣服饮食的供给待遇极多。可是尉缭见到秦王后，对这位相貌丑陋的君主没留下好印象。秦王接见他后不久，他就与人说起对秦王的印象："秦王是个塌鼻，马眼，鸡胸，说话像狼叫的人。这样的人缺乏人性，心狠如虎狼，不得志的时候甘愿对人低三下四，一旦有权势肯定都会吃人。我是个平民百姓，可他见到我时却表现出过分的恭敬，这样的人要是真得到天下，那时就是天下人的灾难了。我不能与他为伍。"尉缭大概是一个精通数术的游士，擅长从人的相貌上分析各人的作风和性格。从他对秦王嬴政的印象中可以得出他的判断大致不错。尉缭一眼就看穿了秦王嬴政阴险的内心，不愿为秦王效劳。于是就悄悄地藏起来，等待时机逃离秦国。然而，秦王嬴政由于听说尉缭有军事才能，原打算在他面前装得和蔼一些，没想到尉缭要走。得知这个消息，秦王马上派人诚心挽留，并授给他全国最高的军事长官职务——国尉。尉缭没有办法，只得听命。后来秦国进行的统一战争，凡是大的军事行动，都由尉缭实施。秦国能在战国末年，不断获得兼并战争的胜利，都是与尉缭的智慧分不开的。

三、谏赦太后

战国时期的各诸侯国，为生存打仗是常事，而战争的胜负却关系到一个诸侯国兴衰存亡的命运。在秦王嬴政十年，天下统一的大局已定。秦国如下山猛虎，蚕食鲸吞东方各国的领土，而各国防守都来不及，被秦灭亡仅是时间先后的问题。秦王嬴政消灭嫪毐集团之后，觉得朝廷内已初步稳固。于是，就将重心转向前方的战场。

十月，秦王嬴政命令，派桓𬺈将军领军开到前线。此刻，秦军在前线同时与几个国家展开战斗。除较远的楚、燕、齐外，没有一个大国不是在与秦国厮杀，争夺土地。桓齮是秦王嬴政当政后自己亲手提拔的第一位将军。这位将军实际上同时兼任秦国几个方面军的总司令。历史证明：秦王嬴政所派的桓齮确实是军事骨干，在前线战功赫赫。尤其是在以后的年代里，桓齮的功劳越来越大。仅秦王政十三年（公元前 234 年）攻赵国平阴一役，就杀了赵国士兵十万之众，使该战役成为战国末期历史上著名的战役。

秦王嬴政亲政的这年，仍旧不乏外来使者前来祝贺，即使双方为交战之国，也不影响这种礼仪。这一年，齐、赵两国也都派出了使者到咸阳置酒拜见秦王。接着因秦国取消了“逐客令”，又一次敞开国门招揽贤才，于是，就有各国的游说之士争先恐后奔秦，有的向秦王推荐用人之策，有的向他贡献出了战略计谋。一时之间秦国的宾客数量又比以前多了起来，咸阳又一度变成游士、宾客向往的胜地。

有一天早朝，按部就班的朝仪之后，国尉报告前方军情。这一段时间宫廷内激烈的夺权斗争，自然会干扰前方的军事进展。秦王嬴政正要下令散朝之际，忽听宾客班内有人高声报告：

“臣下有重要事情报告!”

“说!”秦王嬴政说话总是简短而直率，他从来不爱听甜言蜜语，自己也从不喜欢多说废话。

“臣请求陛下释放太后。”奏事的宾客是个趋炎附势的家伙，他对闹得风风雨雨的秦国宫闱内乱了如指掌，见嫪毐已被消灭，嫪党也已被消灭了，吕不韦的大权也已夺回，年轻的国王亲自当政，大权独揽。而国王的生母却被幽禁。他猜测这只不过是嬴政一时十分生气，又碍于脸面，不得不这样做。嬴政终究是太后的亲生子，母子之情不能不顾，但又要维护君主的尊严，想释放幽禁的太后，自己又难于开口。所以，捉摸到了秦王的心理，这个一心想当官的宾客竟在朝廷之上大胆说出赦免太后的请求。按理，秦王嬴政幽禁太后，完全是国王自己家中的内部恩怨，与别人毫不相干。可这位急于求功名的宾客，却找了这么个话题来讨好国王。禀报过后，这人便开始做白日梦，准备聆听国王的夸奖，一边想象着领赏时的荣耀。

“启禀大王：太后可是大王的生母，贤德慈惠，对大王有养育之恩，虽说……有那么一些错误的地方。但是，但是……事情也经过很久了，如果大王开恩……”

“住口！”没等做梦人把话说完，秦王早已压不住心中怒火，阻止他再胡说八道下去，“拉下去，把这个不知廉耻的小子处死！”

原打算讨好奉迎秦王，没想到落得如此下场，他伏在地下叩头震得山响，连呼“大王饶命”！秦王正在生气，哪里肯听，示意廷尉马上将他处死。

廷尉接旨，请示施什么刑。秦王嬴政恶狠狠地吐出两个字：“蒺藜！”

一听说这个刑名，满朝文武，以及宦官和侍卫，无不吓得魂飞魄散，大殿内静悄悄的。有人双腿颤抖，连衣服抖动的响声都能听到。那个该死的宾客更是魂不附体，发出一阵狼似的哀号，凄厉刺耳的声音在殿内回荡，令人不寒而栗。所谓“蒺藜”，是秦国最残酷的刑罚之一，就是用一个铁制的蒺藜抽打受刑者，每抽打一下，立时皮开肉绽，却不能马上让人死，直至血肉模糊，全身开花疼痛难忍而气绝。这种酷刑先别提身受，就是听到的人都感到万分恐怖。难怪殿内的人都像三九天遭冰霜，一个个吓得要命，舌头都像被东西拴住了，目瞪口呆地看着那位马屁拍到马腿上的遭毒打的倒霉蛋。

听着渐渐远去的哀叫声，秦王嬴政一脸得意扬扬，看见殿下的文武官员一个个都吓得呆若木鸡，他心中十分畅快，从上朝起闷在胸中的一股无名怒火也马上烟消云散了。但是，表面上他依然像是在生气的样子，拉长了脸，用他那独特的嘶哑的喉音，发出无上威严的命令。

“今后如果再有敢说太后之事者，也都按照此例处决！”

从朝廷退出来的大臣们，被这一幕血淋淋的场面惊得不敢言语。很久之后，大家心中还在猜想：秦王为何对自己亲生母亲如此仇恨，为什么马屁精会遭到如此重刑？那些以揣测主子心理为主业的宾客更是反复思量，百思不得其解。其中有人设想：或许新当政的国王为表示公正，大义灭亲，特意用这一举动演给臣民看的；有人猜测：秦王内心当然也想将自己母亲释放出来，但是太后干的事太肮脏，丑名在外，轻轻放过恐在世人面前留下一个话柄。一些人觉得秦王嬴政从心底总是希望有人替太后洗罪。于是陆续又有后继者请秦王看在母子之情的分儿上赦免太后，先后竟有二十六人在秦王面前进谏，不用问这些不知天高地厚的进谏者，一个个都落得同样的下场。臣下这才开始醒悟过来，这位年轻的君主是不会轻易被人打动的，也明白了骨肉之情在最高权力家族内，已经被权力冲淡，绝对不能以普通人的思想感情和思维方式去要求一个国君，尤其是一个杰出的国君。无限膨胀的权力和为保持这一权力所要做的种种残忍无情的斗争，需要高高在上的统治者抛开一切常人的情感，把自己当作冷漠无情的机器。众臣下、宾客见秦王嬴政果真没有丝毫怜惜、宽赦太后之意，且言出法随，不会轻易改变立场，从此再没有人敢触逆鳞，自己走绝路，也没人敢言太后之事。

无论如何震撼人心的事件，随着时间的推移，也都会在人们的记忆中褪色、淡忘。太后和吕不韦的事，一阵沸沸扬扬之后，因为再没人提起，过不多久，人们差不多记不得有此事，好像从来没有什么事发生过一样。

有一天，秦王嬴政在宫中规划前线战事。突然宫门报告：有齐国沧州人茅焦前来要谏言要事，一起来的还有一群沧州的同乡。一听到“谏”字秦王就像领悟到什么似的，命令宦者出问“来者不是进谏太后的事吧？”茅焦回答说：“正是此事。”宦者回宫如实向秦王嬴政转述。秦王嬴政说：“你去告诉他，难道你不知道宫内的规矩及那一堆死人吗？”宦者又返至宫门传达了秦王嬴政的问话。

“已经知道了。”茅焦冷静地回答。

“那你又为何还要前来送死？”宦者十分不明白。

“我听说天上有廿八宿，如今死的才有廿七人，我之所以来正是凑足这个数，死对我是无所谓的。”茅焦明显是胡诌。

宦者还没有遇见过这种自己找死的家伙，满头雾水地进宫一五一十地向秦王报告。而随同茅焦一起来秦的齐国同乡，也没料到茅焦会说出这种胡说八道的言词，估计事态严重，全都背起行李逃走，生怕受其连累。

秦王听到宦者报告后，怒发冲冠，拍案大声骂起来：

“这小子想死，好！把锅准备好，把水烧开，这次你想让尸首埋在宫门口也办不到了。”

宦者把茅焦引进去，茅焦随使者进宫，却又磨磨蹭蹭不紧不慢，似乎饭后散步，从容不迫。

“你还不快些走！”宦者有点心急。

“臣走进去就死，您难道不觉得我可惜，你一点儿都不可怜我，让我晚死一会儿吗？”茅焦说得让人生怜，可是脸上一点儿也看不出恐惧的神情。宦者只好让他慢条斯理地走进来。

好不容易才走到了秦王嬴政跟前，茅焦叩拜如仪。秦王还没来得及问话，茅焦先说：

“臣听说，有生者不忌讳说死，有国者不忌讳说亡。不敢说死的不能够得以生存，不敢说亡的不能得存。死生存亡这种大事，凡是圣人都应该明白的。不知大王愿不愿意听一下？”

“你说吧！”秦王沉着脸说。

“秦国如今正把统一天下当作己任。”茅焦机灵地先恭维一句。不过，这也是事实。接下来的话就不怎么动听了：“但是，陛下车裂假父，让世人知道您的嫉妒之心；捕杀两位弟弟，留下不以慈悲为怀的恶名；而且把您的母亲囚禁于雍城，落个不孝的骂名。您的名声已经坏透了，又用蒺藜处死那些忠劝您的谏士，这样做就像古代暴君桀、纣一样残忍。这些事如果被天下人知道，肯定是没有人敢投奔秦国了。我只怕是秦就会亡在陛下手中。”

这些话一下子就戳到秦王的痛处。指责车裂嫪毐，又当着大家的面说这个大坏蛋是秦王的“假父”，而且还把嫪毐和太后所生的两个私生子说成是秦王的“两弟”。这比任何骂人的话还要恶毒，在旁听到的人都把心提到嗓子眼，为他捏一把汗。茅焦说完后自己解开衣服做出准备英勇就义的样子。

殿内气氛立刻紧张起来，在场的人都在等待秦王的怒火会像火山一样爆发，也许又要出现一具死尸了。

“啊——”想不到秦王如大梦初醒，忙下殿亲自把茅焦扶起：“请先生把衣服穿好吧。您的观点很对，我一定接纳。”

这一切都像演戏，让每一个在场的人都松了一口气。

茅焦起身，穿好衣冠。秦王嬴政马上任命茅焦为“仲父”，赐给他上卿的爵位。

然后，秦王亲自到雍将太后迎回咸阳，奉养于甘泉宫内。重新回咸阳的太后感激不尽，亲自摆下酒席答谢茅焦。席间，道不完的感谢话语，把茅焦捧得像秦国的第一大功臣：“为我翻案，扶秦国社稷，让国泰民安，让秦王母子又得以骨肉相聚。这都依仗你茅君的功劳。”

在欢宴之后，太后的风流案就以喜剧的形式告终了。

以残忍暴戾、嗜杀成性而闻名的秦王嬴政，为什么却能面对茅焦的责骂而不生气？尤其有意思的是：在茅焦之前，秦王嬴政已经丝毫不留情地处死了二十七个为太后事而进谏的人，为什么正好茅焦活下来了？甚至还采纳他的意见，接回太后？后来有人由此反思，关于太后与嫪毐的私情的流言，是因他人胡编陷害。秦王对嫪毐和太后的处决本来就是冤案，所以听到茅焦劝谏之后马上醒悟，立即平反。但这种推测不能说明为什么以前二十七人都被杀。其根本原因大约是，茅焦的说法并非用母子之情打动嬴政，而是以秦国统一大业的需要说服嬴政。从政治上来看，作为政敌的嫪毐集团，首犯及骨干已经清理，太后发挥作用的集团已不复存在，不形成对王权的威胁。而当时秦国正进行统一战争，嬴政胸怀一统天下雄心，急需笼络人心向秦。而各国游说之士势力极大，人心朝向与国之兴衰、战争胜负有很大关系。如果以一个六亲不认、无情冷酷的国君形象展示于天下，那么天下士人肯定不会扶持秦国。一个连对生母都毫不留情的国王，一个对进谏之士动辄处死的暴君，谁还敢来投奔？茅焦的智慧正好表现在：他不是以一般人引用的亲情来劝解秦王嬴政，而是以嬴政如此形象将给世人留下不良印象，以及这种形象给嬴政自己带来的诸多不良后果，来拨动嬴政追逐权势、地位、功利、声望的心弦，才打动秦王嬴政改变了立场。

秦王回心转意，立刻给秦国和他自己带来利益，冷酷的暴君毕竟因恩赦太后而蒙上了一点“慈”、“孝”的面纱；刚愎自用、专断拒谏的独夫也因不杀茅焦而披上一层“从谏如流”、“礼贤下士”的外衣。当面指责秦王嬴政的茅焦，的确是“小骂大帮忙”。而披上外衣、蒙上面纱的秦王嬴政，也收到立竿见影的效果：在茅焦来秦之前，曾有一些宾客来秦，在茅焦劝谏之后，又有大批有识之士投奔秦国，形成了统一中国前人才汇集的盛况，而许多来自秦国以外的政治家、军事家都受到秦国的重用。他们在统一战争中为秦国前赴后继，立下不可估量的功劳。其中著名的如军事家尉缭、王龁、桓齮、王贲、王翦、王离、李信、杨樛、赵婴、蒙恬等，政治家顿弱、姚贾、李斯、冯劫、王绾、冯无择、隗林、赵亥、宗胜、王戊等。如果不是这些外来的政治家、军事家为秦国效劳，秦统一中国的历史使命能否完成，大概要画个问号，中国古代的这段历史可能也会改写。

淫荡的太后收到被释放的命令后，欢天喜地地回到咸阳。她一路上回想起往日和嫪毐的狂热和吕不韦的瞎混，以及同时有好几个男人陪伴的甜蜜、温馨的日子，如今已一切都不可能了。咸阳城里宫阙还像往昔一般，灞河两岸垂柳也像从前一样，只是过去随时可满足自己欢心的多情种嫪毐已成黄泉鬼，唯有在夜深人静独卧寒衾之时，才又历历在目地在自己脑海中重温旧梦，聊以安慰饥渴的心。但空想的享乐终究是不能真正满足精神和肉体的需要。多亏还有一个旧情人吕不韦尚且留在京城，回去之后鸳梦重温也还是很惬意的事，想到这里，太后不免红潮上脸，自己似乎觉得欣喜若狂了。四十余岁的半老徐娘，历经沧桑的荡妇，倒像是初次偷吃禁果的少女一样，陶醉在往昔的回忆和对未来的憧憬之中，巴不得心一下飞到咸阳来到吕不韦温暖的怀抱中。

她根本没有料到心上人吕不韦的厄运，此时才刚刚开始拉开序幕。

第九章　身殁北邙

一、就国河南

已罢相位的吕不韦，回到暂时还属于他自己所有的那个相府，威风当然不比以前。不久前权重位高、车水马龙的相府，如今成为一座阴森森的囚笼。吕不韦心里更是明白，秦王嬴政对自己的处理绝不会就此罢休。按照吕不韦平常的脾气，他决不会坐着等死、听候命运摆布他的，但今非昔比，他没有办法了，依照他多年对秦王嬴政的观察：更大的苦头还在后面。既然现在无能为力，那就不得不听天由命了。果然，在太后重回咸阳之时，吕不韦就已经在相府中接到秦王嬴政的手令：

"命令文信侯马上搬到河南去就国。"

当吕不韦胆战心惊地接受了这道将他赶出首都的君令后，既担心又庆幸：担心的是预料的结果果然来了，秦王嬴政开始把攻击的矛头指向了自己。"就国河南"事实上就是进一步剥夺曾为丞相的吕不韦的势力，命令他远离国都，至于下一步是什么在等着自己，就难以猜测了！值得高兴的是，君令上还把自己当作"文信侯"，说明侯爵还是被秦王认同的，而逐出首都的头衔却是"就国"，即赶到自己的领地上去。这种措施不仅给自己留足情面，而且说不定能为政治命运的改变带来机遇。因为吕不韦曾被赐洛阳十万户领地，封文信侯。但在战国晚期，秦国赐封给功臣和贵族领地，都是为他们提供衣食租税的领地，占有大片领地的王侯贵族不必搬到那里住，居住在首都就可以坐食领地租税，秦国国君一般不让占有领地的贵族住在自己封地之内，目的是控制他们的势力膨胀，以免造成“尾大不掉”之势。受封领地的王侯贵族也甘愿在首都享受荣华，以免造成国君的猜忌。但吕不韦这次却意外地获得“就国”的君令，他不由得暗暗兴奋。他猜想：嬴政毕竟“嫩”了点，没有料想到离开首都、逃脱朝廷直接管制的“文信侯”会有一番“作为”。正是因为这一点，虽被驱赶，吕不韦还是忧中有喜，急忙匆匆收拾家当，赶往河南“就国”去了。

当太后回到咸阳时，吕不韦早已不在原来的相府，踏着黄尘弥漫，通向东方的大道“就国”去了。

一踏上自己的封地，吕不韦就不像原来那个人了。他精神抖擞地拜访、接待当地豪杰、父老，热烈地讨论政治、军事局势，热情洋溢地接纳外来的宾客，不断同东方各国派来的秘密人士频繁交往。他一点也不像失宠待罪的大臣，而是称雄一方的领主。以“养士”而名声在外的吕不韦又在极短的时间内聚集了一批宾客，在他的领地里又出现了种种十分奇怪的迹象。吕不韦想干什么？

很快，一些消息不断传到秦王嬴政的宫中，有人向秦王举报：

“关东各国诸侯纷纷派使者、宾客和吕不韦接触。”

“吕不韦家中收养众多宾客，有不少人为他歌功颂德。”

“各诸侯与吕不韦信使忙于传递，多得能在路上相遇，往来密切。”

开始，秦王嬴政对这些消息不置可否，是因为不放在心上还是故意装糊涂，没有人可以知道。但吕不韦却反而更加嚣张起来，这个饱经政治风雨的政客，在所有的翻案、反攻准备中，处处周密，样样仔细，却唯独不记得“韬光养晦”这一重要准则。他不该在势力不够强大之际，任宾客流传颂扬之词，也不应该大肆鼓吹，使得自己的声望一天天上升。也许是虚荣心在作祟，或是过高地估计了自己的力量，归根到底是不够小心，为吕不韦招来灭亡之祸。

经历了差不多一年的等待，秦王嬴政亲眼见到了回到河南领地的吕不韦势力急速膨胀，心甘情愿为吕氏舍命效劳的宾客、谋士多得不计其数。各国听说文信侯已经就国，都派来使者探望，争相请他当相国，来来往往使者络绎不绝。秦王担心他为其他国家效力，成为秦国的祸害。深藏不露、善于运用策略的秦王嬴政终于下决心除掉这一祸根，此时也顾不得他是不是自己的亲生父亲！

一天，吕不韦正在封地的邸宅内与众宾客讨论，忽然仆人报告：秦王从国都派来的传令使者已经到了府门前了。吕不韦赶紧到门前迎接，双手接过三尺竹简，除掉封泥，只见简上写道：

“君对秦有什么功劳，却被封户十万？君与秦王有什么亲属关系，却有一个尚父称号？秦对你已经够丰厚了！嫪毐叛逆，是由你开始的，寡人不忍心诛杀，听君就国。君不自己悔过，反而去跟各个诸侯使者来往，这不是我原想宽恕你的意向。你马上举家迁到蜀郡，我送你一个郫城，可以给你养老用了。”

吕不韦接书读完，生气地说：“我倾家荡产扶立先王，功劳还不归我？太后先跟从我而得孕，王是我生的，难道还不亲？王为何这么辜负我？”

二、与商君归

这道诏令的作用是将吕不韦流放到蜀地去。但列举出来的罪状却是用质问的口吻说：你到底有什么功劳？被封为文信侯，还拥有十万户！你与秦王根本没什么亲属关系，竟自称为“仲父”？换句话说：你吕不韦无功又不亲，哪有资格自居如此高位？这样一来就无异于骂吕不韦死有余辜。因为嫪毐的叛乱之事，本来可以判定吕不韦死罪，而当时秦王嬴政为何

“不忍”将吕不韦处死，一是因为他“功大”，二是因为他与秦王嬴政有特殊的关系。但这诏书中，秦王一口把吕不韦的“功”和“亲”都一概推翻了，一个既无功又与秦王不沾亲的人，怎有资格号称“仲父”，又拥有洛阳十万户，这岂不是罪不可恕吗！命令他迁蜀真是抬举他了。

依照秦王嬴政的性格，如果要处理一个免官的大臣，根本不用说明什么理由，更不用费尽心思大张旗鼓地宣布其罪状。但对吕不韦却特别地诏告天下：吕氏与秦廷“无功”、“无亲”而霸占高位。这不正好从反面反映出吕不韦对秦的贡献和与秦王嬴政关系非同寻常吗？要不然，他没有必要极力否认。

风光一生的吕不韦最终清楚：自己的政治生命已经结束了，无法逆转。既然由自己亲手扶立的亲生子对自己运用这样的手段，一切挽救的办法都已没有用了。于是，他乖乖听从秦王命令，按时带领家属风尘仆仆行向通往蜀地的艰难旅途。

从中原的黄土地，途经关中沃土，爬上崎岖难走的蜀道山路，终于到达指定的流放地点。吕不韦在遭遇一次次厄运的挫败后，早已锐气丧尽，意志磨光。一副孱弱的身躯，心中只剩下一丝苟延生命的可怜欲望。他在数千里爬山涉水的艰苦旅程中，往日邯郸觅宝的成功，秦宫游说的告捷，把持秦国相印的威风，以及在姬妾、太后帐中的甜蜜，一定会常存脑海。此时，往事烟散，他感到人生之无常。一个平凡的商人忽而成为不可一世的大国丞相，又忽而变成阶下囚。谁又想象得出这前后的变化不过是二十几年的时间。当年，作为一个平凡商人，吕不韦盼望着攫取暴利，当历尽艰辛，爬上秦国权力顶峰的时候，根本不会料到日后会沦落为欲求当一名平凡商人而不能的日子。

吕不韦叹惜着自己冤屈的命运，郁郁寡欢地在蜀地住下来。但他的厄运还没有结束，秦王嬴政还没有停止对他的监控。在吕不韦居住的地方，常常有官府派来的人秘密盯梢或公开盘察，使吕不韦如芒在背，生活不得安宁。在这段痛苦艰难的日子里，他一定想起一百年前和自己落得同等的遭遇来到秦国的商鞅。曾经在秦国出现的已成历史的惨案，大概也时时出现在吕不韦的脑际：那是秦孝公二十四年（公元前338年）的一天，在秦国境内的郑之渑池一个小城，山清水秀，丛林茂盛，朵朵白云掠过青春的田野。这是一个没有战场烽火的平静日子。但是，这天当地的多数百姓却不似平常一样去干活，却涌向城边的广场，惊恐地观看着在此进行的一幕惨剧：在广场中央，人们当众对一个壮年汉子处以“车裂”酷刑。只见那受刑汉子的头和双脚、双手各被捆在一匹粗壮的马后面，而那五匹早已迫不急待的烈马猛得向不同方向窜出。震动天地的惨叫还在广场上空回响，那汉子的肢体就被撕成五块，血淋淋地挂在五匹马的屁股后面。这位被五马分尸的人，就是在秦国进行改革变法的商鞅。想到历史的惨剧，吕不韦不禁回忆起他的这位老乡一生显赫的业绩。悲叹光阴易逝、命运无常。

商鞅出生在卫国的贵族家庭——战国时中原的一个小国。他的祖父是卫国的国君，按当时取名的习惯，他原名叫卫鞅，也可叫作公孙鞅，改称商鞅是后来的事。

卫鞅从小好学，曾在鲁国著名学者尸佼门下做学生。那时，思想学术界空气十分开明，各种学派、各种观点都可自由发表，各自著书立说。历史上叫作“百家争鸣”。而尸佼正是兼收各派的“杂家”，他的学生卫鞅自然也会对各派主张都耳濡目染。但是，在接触过各家学说之后，卫鞅却单单对法家的“刑名之学”情有独钟。

卫鞅自己的祖国是卫国，那时快要灭亡了，早变成一个任强国欺辱的小邦。见卫国亡国之日不远，待在国内毫无希望，卫鞅趁年轻就在公元前365年来到魏国。

但是，卫鞅在魏国待了几年，并没有被人看中，他的才能和抱负找不到机会施展。一直到公元前361年秦国出现了一件大事，卫鞅此后的人生历程才得以转变。

秦孝公元年（公元前361年），秦国的国君献公病亡，刚刚二十一岁的渠梁继位，他就是孝公。这位新登基的国君面对极险恶的形势：占据关中的秦国长期处于落后的地位，国内经济状况不景气，又遭受东方强国和西部戎、狄少数民族的骚扰，那些国力强大的大国如楚、齐等简直把秦当作没有进入文明的野蛮人，甚至中原各诸侯国会盟，秦都不能参加。这种外部局势使不甘落后的秦孝公极受刺激，使他觉得作为一个大国竟然沦落到这样的地步，真是天大的耻辱。于是，孝公刚一登上王位，就推行富国强兵、稳定人心的措施，招兵买马，赈济贫困孤寡，奖励有功之士。同时，他还颁布了一条十分重要的法令：

凡是做出贡献有助于秦国强大起来的人士，都可以得到奖励，分到土地。

这是一个有强大吸引力的政策，它既不限制国别，又无等级前提，几乎是无条件。不论张三、李四，只要“强秦”就能够升官发财。

正是在这一大胆开放的政策下，使在魏国没有机会施展其才能和抱负的卫鞅投奔秦国。

商鞅到秦国后，通过秦的大臣景监引荐拜见秦孝公。第一次见到孝公时，商鞅对孝公讲述“帝道”。这应该是“道”家学派的一种政治主张。秦孝公对这一套没有一点兴趣，商鞅这边讲学，孝公那边睡意正浓。第二次商鞅又请求去见孝公，这一次向孝公讲解“王道”，这是儒家的学说。孝公还是不高兴听，并十分生气地指责景监竟给他找来一个如此无用之人。第三次商鞅求见孝公，大讲“霸道”，这是法家的学说。这一回孝公听后才对商鞅另眼相待，产生了重用他的意思。于是，商鞅又一次与孝公进行了一次长谈，向他讲“强国之术”，孝公对此十分感兴趣，听着听着不自觉来到商鞅面前，而且是连听几天也不厌倦。商鞅的“强国之术”正是法家的一套措施和主张，孝公觉得这一套是十分有用的。因此，孝公听从了商鞅的学说，并且计划按照这样的主张，对秦国的制度进行改革。

秦孝公虽然喜欢商鞅的法家理论主张，准备改革变法，但仍有一些阻碍。他担心“变法”、“更礼”，改变旧的制度，会遇到守旧势力的反对，一时拿不定主意。

依照秦国的习惯，凡是国君一时不能做出选择的大事，允许在朝廷上进行激烈的辩论。于是，秦孝公便请来反对变法的两个代表人物——甘龙和杜挚，在朝廷上和商鞅展开争论。

在辩论中，商鞅首先从孝公思想状况入手，直截了当地指出“疑行无成，疑事无功”，如果想要进行变法，就不能害怕别人反对，而要强国必须变法。这种言论取得了孝公赞同，但遭到甘龙和杜挚的不同意见，一场激烈争论就拉开序幕。

由于商鞅的各种主张和思想，符合了秦国的现实，迎合孝公“图强”的愿望。经过辩论，秦孝公最后拍板，任用商鞅进行变法。

商鞅变法是改革旧制度。他废除了奴隶社会的旧制度，封建制从此就在秦国确立。封建制取代奴隶制，是社会发展过程中又一次重大进步，新兴的封建制促进当时的生产力极大发展。所以，改革变法后的秦国，“兵革大强，诸侯畏惧”，“家给人足”。其后，随着封建制在秦国的巩固，在商鞅变法过程中，秦国就迅速摆脱了落后、衰弱的局势，逐渐强大起来。

经历变法活动，秦国日益富强，对外战争也很快由败而胜，从此以后秦在各国间的地位大不比从前。

战场上的胜利，说明了秦国内部变法的成效。经过近二十年的时间，秦国封建制最终确立起来。秦国封建制的成功和领地的扩大，也使商鞅得到了高官厚爵。商鞅身为大良造，差不多相当于其他诸侯国国相的地位了，有的国相没有率领军队特权，而商鞅则集军政大权于一身，孝公对他十分信任。公元前 340 年，秦打败魏，抓获公子卬后，商鞅又被封於、商之地十五邑，因而被称作商君。一步步高升，商鞅的权势已达到登峰造极的程度。

商鞅运用暴力手段，打击反抗改革的人，因而遇到顽固派代表人物的强烈攻击和反对，自然是在所难免的。如在商鞅相秦十年之时，有一个名叫赵良的人，就以“宗室贵戚”身份去见商鞅。首先，赵良游说商鞅让位，继而又劝商鞅取消酷刑，最后直接辱骂说：商鞅，你以后会死得很惨。由于商鞅拥有令人羡慕的权势，自然会在统治阶级中间引起一部分人嫉妒。从赵良攻击商鞅所列举的事实就可以明白：他“相秦不以百姓为事”，用酷刑残伤百姓，树立了许多政敌。商鞅自己也清楚这种形势，所以也有些担心，处处加倍小心。每次出门，一定要有“后车十数，从车载甲”，非要武装卫士“旁车而趋”，才敢出行。这说明，商鞅在上层统治阶级内部也是仇敌多多。

公元前338年五月，秦孝公死了，太子驷继位，成为秦惠文王。公子虔等一些人陷害商鞅准备叛乱，惠文王下令把商鞅抓起来。商鞅知道后立即出逃，来到关下见天色已晚，想要投宿客舍，但客舍主人拒绝收留他，因为他不持有凭证，并告诉他：这是“商君之法”。正是商鞅制定的法律，害得他自己露宿野外。商鞅没有办法只好投奔魏，但魏国早已对商鞅仇恨有加，将他赶出魏国。商鞅归秦后，赶到自己的封地——商邑，并把徒属组织起来准备负隅顽抗。但惠文王派大军攻破商鞅的抵抗，终于将商鞅逮捕，除将商鞅本人实施车裂之酷刑外，还将商鞅全家满门抄斩。在商鞅未死以前，在封建制秦国已经确立起来。因此，商鞅死后，而“秦法未败”，秦国不断发展、壮大起来。但是，对秦国发展壮大功不可没的商鞅本人却落了个“做法自毙”的下场。

吕不韦将已成历史的繁华胜景与眼前凄凉境地对比，使这位曾经当过公子哥、阔少爷、豪商、丞相的流放犯，遭受着比肉体更痛苦的精神打击。特别是想到商鞅“重本抑末”打击商人的措施，他似乎感到某种神秘的规律，使他和商鞅有相同的命运。联想商鞅的一生，更觉得人世沧桑，命运之捉摸不透。人生的大风大浪使他看清楚了一切，也对一切不抱希望了。这位曾经冒大风险，立过大功，享过大福，掌过大权的大商人吕不韦精神支柱完全倒塌了。秦王政十二年（公元前235年），在一个不被人注意的日子里，吕不韦绝望地服毒自杀，结束了自己的一生。

吕不韦默默地离开人世，噩耗传到秦国朝廷，秦王嬴政听到后不由得心口石头落地，连他自己也不清楚是高兴还是难过。尽管无情的权力之争已打造了秦王嬴政一副冷血心肠，但他毕竟只有二十余岁，刚刚挣脱吕不韦的监护，骨肉之恩、抚育之情还不曾完全泯灭。尤其回忆起幼年时代随吕不韦寄居权贵以求苟活图存时的悲惨生活，怜悯和同情之心油然而生，甚至有点后悔自己心太毒，不该把他逼死！不过这种情绪只是在嬴政头脑中存留片刻，随即消失得无影无踪。一种挣脱枷锁的感觉使他精神更加超脱：从此秦王真正变成秦国唯我独尊的权威，在王位旁再也不存在权相的位置，在身边也不会出现居高临下监视国王的目光，不存在功高震主的元老，更不存在什么“仲父”之类的压力。嬴政的权势欲在国内可以随心所欲地得到满足，想到此他心中觉得无比痛快，刚刚笼罩心头的一丝阴云，像轻烟一样消失在晴空中。章台宫的丹墀玉柱，而今觉得比平日更亲切，宜春园的垂柳长洲，幽曲流水，风景更是迷人。秦王的御座似乎忽然高大了起来，高得快要触摸星辰，大得已经超过秦国的本土。坐在这至高无上的王位上的嬴政，自然是不甘心把自己威武的气势和权力局限在咸阳和关中。一种控制八纮、君临天下的欲望，随着吕不韦死讯传来，急速地萌生出来。

正当秦王嬴政为又少了吕不韦这一心腹之患扬扬得意、为一统天下而踌躇满志的时候，又发生了一件怪事，给他发热膨胀的头脑泼去一瓢冷水。

吕不韦自杀后，尸体应该就在蜀地掩埋。殊不知这样一个要犯的尸体，却被人从蜀地偷走了，并且将他不远千里运至洛阳北邙山下，重新在吕不韦从前的领地内埋葬。显而易见，这件千里运尸的案件，一定是吕不韦以前在家中收养的宾客、舍人和对他忠心耿耿的故旧做的，而且参与其中的绝不是少数人。这件事表明吕不韦在秦国的势力相当庞大，也表示吕不韦的旧党故意向新掌权的年轻国王示威。当秦王嬴政得到消息后，他的惊诧程度更甚于听到叛乱的消息。刚刚兴奋无比的他，在这瓢冷水当头冲击之后，立刻冷静了一点。他知道吕不韦在秦当权十余年，特别是一贯招揽宾客的“养士”措施，已培养了一大批死心塌地、誓为“知己者死”的士人。对这些人一定要警惕，不彻底铲除以他们为基础的吕氏死党，秦王的王位很难坐稳。于是，愤怒的秦王嬴政亲自宣布极严厉的惩罚命令：

“凡曾经参加吕不韦葬礼的，是秦国以外的人，都要马上给驱逐出秦国；是秦国人爵位在六百石以上者，就给他叛削去爵位或流放等罪；爵位在五百石以下而且没有参加葬礼的吕不韦舍人，虽然不剥夺官位，但也要处以流放的刑罚。今后如果再有与嫪毐、吕不韦这样与朝廷为敌的，一律处以族刑，灭门抄斩！”

这是一道打击面空前广阔的手令：大批的吕氏门下宾客、故旧、亲友、舍人有的被逐出秦国，有的被流放、夺爵。甚至与吕不韦生前有丁点牵连的人，都遭到不同程度的残害。从此以后，吕不韦的残余势力彻底被清扫干净。只有这时，秦王嬴政解除了后顾之忧才可以放心。

三、丹心可鉴

吕布韦死了。

吕不韦自从把一生的伟大著作——《吕氏春秋》公布在咸阳市门之后，他就走上了悲剧命运！吕不韦的悲剧远不只是秦王嬴政把他逼上绝路，更可悲的是在他冤死之后世人还给他安上了一个“野心家”的罪名而被人唾骂。这难道不是千古奇冤！

吕不韦自秦庄襄王元年（公元前249年）到秦国来当丞相算起，至秦王嬴政十年（公元前237年）免相止，一共掌握大权十二年。在这十二年之中，对外征战连年获胜，使秦国领土扩张了三个郡，可谓功劳盖天！

吕不韦始终把统一大业当作自己的义务，而不在意见解不一致。现在我们再来总结一下吕不韦在被免相之前，秦在兼并事业上获得了哪些进展：

元年：几乎攻占了韩国的所有上党郡。蒙骜平定晋阳，重新设立太原郡。

二年：再度夺回魏的卷。

三年：攻取了魏国的有诡和畼。

四年：获取魏的畼、有诡。

五年：攻取魏的燕、酸枣、虚、桃人等二十城，设置东郡。

六年：占领魏的朝歌。迁卫君角于野王，当作秦的附庸。

七年：攻取赵的庆都、孤、龙，接着又攻取魏的汲。

八年：长安君成蛴攻赵，在屯留叛降赵国。

九年：攻取魏的衍氏、蒲、首垣。

从以上统计可以看到，九年之中，抛开嬴政的弟弟长安君成蛴叛变投敌那一年外，其余每年都有多项战绩，还设置了一个东郡。应该认为，吕不韦在秦国的统一事业中起了主要推动作用。那么，吕不韦是否拿这些功勋当作资本，萌发出取代秦王嬴政的野心呢？我们几乎找不到任何事实可以证明这一点。相反，却有一些反证。秦王政在铲除嫪毐集团之后，原本想马上杀掉吕不韦，可是他没有实现。“王欲诛相国，为其奉先王功大，及宾客辩士为游说者众，王不忍致法。”试想，如果吕不韦真有什么取而代之的野心，秦王政能不把他的根挖出来吗？那些宾客辩士还敢为吕不韦奔走效命吗？相反，秦王政却只得坦白他的“功大”。这就证明吕不韦根本不存在居功自傲、篡夺王位的野心。反过来说，如果吕不韦真的存有纂夺王位之心，为何迟迟不动手？庄襄王刚死，“王年少，初即位，委国事大臣”。而吕不韦身为相国与“仲父”，权高位重。而且这时嫪毐集团根本不存在，如果这时下手，岂不易如反掌吗？既然他没有抓住这个时机下手，就表明他根本不存有这样的心思。因此，我们应把吕不韦在位时所拥有的功绩当作是他忠于秦国统一事业的表现。

作为丞相，文治是他的主要职责。吕不韦在位期间，做了哪些文治措施？我们只找到三件事：一是庄襄王元年，赦免罪人，奖励功臣，施骨肉，施恩于民；二是消灭东周而不断绝他的祀业；三是主编《吕氏春秋》。

吕不韦在文治方面所立的功劳，不但表明了他确实具有政治家的深谋远虑，也说明了他对秦国的统一大业，以及对秦王政本人，都是竭尽全力、鞠躬尽瘁、死而后已。丝毫不曾表现哪里存在丁点不轨的意图。

土地制度是决定整个经济发展的基础问题。自商鞅“废井田，开阡陌”以来，土地私有制就已经确立了。对于这项改革，吕不韦是十分欣赏其优越性的，这在《吕氏春秋》中有过多处表现。如《审分》说：“今以众地者，公作则迟，有所匿其力也；分地则速，无所匿其力也。”这里的“公作”讲的就是井田制，而“分地”是指私有制。两者比较，前者挫伤生产者积极性，后者却能够极大地促进生产者积极性的发挥。很明显，吕不韦是赞同“分地”的。又如《为欲》：“晨寤兴，务耕疾庸（劳），耰为烦辱（耨），不敢休矣。”《贵当》中有：“疾耕则家富。”这些都是称赞土地私有制的。秦始皇统一中国之后，于三十一年（公元年 216 年）正式宣布命令：“使黔首自实田。”在中国全面推广土地私有制，并把它当作法典。由此可以看出他们在这方面是志同道合的。

重本抑末的主张，是商鞅变法以来的一个基本方针。对于这个方针，吕不韦也备加赞赏。他在《上农》中全面论证了重本轻末的优越性。这篇文章开门见山就说：

> 古先圣王之所以导其民者，先务于农。民农，非徒为地利也，贵其志也。民农则朴，朴则易用。易用则边境安，主位尊。……舍本而事末则不令（善）。不令则不可以守，不可以战。

事实上秦始皇也是执行着这一方针的。《琅邪刻石》上就说：“皇帝之功，勤劳本事。上农除末，黔首是富。”显然在这个基本方针上他们之间不存在多大分歧。

用人方案更是一项重要制度。自商鞅变法之后，官僚制、客卿制就完全打败了世卿世禄制。用人唯贤战胜了用人唯亲。对于这项制度，吕不韦当然更是举双手赞成的。吕不韦能够入秦为相就是沾了这项制度的光。所以他不但赞成，而且亲自加以发扬光大："招致宾客游士，欲以并天下。""李斯乃求为秦相文信侯吕不韦舍人，不韦贤人，任以为郎。"不用问，吕不韦充分发挥了这个制度的优越性。秦王政在郑国事件出现之后，对客卿制度曾有过怀疑，但很快就被李斯劝住，终于又把这项制度维持下去。在这方面，吕不韦与秦王政也是意见一致的。

那么，吕不韦与秦王政的矛盾到底产生在哪里呢？秦王政为何要剥夺他的相权，而且一定要置他于死地呢？

从表层现象上看，秦王政罢免吕不韦的相国之位，是由于"嫪毐事连相国吕不韦"。事实上这只不过是一句搪塞之词，秦王政怎能如此草率免除一个相国呢？吕不韦自杀的原因是秦王政的一封信，这封信中说："君何功于秦？秦封君河南，食十万户。君何亲于秦？号称'仲父'。"这两条理由根本不能成立。嬴政在一年前还表彰"奉先王功大"，为什么能在事情相差不到一年就翻案了呢？至于"仲父"这个称号，有可能是庄襄王生前把嬴政托付给吕不韦时赐封的。也可能是庄襄王死后，太后让嬴政这样称呼的。"仲父"并不一定代表血亲关系。为什么如今嬴政却非要用没有血亲关系而拒绝承认这个事实呢？事实上，这些罪名只不过是虚假的借口，根本不能当作逼杀吕不韦的理由。

吕不韦之死，肯定有更深层的原因。

首先，是"天下"归属权的分歧。即将完成的统一大业是由谁完成的？吕不韦和秦王政的回答是有出入的。秦王政认为是他个人及嬴姓一家的功劳。他说："寡人以眇眇之身，兴兵诛暴乱，赖宗庙之灵，六王咸伏其辜，天下大定。"他的功绩比三皇五帝还要大。因此，这一统"天下"便毫无疑问是属于他一人和一姓的私产，"传之无穷"。而在吕不韦看来，统一大业的胜利，不仅仅依靠他一人和一姓的功劳，还依赖一批贤臣良将以及广大人民的力量。因此他主张，“天下”应该归于“公”有。贤臣良将和广大人民也有权利分享一点统一的成果。

吕不韦的这些思想与秦王政的思想明显是水与火不相容。这是一个本质性的观点冲突。

这种思想表现在政治上，便成为权力之争。秦王政是推崇法家的，他一心想独揽大权，事无巨细他都要亲自过问。

> 始皇为人，天性刚戾自用，起诸侯，并天下，意得欲从，以为自古莫及己。专任狱吏，狱吏得亲幸。博士虽七十人，特备员弗用。丞相诸大臣皆受成事，倚办于上。……天下之事无大小皆决于上，上至以衡石量书，日夜有呈。不中呈，不得休息。

而吕不韦却大肆提倡君臣分工论。他说：

> 君也者处虚。素服而无智，故能使众智也。智反无能，故能使众能也。能执无为，故能使众为也。无智、无能、无为，此君之所执也。
>
> 有道之主，因而不为，责而不诏。
>
> 大圣无事而千官尽能。

他所说的是君臣分工，一方面君主要“执其要”，另一方面大臣们也应该充分展现才能。互不干预，互不夺权争斗。吕不韦还进而倡导了分封的思想。他说：

> 观于上世，其封建众者，其福长，其名彰。
>
> 诛暴而不私，以封天下之贤者，故可以为王伯（霸）。

显然，分封要以君王当作“便势全威”为前提，也等于说，王者要维护“以大使小，以重使轻，以众使寡”的权威。“王也者，势无敌也；势有敌则王者废矣。”这里所指的是领土分治问题，而不是回到以前分裂割据局面。

不管是君臣分工，还是领土分治，根本问题都是要君主分让部分权力给臣下或贤者。秦王政自然无法容忍。这显然又存在一个尖锐的矛盾。

另外，还有纵欲与适欲、急学与焚书、主刑与主德……吕不韦与秦王政之间都存在着不可跨越的界限。

如此，吕不韦被逼死就理所应当了。

当秦王政借口嫪毐事件，剥夺了吕不韦的相国职位，并把他赶出政治中心“就国河南”时，吕不韦在秦国是没有了权势，但他的声望在关东六国还是极其高的。“诸侯宾客使者相望于道，请文信侯。”此时此刻，吕不韦如果稍有异心逃离出秦国是无任何阻碍的。但他立场坚定，毫不动摇。当秦王政以一纸书信历数他“莫须有”的罪状，要把他全家发配到蜀地，形势更发展到性命交关的地步。在如此关键的时刻，吕不韦还是不愿逃跑。在没有办法的情况下，他甘愿饮鸩自尽，含恨于九泉！他大概明白，秦王政刚愎自用，生性暴戾，不按常理办事，在嬴政亲政后对自身权势的危险很大。所以他在《序意》文末插了一个豫让的故事，以说明他自己的态度。

> 赵襄子游于囿中，至于梁，马却不肯进。青荓为参乘，襄子曰：“进视梁下，类有人！”青荓进视梁下。豫让却寝，佯为死人，叱青荓曰：“去！长者吾且有事。”青荓曰：“少而与子友，子且为大事，而我言之，是失相与友之道。子将贼吾君，而我不言之，是失为人臣之道。如我者，惟死为可！”乃退而自杀。青荓非乐死也，重失人臣之节，恶废交友之道也。青荓豫让可谓之友也。

这里豫让的事例是为了表明“人臣之道”和“交友之道”。

吕不韦与秦王政朝夕相处那么多年，自然了解他的为人和他的思想。因此很是清楚，要用《吕氏春秋》来教育秦王政，这根本就是一件极端危险的事，弄不好连性命都搭上。但是，他是庄襄王的“友”。秦王政的“臣”。友有友“道”，臣有臣“节”。一旦死与“道”、“节”产生冲突，他不得不做出抉择：是保全生命而丢掉“节”、“道”呢？还是坚持“节”、“道”而丢掉性命？吕不韦记叙了那段故事，而且还加上了自己的几句见解，说明他是决心选择后者。如果这个看法没有出入的话，那就更能体现吕不韦的忠诚了。

以此足见吕不韦的丹心一片了。

天，好像也被震怒。

就在吕不韦和吕党被铲除的秦王政十二年（公元前235年），天下大旱，整整一个春天不曾下一滴雨。晴朗的天空几乎不见云彩，就是偶尔有时会阴天，只见乌云集聚，雷声大作，然而一阵狂风吹过，风卷残云，又是一天烈日当头。田里的禾苗都被晒死变成枯草，大地干得裂了，农民可怜兮兮地望着干得似沙漠的庄田，伤心无泪。因为眼泪也早已像河水一样干枯了。特别悲惨的是秦国农民，他们被编成什五组织，不允许他们离开土地。自商鞅变法后，就对脱离耕种“本业”的农民处以严刑。此后的关中农民就产生了死守乡土的传统，他们不能像中原农民那么自由，一遇旱、水灾或有兵匪，就当机立断弃家逃荒，或远走江南，或流入关东。而关中的农民就是到了近代也不能形成“逃荒”的传统。就在秦王十二年这场大旱灾时，关东各国到处有流民出现，而秦国的农民即使饿死在家乡，也没有人敢离开什伍去加入“流民”队伍。由此可知法家的重农政策果然显示出了极大的威力。

多亏到了六月以后，老天终于下够了雨。

这种反常的气候好像预示着人世间也在发生转折性的特殊事件。是的，这是一个虽然不存在改朝换代，但却是一个大商人从投机发家直到操纵一个军事强国的历史正式画上句号的一年。

从此以后，开始了秦王嬴政独裁的时代。秦王嬴政凭借秦国至高无上的国君地位，命令他那生性酷烈的秦民组成的“虎狼之师”一统天下。秦军涉足之处玉石俱焚，六国之师闻风逃命。秦王嬴政消灭了吕不韦的余党，却充分发挥了吕不韦留下的政治、经济、军事实力，尤其是发扬了吕不韦招贤纳士，不分地域地重用秦以外各国贤能智士的传统，使秦国虎虎生威。东方诸侯国像秋风中的落叶，一个个地被秦吞并：公元前230年韩亡；公元前229年秦兵攻占邯郸，次年赵王迁被俘，赵亡；公元前226年秦军占领燕国国都蓟；公元前225年秦军用水浇灌、攻打魏国国都大梁，魏王假投降，魏亡；公元前223年秦派大将王翦灭楚，攻陷寿春，楚亡；公元前222年大将王贲抓获燕王喜，燕亡；公元前221年王贲带兵进攻齐国国都，抓获齐王建，于是齐国灭亡了。从此，四分五裂几个世纪的中国全部统一在秦王朝一个政权之下。这一年秦王嬴政大刀阔斧地建立统一全国的各项制度，最高统治者的称号也由王而尊称为皇帝。嬴政自己封自己为始皇帝。从此开创了数千年的封建中央集权制时代。